GW00862463

LE FRANÇAIS SCIENTIFIQUE ET TECHNIQUE

Tronc commun technologie - physique - chimie

tome 2

Jacques Masselin
Alain Delsol
Robert Duchaigne

Publié sous le patronage du Ministère des Affaires Étrangères, avec la participation du Conseil International de la Langue Française et la collaboration de

M.-Th. Gaultier
Assistante à l'ENS de St Cloud
Chargée de recherches au CREDIF
Conseiller pédagogique

D. Feyel
Assistant à la Faculté
des Sciences de Paris
Conseiller scientifique

HATIER
8 rue d'Assas, Paris-6e

© Ministère des Affaires Étrangères et Librairie Hatier 1971. Reproduction interdite sous peine de poursuites judiciaires.

ISBN 2-218-01417-3

Présentation

L'enseignement du français pour les étrangers, tel qu'il a été conçu jusqu'à présent, privilégie le plus souvent le domaine littéraire dans la mesure où cela correspond à une image de marque traditionnelle de la France. Or, le rôle croissant des savants et des experts français, le développement des activités entreprises dans le domaine de la recherche fondamentale et de ses applications technologiques ont profondément modifié l'importance relative des valeurs réellement diffusées par notre pays.

Un nombre croissant de spécialistes étrangers sont sensibles à cette évolution et souhaitent pouvoir consulter directement nos publications et nos ouvrages scientifiques et techniques. Il importe donc de mettre à leur disposition des outils spécialisés (manuels, dictionnaires, etc.) qui leur permettent d'obtenir à la source l'information dont ils ont besoin.

Premier élément d'une série qui devrait couvrir les différents champs de l'activité scientifique et technique, le présent manuel veut répondre à cette nécessité. Supposant chez l'étudiant un minimum de connaissance du français usuel il cherche à lui enseigner l'essentiel des éléments linguistiques indispensables pour l'étude d'une sorte de tronc commun qui regrouperait la physique, la chimie et la technologie. Quoique l'aspect oral de la langue n'y soit pas ignoré, il cherche surtout à développer chez l'étudiant la compréhension des textes écrits, véhicules privilégiés de la pensée scientifique et technique. Conçu essentiellement pour s'intégrer dans le cours d'une scolarité normale, à la fin du secondaire et au début du supérieur, il devrait néanmoins pouvoir aider les adultes déjà engagés dans leur vie professionnelle.

Il s'agit donc d'une contribution à l'enrichissement des traits qui composent l'image de marque traditionnelle de notre pays. Si la France demeure la mère des arts et des lettres, on ne doit pas oublier qu'elle est aussi un pays où le développement industriel, technologique et scientifique s'intègre dans un système de valeurs qui attribue aux sciences exactes une importance proportionnée au rôle qu'elles jouent dans la vie du monde contemporain.

Avertissement

Ce livre n'est pas un manuel d'enseignement scientifique ou technique. C'est un manuel de langue française destiné à de jeunes étrangers dont les études s'orientent vers la physique, la chimie ou la technologie, et qui ont déjà acquis une connaissance du français usuel correspondant au premier degré du Français Fondamental. Ils doivent aussi connaître dans leur propre langue toutes les notions scientifiques ou techniques évoquées dans les différents chapitres de cet ouvrage. Tout au plus pourront-ils trouver quelques informations originales dans les documents complémentaires qui figurent à la fin de chaque dossier.

Ce livre n'est pas non plus un dictionnaire. Il existe d'excellents dictionnaires multilingues, tant généraux que spécialisés. Mais chacun sait qu'ils ne peuvent nous permettre de comprendre une phrase d'une langue étrangère si nous ignorons les règles selon lesquelles les mots s'organisent pour constituer un énoncé dans la langue considérée.

Autrement dit, ce que l'on cherche à enseigner ici, c'est peut-être moins un lexique que les structures de la langue française dont la connaissance est indispensable pour pouvoir comprendre un énoncé scientifique ou technique en français. Bien sûr, on enseigne aussi des mots : pour pouvoir parler d'un appareil, il faut connaître le nom de ses différentes parties... Mais en langue spécialisée le lexique est surtout un lexique de désignation qui peut s'apprendre à partir de schémas ou de photographies. Ce qui est le plus difficile, c'est d'apprendre à reconnaître, à comprendre et à employer un certain nombre de structures : c'est en cela que consistent à la fois le but essentiel de ce livre et le travail qui y est proposé.

En règle générale, la méthode suivie ici est inductive : qu'il s'agisse d'enseigner un mot nouveau ou d'attirer l'attention sur une règle grammaticale, on part d'un énoncé. Cependant, quoique le manuel de l'étudiant et la méthodologie proposée au maître[1] *fassent une part non négligeable à l'expression et aux aspects oraux de la langue, on a cherché en priorité à développer la compréhension de l'étudiant confronté à un texte écrit, reproduisant ainsi la situation du scientifique ou du technicien étranger qui cherche à comprendre un article d'une revue spécialisée française consacré à sa discipline.*

Ainsi conçu, ce manuel devrait pouvoir aider nombre d'étrangers à se renseigner directement sur la science et la technique françaises et, ce faisant, à diversifier et à élargir leur information. Il s'inscrirait ainsi dans une tradition humaniste caractéristique de l'enseignement français.

Les auteurs

1. Voir le Livre du Maître.

Table des matières

DOSSIER IX LA RADIOACTIVITÉ

DOSSIER X L'INFORMATIQUE

Table des illustrations

PHOTOGRAPHIES

SCHÉMAS

VI. LE VERRE

16 Les états de la matièr L'état vitreux

1/ Généralités

La matière se présente à nos yeux sous des formes différentes. On oppose souvent les solides aux fluides, c'est-à-dire aux liquides et aux gaz. Généralement, les solides se présentent sous la forme de cristaux (fig. 1) plus ou moins gros. Tout corps pur peut prendre l'état fluide ou l'état solide (fig. 2). Tout changement d'état s'effectue dans des conditions bien déterminées et caractéristiques du corps étudié.

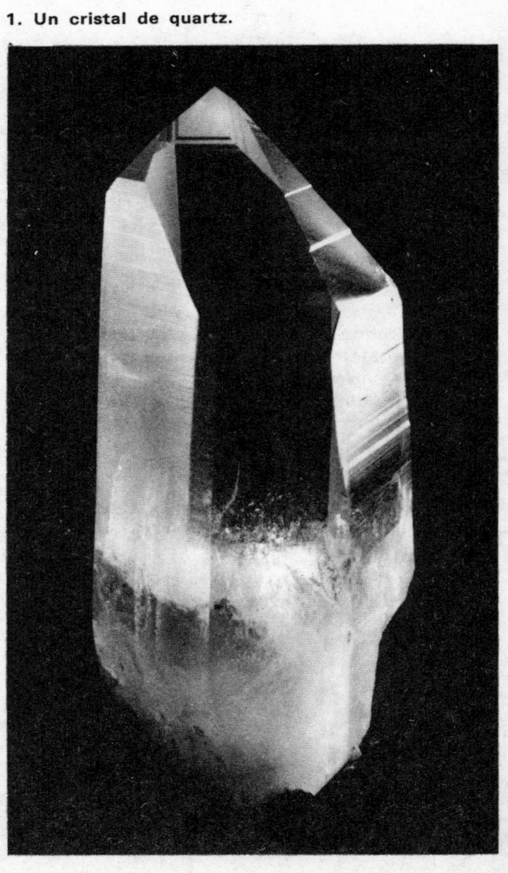

1. Un cristal de quartz.

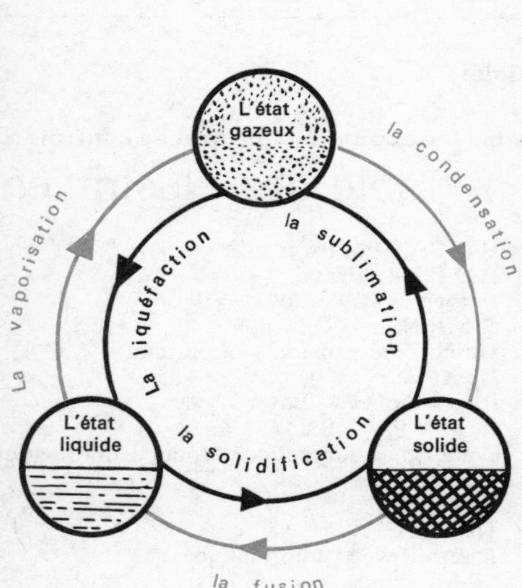

2. Les changements d'état des corps.

2/ L'état vitreux

Le verre représente un état particulier de la matière, l'état vitreux.

Dans la plupart des corps à l'état liquide, les molécules peuvent se déplacer facilement : on dit que la viscosité de ces corps est faible. Quand ils se solidifient, cette viscosité passe brusquement à une valeur infinie et leurs molécules s'ordonnent de façon régulière (fig. 3).

Au contraire, les verres à l'état liquide (1 200 à 1 500 °C) ont une viscosité déjà forte qui croît[1] régulièrement quand on les refroidit (fig. 4).

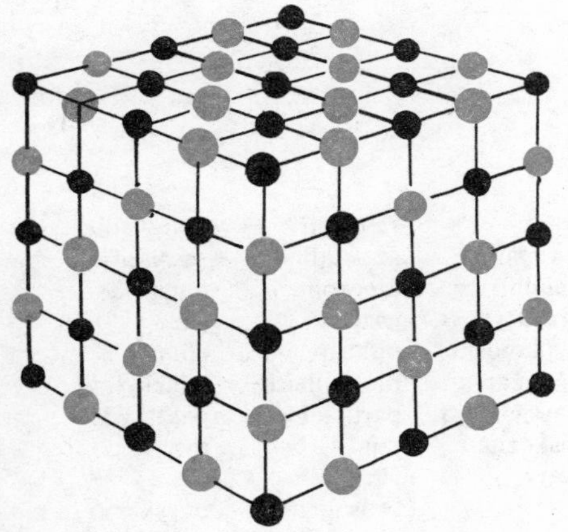

3. La structure du chlorure de sodium.

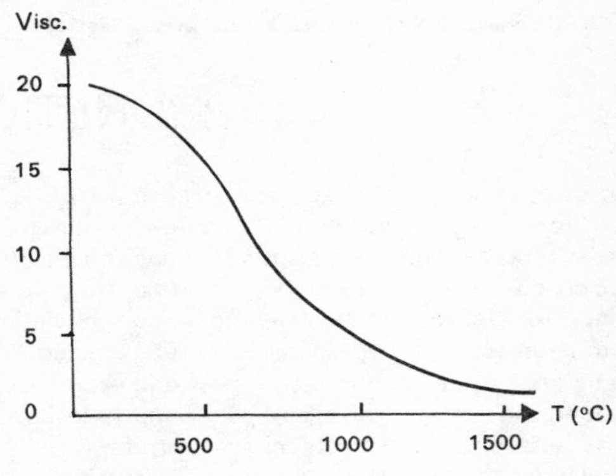

4. La courbe de viscosité d'un verre.

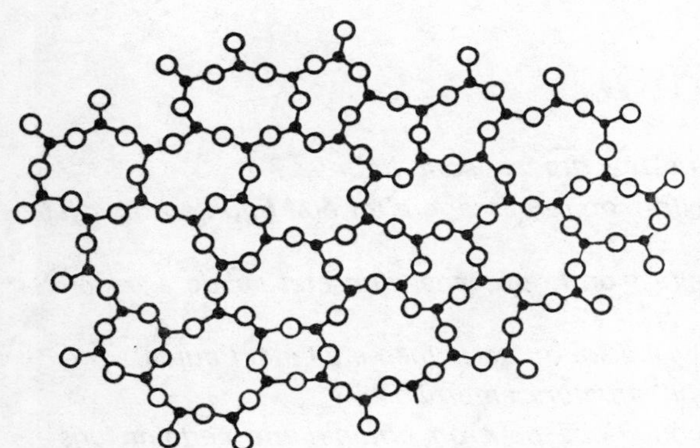

5. La structure du verre.
←

La grande viscosité du verre fondu [2] gêne l'orientation des atomes qui n'ont pas le temps de s'ordonner et de former des cristaux lors du refroidissement; l'état vitreux est donc caractérisé par une structure amorphe (fig. 5).

1. *Croître* est un verbe difficile : je croîs, tu croîs, il croît, nous croissons, ils croissent ; il a crû, il croîtra, il croissait, croissant.

2. *Fondre* se conjugue comme *vendre*.

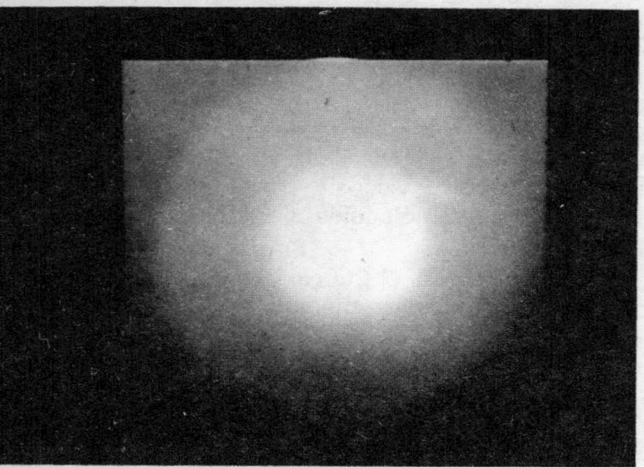

6. Ce verre a été soumis à une cristallisation.

Si l'on ralentit le refroidissement en laissant longtemps le verre à certaines températures, on peut donner aux atomes le temps de s'ordonner et obtenir alors une cristallisation plus ou moins complète. Cette cristallisation entraîne une perte de transparence (fig. 6).

En résumé, l'état vitreux a trois caractéristiques essentielles :

- un désordre relatif de l'arrangement moléculaire,
- une courbe de viscosité régulière,
- l'isotropie, c'est-à-dire des propriétés physiques identiques dans toutes les directions.

PHONÉTIQUE

un arrangement	œ̃naʀɑ̃ʒmɑ̃	une perte	ynpɛʀt	refroidir	ʀəfʀwadiʀ
un atome	œ̃natom	une propriété	ynpʀɔpʀijete	se solidifier	səsɔlidifje
une condensation	ynkɔ̃dɑ̃sɑsjɔ̃	une solidification	ynsɔlidifikɑsjɔ̃	amorphe	amɔʀf
un cristal	œ̃kʀistal	une structure	ynstʀyktyʀ	gazeux	gazø
une cristallisation	ynkʀistalizɑsjɔ̃	une sublimation	ynsyblimɑsjɔ̃	infini	ɛ̃fini
un désordre	œ̃dezɔʀdʀ	une température	yntɑ̃peʀatyʀ	moléculaire	mɔlekylɛʀ
un état	œ̃neta	une vaporisation	ynvapɔʀizɑsjɔ̃	particulier	paʀtikylje
une fusion	ynfyzjɔ̃	une viscosité	ynviskozite	pur	pyʀ
une isotropie	ynizɔtʀɔpi	croître	kʀwatʀ	vitreux	vitʀø
une liquéfaction	ynlikefaksjɔ̃	déterminer	detɛʀmine	brusquement	bʀyskəmɑ̃
une matière	ynmatjɛʀ	fondre	fɔ̃dʀ	régulièrement	ʀegyljɛʀmɑ̃
une molécule	ynmɔlekyl	s'ordonner	sɔʀdɔne	la plupart	laplypaʀ

CONVERSATION

1. *Est-ce que tous les fluides sont liquides ?*
2. *Comment appelle-t-on le passage d'un état liquide à un état gazeux ?*
3. *Comment appelle-t-on le passage d'un état solide à un état liquide ?*
4. *Caractérisez la viscosité du verre même à l'état liquide.*
5. *Qu'est-ce qu'une structure amorphe ?*
6. *Sous quelles conditions peut-on obtenir une certaine cristallisation du verre ?*
7. *Est-ce que la transparence d'un verre soumis à une cristallisation est plus grande que celle d'un verre normal ?*
8. *Qu'est-ce qui caractérise l'état vitreux ?*

GRAMMAIRE

L'expression du temps. Noms et prépositions

Pour exprimer le temps on utilise souvent un nom ou un groupe de noms précédés ou non par une préposition (à, en, pendant...).

EX. : *On observe ce phénomène* ***le soir.***
On observe ce phénomène ***au coucher du soleil.***

Ces noms peuvent indiquer :

1) Une date ou une heure.

EX. : *Cet appareil sera en service* ***l'année prochaine.***
Le cours se terminera ***à huit heures.***
Fresnel a vécu ***au XIXe siècle.***
Le bathyscaphe Archimède a été lancé ***en 1961.***

2) Une époque, un moment.

a) situés par rapport à un autre

EX. : ***Avant l'invention du moteur à explosion,*** *on utilisait peu l'essence.*
Les atomes du verre ne forment pas de cristaux ***lors du refroidissement.***
Après le décollage, *la visière se relève* (au début de, à la fin de, au cours de, ...).

b) se reproduisant de façon cyclique

EX. : *Dans la vallée, l'humidité est forte* ***le matin*** (chaque matin).
En Bretagne, les pluies sont abondantes ***au printemps*** *et* ***en automne*** (chaque année au printemps et en automne).

3) La durée de l'action.

EX. : *On chauffe ce liquide* ***pendant quelques minutes.***
Nous visiterons l'usine ***de 15 à 16 heures.***

4) Sa fréquence.

EX. : *La manivelle effectue 3 000 rotations* ***par minute.***

5) Une alternance.

EX. : *Notre prochain cours commencera soit* ***à 9 h,*** *soit* ***à 10 h.***

EXERCICES

1. MODÈLE - En Bretagne, les pluies sont abondantes *(automne).*
↓ En Bretagne, les pluies sont abondantes **en automne.**

Complétez de la même façon les phrases suivantes :

- Sur les routes, la circulation est importante (juillet).
- Les ingénieurs de cette usine sont en vacances (été).
- Les ateliers de l'usine sont chauffés (hiver).
- Peu d'ouvriers prennent leurs congés (mars).
- Le brouillard gêne la circulation aérienne (automne, hiver).

2. MODÈLE - *En une minute*, la manivelle effectue plusieurs rotations *(3 000)*.
↓ La manivelle effectue **3 000** rotations **par minute.**

Transformez de façon analogue les phrases suivantes :

- Tous les ans, cet ingénieur va à Paris plusieurs fois (deux).
- En une semaine, ces étudiants ont plusieurs heures de cours de français (quatre).
- Tous les jours, ils passent plusieurs heures au laboratoire (trois).
- Tous les mois, ce professeur est absent plusieurs jours (dix).
- Tous les jours, ma montre retarde de plusieurs minutes (huit).

3. MODÈLE - Les atomes du verre n'ont pas le temps de former des cristaux *quand il se refroidit*.
↓ Les atomes du verre n'ont pas le temps de former des cristaux **lors du refroidissement.**

Transformez de façon analogue les phrases suivantes :

- L'essence est vaporisée en fines gouttelettes quand elle sort du gicleur.
- On doit avoir $F > P$ quand l'avion décolle.
- Quand le Concorde atterrit, son nez est en position basse.
- Les tuyères à géométrie variable du Concorde permettent d'obtenir le rendement maximum de la poussée des gaz d'échappement quand l'avion effectue un vol supersonique prolongé.
- Le pilote doit larguer du lest quand le bathyscaphe descend.

4. MODÈLE - Le pilote doit larguer du lest *pendant* la descente du bathyscaphe.
↓ Le pilote doit larguer du lest **au cours de** la descente du bathyscaphe.

Transformez de la même façon les phrases suivantes :

- La soupape d'admission est fermée pendant le deuxième temps du cycle.
- On a $P = F$ et $F_1 = T$ pendant un déplacement horizontal et à vitesse constante de l'avion.
- Les passagers d'un avion ne doivent pas fumer pendant le décollage et l'atterrissage.
- La cabine du bathyscaphe a été soumise à de très fortes pressions pendant cette plongée.
- Les passagers de l'aérotrain seront confortablement assis pendant leur voyage.

5. MODÈLE - C'est une structure amorphe qui *caractérise* l'état vitreux.
↓ L'état vitreux **est caractérisé par** une structure amorphe.

Transformez de la même façon les phrases suivantes :

- C'est sa longueur d'onde qui caractérise chaque couleur.
- C'est une faible viscosité qui caractérise la plupart des corps à l'état liquide.
- C'est une viscosité déjà forte qui caractérise les verres à l'état liquide.
- C'est un système de sustentation original qui caractérise l'aérotrain.
- C'est la légèreté de ses matériaux qui caractérise le flotteur du bathyscaphe.

6. MODÈLE - Tout changement d'état se fait dans des conditions qui *caractérisent* le corps étudié.
↓ Tout changement d'état se fait dans des conditions **caractéristiques du** corps étudié.

Transformez de la même façon les phrases suivantes :

- L'isotropie est l'une des propriétés qui caractérisent les verres.
- Son système de sustentation est l'un des éléments qui caractérisent l'aérotrain.
- Son nez est l'un des organes qui caractérisent le Concorde.
- Le hayon qui ferme son coffre est un des éléments qui caractérisent la R 16 TS.
- L'inversion du pas de l'hélice est un des systèmes de freinage qui caractérisent l'aérotrain.

7. MODÈLE - du corps étudié/dans/tout changement d'état/se fait/ des conditions caractéristiques.
↓ Tout changement d'état se fait dans des conditions caractéristiques du corps étudié.

De la même façon, reconstituez des phrases correctes à partir des éléments suivants :

- une des caractéristiques/régulière/est/leur courbe de viscosité/des verres.
- des lentilles à bord épais/est/une propriété caractéristique/la divergence.
- de l'ordre de 100 000/est caractérisé par/le microscope électronique/un grossissement.
- une courbe de viscosité régulière/trois caractéristiques essentielles/l'isotropie/de l'arrangement moléculaire/a/l'état vitreux/un désordre relatif.
- des trains classiques/les caractéristiques/qu'il est/de l'aérotrain/montrent/très différent.

8.

changement d'état	substantif	verbe
État solide → état liquide	→ la fusion	→ fondre
État liquide → état solide	→ la solidification	→ se solidifier
État gazeux → état liquide	→ la liquéfaction	→ se liquéfier
État liquide → état gazeux	→ la vaporisation	→ se vaporiser

MODÈLE - Sous l'action de la chaleur, la glace *passe de l'état solide à l'état liquide.*
↓ Sous l'action de la chaleur, la glace **fond.**
↓ La **fusion** de la glace se fait sous l'action de la chaleur.

- A 328 °C, le plomb (Pb) passe de l'état solide à l'état liquide.
- Quand l'essence, à la sortie du gicleur, arrive dans la chambre de carburation, elle passe de l'état liquide à l'état gazeux.
- A — 183 °C, à la pression normale, l'oxygène passe de l'état gazeux à l'état liquide.
- En se refroidissant, le verre passe de l'état liquide à l'état solide.

16. MESURER UNE CAPACITÉ

1/ Les multiples et les sous-multiples du litre

1

	Noms	Symboles	Valeur en l, en m³ ou dm³	
Multiples	hectolitre	hl	100 l	ou 0,100 m³
	décalitre	dal	10 l	ou 0,010 m³
	LITRE	l	1 l	ou 0,001 m³
Sous-multiples	décilitre	dl	0,1 l	ou 0,100 dm³
	centilitre	cl	0,01 l	ou 0,010 dm³
	millilitre	ml	0,001 l	ou 0,001 dm³

3a 3b 3c

2b

2a

4 5

2/ Quelques instruments de mesure utilisés dans le commerce : un décalitre (fig. 2a), un litre (fig. 2 b), un décilitre (fig. 3 a), un demi-décilitre (fig. 3 b) et un double centilitre (fig. 3 c).

3/ Quelques instruments utilisés dans les laboratoires, en pharmacie, etc.

- Des éprouvettes graduées (fig. 4), permettent de mesurer un volume de liquide compris entre 5 cm³ et 250 cm³.
- Des pipettes de 1 à 20 cm³ (fig. 5) permettent d'apprécier $\frac{1}{10}$ et même $\frac{1}{100}$ de cm³.

17 La fabrication industrielle du verre

1/ Composition des verres industriels

Ce sont des verres constitués par :
- de la silice ($Si O_2$) que l'on trouve dans le sable,
- du carbonate de soude ($Na_2 CO_3$) ayant pour rôle d'abaisser la température de fusion de la silice,
- de la chaux ($Ca O$) qui augmente la résistance du verre aux agents chimiques (eau, acides).

On ajoute, suivant le cas, différents produits, comme l'alumine ($Al_2 O_3$) et la magnésie (MgO), destinés à améliorer les propriétés physiques du matériau obtenu.

Dans tous les cas, pour faciliter la fusion du mélange de ces matières premières, on ajoute des débris de verre dans une proportion de 20 % environ du mélange initial (fig. 1).

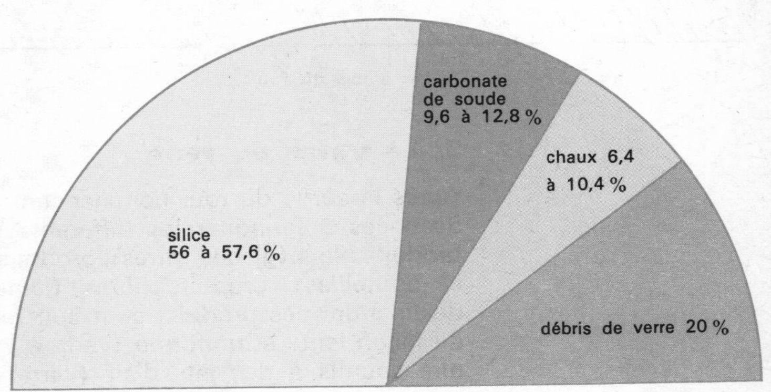

1. La composition du verre.

2/ Fabrication du verre

Dans les procédés de fabrication modernes, le mélange des matières premières est introduit de façon continue dans un four à bassin, puis réparti de façon homogène à la surface du verre en fusion (fig. 2).

Le four se présente sous la forme d'un bassin de 40 m de long pouvant contenir jusqu'à 1 000 t de verre en fusion. Le chauffage est assuré par des brûleurs placés à l'intérieur du four.

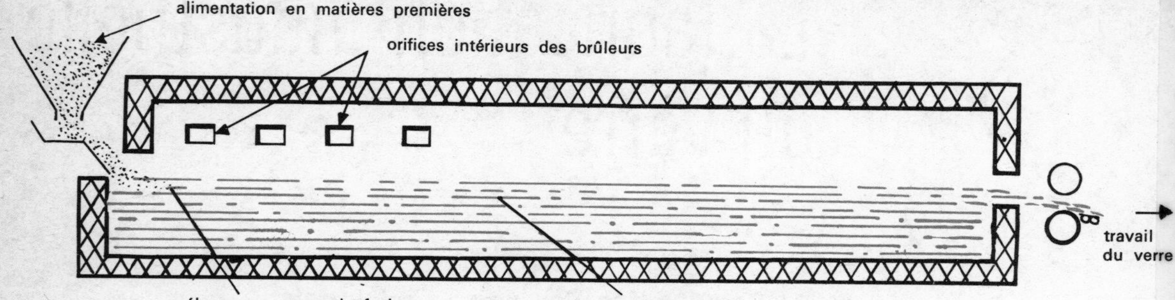

2. Coupe simplifiée d'un four à bassin.

Dans le four, le verre passe par trois zones successives :

- dans une première zone (fig. 3 A), le mélange est réduit à l'état pâteux puis à l'état liquide (1 400 à 1 500 °C),
- dans une seconde zone (fig. 3 B), la plus chaude du four (1 550 °C), le verre perd les gaz qu'il contenait,
- dans une troisième zone (fig. 3 C), le verre redescend à sa température de travail (1 200 °C).

3. Les zones du four.

3/ Le travail du verre

Après la sortie du four commencent les opérations mécaniques destinées à fabriquer les différents produits que l'on désire : produits plats (glaces, vitres), produits creux et moulés (assiettes et bouteilles), produits fibrés (laine de verre). Suivant leur destination, ces produits sont soit recuits, c'est-à-dire refroidis de façon lente et uniforme (verre à vitre), soit trempés, c'est-à-dire soumis à des jets d'air (verre de pare-brise).

4. Un produit moulé.

5. Un produit fibré.

PHONÉTIQUE

un acide	œ̃nasid	un sable	œ̃sɑbl
une alumine	ynalymin	une silice	ynsilis
un bassin	œ̃basɛ̃	une soude	ynsud
un brûleur	œ̃bʀylœʀ	améliorer	ameljɔʀe
un carbonate	œ̃kaʀbɔnat	fabriquer	fabʀike
une chaux	ynʃo	mouler	mule
une composition	ynkɔ̃pozisjɔ̃	recuire	ʀəkɥiʀ
un débris	œ̃debʀi	réduire	ʀedɥiʀ
une destination	yndɛstinɑsjɔ̃	refroidir	ʀəfʀwadiʀ
une fabrication	ynfabʀikɑsjɔ̃	répartir	ʀepaʀtiʀ
un four	œ̃fuʀ	tremper	tʀɑ̃pe
un jet	œ̃ʒɛ	chimique	ʃimik
une magnésie	ynmaɲezi	fibré	fibʀe
un produit	œ̃pʀɔdɥi	pâteux-se	pɑtø/øz
une proportion	ynpʀɔpɔʀsjɔ̃	successif	syksesif

Attention ! Comme toujours, dans ce tableau phonétique, les noms vous sont donnés avec les articles **un** et **une**. Mais les noms comme « chaux » ou « soude » s'emploient le plus souvent avec l'article partitif **de la / du.**

CONVERSATION

1. Quels sont les constituants du verre ?

2. Où trouve-t-on généralement la silice ?

3. Quel est le rôle du carbonate de soude dans la fabrication du verre ?

4. Quelle est la proportion des débris de verre par rapport au mélange initial dans la composition des verres industriels ?

5. Comment est assuré le chauffage d'un four à bassin ?

6. Quelle quantité de verre en fusion un tel four peut-il contenir ?

7. Que se passe-t-il dans la première zone du four ?

8. A quelle température se trouve la partie la plus chaude du four ?

9. Pouvez-vous donner quelques noms de produits fabriqués avec du verre industriel ?

10. Par quels procédés de fabrication obtient-on du verre à vitre ?

11. Est-ce que le verre d'un pare-brise est obtenu de la même façon ?

GRAMMAIRE

L'expression du temps. Les adverbes

On peut aussi exprimer le temps à l'aide d'un adverbe, mais celui-ci est souvent moins précis que le nom.

Les adverbes de temps indiquent :

1) Une date : **avant-hier, hier, aujourd'hui, demain, après-demain** [1].

EX. : ***Avant-hier,*** *on a annoncé le départ de l'Archimède.*

2) Une époque, : **auparavant, d'abord, maintenant, aussitôt, tout de suite, plus tard, ensuite, désormais, tôt, tard, jadis.**

EX. : ***Jadis,*** *on voyageait à pied ou à cheval,* ***maintenant*** *on voyage par avion, par le train ou en voiture.*
Le Concorde va décoller, mais on a ***d'abord*** *contrôlé tous ses organes.*

3) La durée de l'action : **longtemps.**

EX. : *Pendant le refroidissement, si l'on laisse* ***longtemps*** *le verre à certaines températures, on obtient une cristallisation.*

4) La fréquence : **quelquefois, parfois, souvent, toujours, rarement, (ne...) jamais.**

EX. : *Sur l'aérotrain, pour obtenir un freinage plus rapide, on doit* ***parfois*** *utiliser les freins à mâchoires.*

5) Une alternance : **tantôt... tantôt.**

EX. : *Un corps pur peut se présenter* ***tantôt*** *à l'état fluide* ***tantôt*** *à l'état solide.*

1. **Attention**

1 { *Il dit qu'il est venu* ***hier.***
Il a dit qu'il était venu ***la veille.*** }

2 { *Je vais chez lui* ***aujourd'hui*** *car il part* ***demain*** *pour New York.*
Je suis allé chez lui ***ce jour-là*** *car il partait* ***le lendemain*** *pour New York.* }

avant-hier	**hier**	**aujourd'hui**	**demain**	**après-demain**
↓	↓	↓	↓	↓
l'avant-veille	**la veille**	**ce jour-là**	**le lendemain**	**le surlendemain**

EXERCICES

1. MODÈLE - *Il dit* qu'il est venu *hier.*
↓ **Il a dit** qu'il était venu **la veille.**

Mettez également au passé les phrases suivantes :

- La Marine française annonce que l'Archimède est parti avant-hier.
- Aujourd'hui, l'ingénieur laisse sa voiture au garage.
- Le journal d'aujourd'hui parle d'un essai du Concorde pour après-demain.
- M. Legrand doit acheter une nouvelle vitre car son fils en a cassé une hier.
- Cet avion reste sur la piste car il doit voler demain.

2. *Complétez les phrases suivantes en employant correctement :* **auparavant, désormais, tout de suite, d'abord, ensuite.**

- ... tous les trains roulaient sur une voie ferrée, mais ... l'aérotrain utilise un rail en béton.
- Avez-vous nettoyé mon pare-brise?
  Je le fais ..., Monsieur!
- ... il faut mettre l'avion à l'essai. C'est seulement ... qu'il sera mis en service.
- On plonge dans l'eau d'un vase à trop-plein le corps accroché au plateau de la balance. Mais ... on a fait la tare.
- Quand le corps est plongé dans l'eau du vase, on constate ... que de l'eau coule par le trop-plein.
- Jusqu'à cette année, les gros avions ne pouvaient pas atterrir sur cette piste, mais on l'a agrandie, et ... même les Boeing 747 peuvent s'y poser.

3. *Les phrases suivantes sont fausses ou incomplètes. Récrivez-les correctement en utilisant selon le cas :* **quelquefois/parfois, souvent, toujours, rarement, ne... jamais.**

- Sur l'aérotrain, pour freiner, on utilise l'inversion du pas de l'hélice.
- Sur l'aérotrain, pour freiner, on utilise les deux parachutes.
- Sur l'aérotrain, pour freiner, on arrête la sustentation.
- La Caravelle vole à des vitesses supersoniques.
- Dans la nature, on observe des phénomènes de décomposition de la lumière.
- Le grossissement d'un microscope optique dépasse 2 500.
- La poussée d'Archimède est égale au poids du fluide déplacé.
- Sur les routes françaises, une voiture peut rouler à sa vitesse maximale.
- L'aérotrain décolle.

---

4. MODÈLE - Le carbonate de soude abaisse la température de fusion de la silice.
↓ Le carbonate de soude **a pour rôle d'**abaisser la température de fusion de la silice.

Transformez de la même façon les phrases suivantes :

- Les ventilateurs assurent l'alimentation des chambres de l'aérotrain en air comprimé.
- Le carburateur alimente les cylindres du moteur en mélange air-carburant.
- La crémaillère de la balance hydrostatique permet d'abaisser ou de soulever le fléau.
- Les débris de verre qu'on ajoute aux matières premières facilitent la fusion du mélange.
- L'objectif du microscope donne une image réelle et renversée de l'objet.

---

5. MODÈLE - On ajoute au mélange 20 % de débris de verre.
↓ On ajoute au mélange des débris de verre **dans une proportion de** 20 %.

Transformez de la même façon les phrases suivantes :

- Pour faire du verre industriel on utilise environ 56 % de silice.
- On utilise également 6,4 à 10,4 % de chaux.

- L'air contient environ 21 % d'oxygène.
- Généralement, l'eau de mer contient environ 3 % de chlorure de sodium.
- Dans un litre de lait, on trouve 90 % d'eau.

---

6. MODÈLE - Le mélange est introduit dans le four. Cette introduction est continue.

↓ Le mélange est introduit dans le four **de façon continue.**

- Le mélange est réparti à la surface du verre. Cette répartition est homogène.
- Les chambres de l'aérotrain sont alimentées en air. Cette alimentation est régulière.
- Le centre de poussée de l'avion se déplace par rapport à son centre de gravité. Ce déplacement est variable.
- Les forces qui soutiennent un avion dans les airs ont été étudiées. Les études qu'on a faites sont théoriques et expérimentales.
- Ce problème de fabrication a été résolu. Sa solution est pratique.

RÉVISION

Employez correctement les pronoms relatifs : qui, que, dont, où.

- C'est cette voiture ... je veux acheter.
- C'est cette voiture ... roule à 200 km/h.
- La chambre de carburation comprend une buse ... débouche le gicleur.
- Le piston aspire le mélange air-carburant ... la combustion se fait dans le cylindre.
- On obtient un déplacement du centre de gravité à l'aide des pompes de transfert ... refoulent le carburant de l'avant à l'arrière de l'avion ou réciproquement.
- Le Concorde ... la vitesse dépasse celle du son a certaines particularités nouvelles et intéressantes.
- Il est nécessaire d'apporter au turbo-réacteur des modifications ... lui permettent d'assurer une meilleure propulsion en vol supersonique.
- L'ouverture des chambres de combustion d' ... s'échappent les gaz est orientée vers la turbine.
- La résistance de l'air est une force située dans le plan de symétrie S ... la projection sur $\overrightarrow{V}$ est toujours en sens inverse de la vitesse.
- C'est l'ingénieur français Bertin ... a appliqué le principe du coussin d'air pour résoudre les problèmes de sustentation de l'aérotrain.
- L'air pulsé ... sort des chambres exerce une pression verticale sur la partie horizontale du rail.
- La propulsion de l'aérotrain est assurée par deux turbomoteurs ... la puissance totale est de 2 600 CV.
- La capacité maximale d'accélération de l'aérotrain est environ dix fois supérieure à celle des trains classiques ... se déplacent sur voies ferrées.
- C'est le système bielle-manivelle ... permet d'utiliser la pression des gaz sur le piston pour faire tourner l'arbre moteur.

17. LES UNITÉS DANS LE SYSTÈME INTERNATIONAL (S.I.)

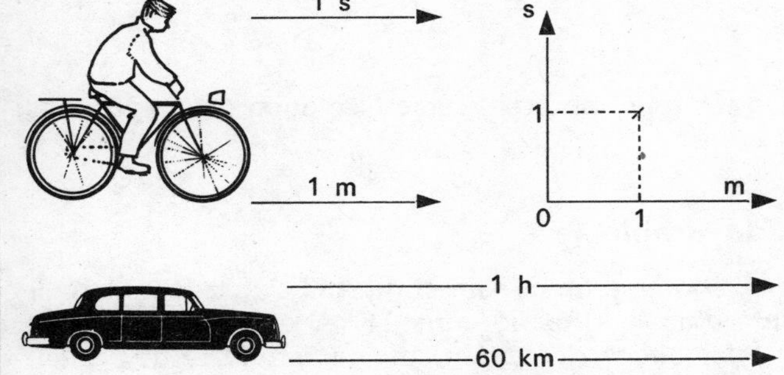

La vitesse

Le mètre par seconde se note m/s.
On utilise aussi
le kilomètre à l'heure (km/h)

$$1 \text{ km/h} = \frac{1\,000}{3\,600} \text{ m/s.}$$

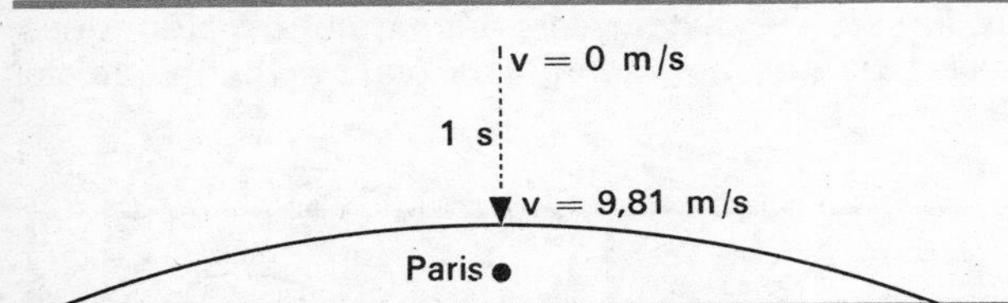

L'accélération

L'unité S.I. est le m/s²
« mètre par seconde carrée »
ou « mètre par seconde par seconde ».
L'accélération de la pesanteur est à Paris :
$g = 9{,}81 \text{ m/s}^2$.

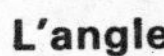

L'angle

L'unité S.I. d'angle est le « radian » (rd ou rad).

L'angle droit vaut $\frac{\pi}{2}$ rd.

On utilise le plus souvent le degré : l'angle droit vaut 90°.

$$1^\circ = \frac{\pi}{180} \text{ rd.}$$

Le degré est divisé en 60 minutes.
1° = 60′.

La minute est divisée en 60 secondes.
1′ = 60″.
1 rd = 57° 17′ 45″.

On utilise parfois le grade (gr).

$$1 \text{ gr} = \frac{\pi}{200} \text{ rd.}$$

L'angle droit vaut 100 gr.

R
1 rd
R
90°
$\frac{\pi}{2}$ rd
90°
100 gr

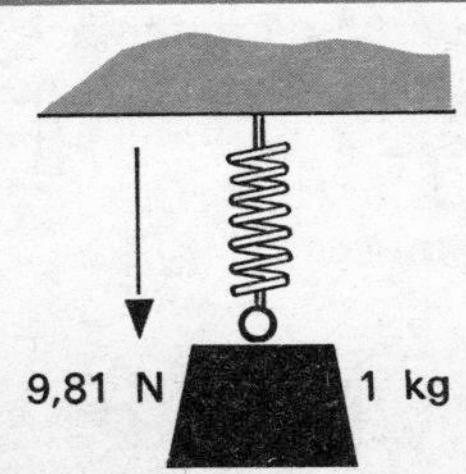

La force

L'unité S.I. est le « Newton » (N).

A Paris, 1 kg pèse 9,81 N.

On utilise encore souvent le « kilogramme-force » (kgf).
1 kgf = 9,81 N.

18 | Le verre et le confort
L'isolation thermique

Le verre joue un rôle important dans l'isolation thermique des lieux habités.

1/ Nature du problème

Pour assurer à l'homme un certain confort, il s'agit de maintenir la température d'un lieu habité entre 18 °C et 20 °C. On peut naturellement le faire en chauffant ou en refroidissant ce lieu de façon continue, mais cela nécessite une quantité d'énergie que l'on peut limiter en évitant les déperditions calorifiques excessives, c'est-à-dire en augmentant l'isolation thermique du lieu habité.

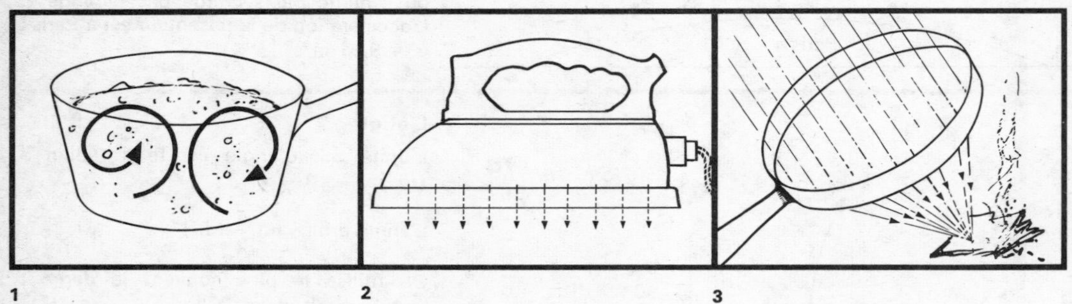

1 2 3

2/ Rappel des données théoriques

Il existe trois modes de propagation de la chaleur :
1) *La convexion* [1] *:* C'est un fluide qui transporte la chaleur (fig. 1).
2) *La conduction :* Le véhicule est un solide (fig. 2).
3) *Le rayonnement :* Il s'agit de radiations sans support matériel (fig. 3).

Dans le cas qui nous intéresse, les déperditions de chaleur se font surtout par conduction et par rayonnement (fig. 4). Ces déperditions de chaleur se mesurent en kilocalories par mètre carré, par heure, et par degré de différence de température entre les deux milieux considérés. Rappelons que la calorie est la quantité de chaleur nécessaire pour élever la température d'un gramme d'eau de 14,5 °C à 15,5 °C.
La kilocalorie vaut 1 000 calories.

1. On écrit aussi « convection ».

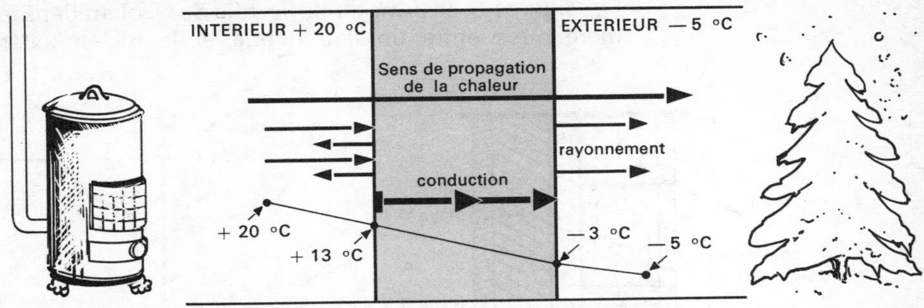

4. Déperditions de chaleur d'un lieu habité.

3/ Solutions au problème de l'isolation thermique

Pratiquement, il faut utiliser les matériaux qui s'opposent le mieux à la propagation de la chaleur.

Le verre est un mauvais isolant thermique ; au contraire, l'air immobile est, parmi les meilleurs isolants, celui que l'on trouve le plus facilement. Mais le verre a ses qualités propres : on associe donc air et verre pour obtenir des matériaux isolants que l'on utilise dans la construction des maisons modernes.

On obtient d'abord des types divers de vitrages isolants qui tous sont composés de deux ou plusieurs feuilles de verre limitant des espaces d'air déshydraté relativement immobile (fig. 5). Dans les parties opaques, les murs par exemple, la fibre de verre assure cette fonction isolante en maintenant de l'air immobile dans un réseau de fibres ; c'est la structure des feutres et des panneaux isolants utilisés dans les murs, les planchers, etc. (fig. 6 et 7).

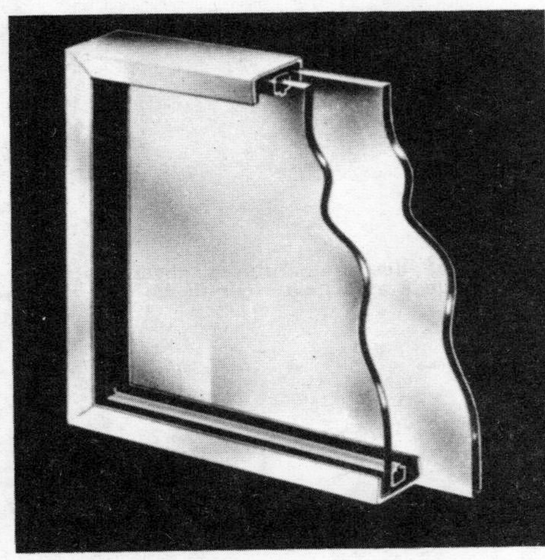

5. Un vitrage isolant.

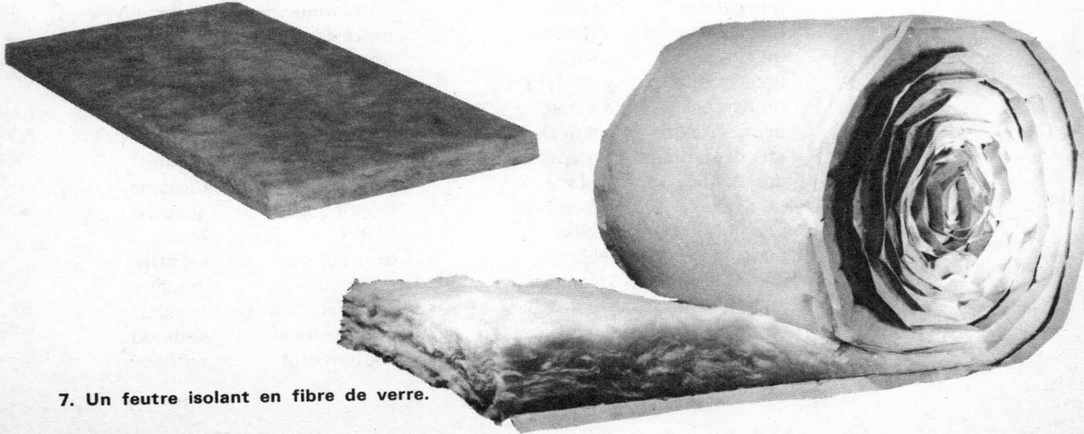

6. Un panneau isolant en fibre de verre.

7. Un feutre isolant en fibre de verre.

Les figures 8 et 9 montrent le rôle de l'isolant dans les échanges thermiques entre un lieu habité et le milieu extérieur.

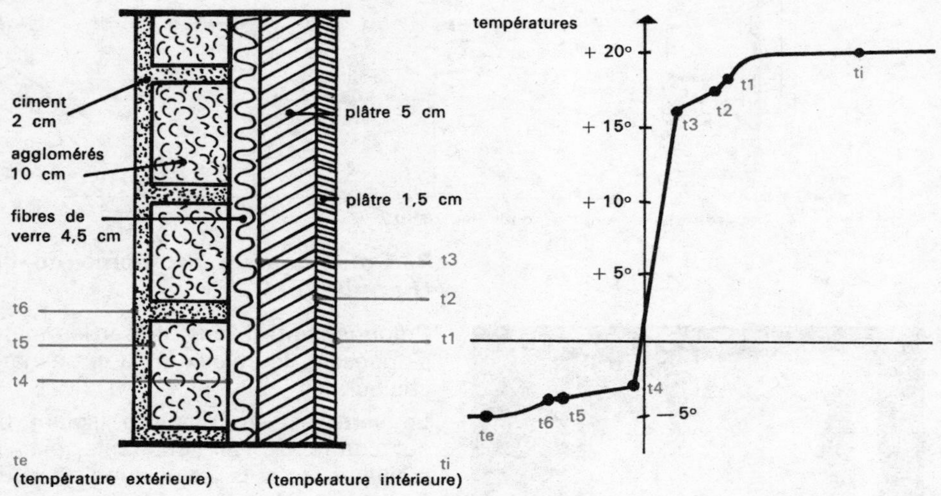

8. Coupe d'un mur.

9. Courbe des températures observées à l'intérieur et à l'extérieur de ce mur.

PHONÉTIQUE

un aggloméré	œ̃naglɔmeʀe
une calorie	ynkalɔʀi
une chaleur	ynʃalœʀ
un ciment	œ̃simɑ̃
une conduction	ynkɔ̃dyksjɔ̃
un confort	œ̃kɔ̃fɔʀ
une convexion	ynkɔ̃vɛksjɔ̃
une déperdition	yndepɛʀdisjɔ̃
une donnée	yndɔne
un feutre	œ̃føtʀ
une fibre	ynfibʀ
un isolant	œ̃nizɔlɑ̃
une isolation	ynizɔlɑsjɔ̃
une kilocalorie	ynkilɔkalɔʀi
un mode	œ̃mɔd
une nature	ynnatyʀ
un panneau	œ̃pano
un plâtre	œ̃plɑtʀ
un rayonnement	œ̃ʀɛjɔnmɑ̃
un réseau	œ̃ʀezo
un vitrage	œ̃vitʀaʒ
associer	asɔsje
déshydrater	dezidʀate
éviter	evite
nécessiter	nesesite
transporter	tʀɑ̃spɔʀte
calorifique	kalɔʀifik
divers	divɛʀ
excessif/ive	ɛksesif/iv
immobile	immɔbil
matériel	mateʀjɛl
pratiquement	pʀatikmɑ̃
relativement	ʀəlativmɑ̃

CONVERSATION

1. Quelle est la bonne température d'un lieu habité ?

2. Comment peut-on assurer l'isolation thermique d'un lieu habité ?

3. La conduction, qu'est-ce que c'est ?

4. Donnez un exemple de chauffage par convexion.

5. Dans le cas d'un chauffage par rayonnement, est-ce que la chaleur utilise un véhicule solide pour se propager ?

6. Comment se mesurent les déperditions de chaleur ?

7. Pouvez-vous donner la définition de la calorie ?

8. Est-ce que le verre est un bon isolant thermique ?

9. Comment obtient-on un vitrage isolant ?

10. Pourquoi la fibre de verre est-elle un bon isolant thermique ?

11. Pourquoi utilise-t-on la fibre de verre dans la construction d'une maison ?

12. Où place-t-on cette fibre de verre ?

GRAMMAIRE

L'expression du temps. Les conjonctions

Pour exprimer le temps on emploie aussi des *conjonctions*, c'est-à-dire des mots ou des groupes de mots qui servent à relier des verbes représentant deux actions. Ces conjonctions peuvent être *précises* et n'indiquer qu'un seul rapport de temps, ou *vagues*.

1) Les conjonctions **précises** peuvent indiquer :

a) une simultanéité : **tandis que, pendant que, au moment où, à mesure que, aussi longtemps que, tant que, chaque fois que, toutes les fois que.**

EX. : ***Chaque fois que*** *le pied du conducteur presse la pédale de l'accélérateur, le volet des gaz s'ouvre.*

presse
→
s'ouvre

Le piston remonte dans le cylindre ***tandis que*** *les gaz brûlés s'échappent.*
A mesure que *le verre se refroidit, sa viscosité augmente.*

b) une postériorité : **après que, dès que, aussitôt que.**

EX. : ***Après que*** *le Concorde a décollé, sa visière se relève.*

a décollé
→
se relève

Dès que *le débit d'arrivée d'essence est plus grand que le débit de sortie, le flotteur s'élève dans la cuve.*

c) une antériorité : **avant que / jusqu'au moment où, jusqu'à ce que / en attendant que / sans attendre que.**

Attention : jusqu'au moment où → indicatif
avant que, jusqu'à ce que
en attendant que } → subjonctif
sans attendre que

EX. : *L'avion s'élève* ***jusqu'au moment où*** *la portance* ***est égale*** *à son poids.*

est égale
s'élève

L'avion s'élève ***jusqu'à ce que*** *la portance* ***soit égale*** *à son poids.*
Nous partirons ***sans attendre qu'****il* ***vienne.***

2) Les conjonctions **vagues** peuvent indiquer une simultanéité ou une postériorité suivant les temps des deux verbes reliés (temps identiques ou temps différents).

Ce sont : **quand, lorsque, comme, maintenant que.**

EX. : ***Quand*** *il se lève, il regarde autour de lui.*
Quand *il a bu son café, il allume un cigare.*

se lève — a bu
regarde — allume

EXERCICES

1. MODÈLE - *Chaque fois que* - Le Concorde (passer) en décélération rapide
- ses pompes de transfert (refouler) le carburant vers l'avant.

↓ *Chaque fois que* le Concorde **passe** en décélération rapide, ses pompes de transfert **refoulent** le carburant vers l'avant.

De la même façon, construisez des phrases à partir des éléments suivants :

Tandis que - Le piston (décrire) un mouvement rectiligne
- la manivelle (décrire) un mouvement circulaire.

Pendant que - Le Concorde (voler) en croisière supersonique
- sa visière (être relevé).

Aussi longtemps que - La portance (être) supérieure à son poids
- l'avion (continuer) de monter.

Chaque fois que - Le pilote (vouloir) équilibrer le bathyscaphe entre deux eaux
- il (devoir) larguer du lest.

Toutes les fois que - Le débit d'arrivée (être) supérieur au débit de sortie
- le pointeau (fermer) l'arrivée d'essence.

A mesure que- La température du verre (s'élever)
- sa viscosité (diminuer).

Au moment où - L'eau (se solidifier)
- sa viscosité (passer) brusquement à une valeur infinie.

Tant que - Le sas cylindrique (rester) plein d'air
- le bathyscaphe (avoir) une flottabilité légèrement positive.

2. MODÈLE - *Après que* - Le Concorde (décoller)
- sa visière (se relever).

↓ *Après que* le Concorde **a décollé**, sa visière **se relève.**

De la même façon, construisez des phrases à partir des éléments suivants :

Dès que - Le verre (sortir) du four,
- les opérations mécaniques de fabrication (commencer).

Après que - L'on (faire) la tare,
- on (plonger) le corps accroché au plateau dans un vase à trop-plein.

Aussitôt que - L'on (plonger) le corps dans le vase,
- de l'eau (couler) par le trop-plein.

Après que - Le client (essayer) la R 16 TS,
- il (décider) de l'acheter.

Aussitôt que - L'on (remplir) d'eau le sas cylindrique,
- le bathyscaphe (commencer) à couler.

Dès que - L'on (inverser) le pas de l'hélice,
- la vitesse de l'aérotrain (diminuer).

3. MODÈLE - *Jusqu'à ce que* - L'avion (s'élever)
- la portance (équilibrer) son poids.

↓ L'avion **s'élève** *jusqu'à ce que* la portance **équilibre** son poids.

De la même façon, construisez des phrases à partir des éléments suivants :

Jusqu'au moment où - On (chauffer) le mélange
- il (être réduit) à l'état pâteux.

Jusqu'à ce que - On (chauffer) le mélange
- il (être réduit) à l'état pâteux.

En attendant que - Les voyageurs (prendre) le Boeing 707
- le Concorde (être) en service.

Avant que - Les ingénieurs et les mécaniciens (contrôler) tous les organes de l'avion
- il (décoller) pour un nouveau vol d'essai.

Sans attendre que - Le bateau (ne pas pouvoir) partir
- le scaphandrier (revenir) à la surface.

Jusqu'au moment où - Le flotteur (descendre) dans la cuve
- le débit d'arrivée d'essence (être) égal au débit de sortie.

Jusqu'à ce que - Le flotteur (descendre) dans la cuve
- le débit d'arrivée d'essence (être) égal au débit de sortie.

Sans attendre que - Il (partir)
- sa voiture (être réparé).

4. MODÈLE (1) *Quand* le verre *est sorti* du four, les opérations mécaniques de fabrication *commencent.*

(2) *Quand* le mélange *passe* dans la zone la plus chaude du four, il *perd* les gaz qu'il contenait.

Mettez au temps convenable les verbes entre parenthèses :

- Quand le débit de sortie d'essence (être) inférieur au débit d'arrivée, le pointeau ferme l'arrivée d'essence.
- Quand la bougie (enflammer) le mélange dans le cylindre, la pression des gaz produits par la combustion repousse le piston vers le bas.

- Lorsque le pilote (remplir) d'eau le sas cylindrique, le bathyscaphe commence à descendre.
- Lorsque la portance (équilibrer) le poids de l'avion, celui-ci atteint son plafond.
- Comme l'ingénieur (sortir) de l'usine, les ouvriers y entraient.
- Maintenant que le Concorde (décoller) son nez se relève.

---

5. MODÈLE (1) - Lorsqu'on parle de rayonnement calorifique, *de quoi s'agit-il?* (des radiations sans support matériel).
↓ **Il s'agit de** radiations sans support matériel.

(2) - Lorsqu'on parle de recuire un verre, *de quoi s'agit-il?* (refroidir ce verre de façon continue et lente).
↓ **Il s'agit de** refroidir ce verre de façon continue et lente.

Répondez de la même façon aux questions suivantes :

- Lorsqu'on parle de l'ingénieur Bertin, de qui s'agit-il? (l'ingénieur qui a construit l'aérotrain).
- Lorsqu'on parle de tremper un verre, de quoi s'agit-il? (le soumettre à des jets d'air).
- Lorsqu'on parle d'Archimède, de qui s'agit-il? (le grand savant grec de l'antiquité).
- Lorsqu'on parle de l'Archimède, de quoi s'agit-il? (le bathyscaphe lancé par la Marine française).
- Lorsqu'on parle d'immerger un corps, de quoi s'agit-il? (plonger ce corps dans un liquide).
- Lorsqu'on parle de la place de la Concorde, de quoi s'agit-il (une des grandes places de Paris).
- Lorsqu'on parle du Concorde, de quoi s'agit-il? (l'avion supersonique construit par les Anglais et les Français).

RÉVISION

Employez correctement les pronoms relatifs : **qui, que, dont, où.**

- L'aérotrain ... l'ingénieur Bertin a mis au point est destiné à transporter 80 passagers à une vitesse de l'ordre de 250 km/h.
- Les bougies ... le mécanicien m'a vendues sont très bonnes.
- Le Concorde, ... vous voyez actuellement, est une réalisation franco-britannique.
- Prenons une balance hydrostatique ... on peut soulever le fléau à l'aide d'une crémaillère.
- Le pilote ... veut ralentir la chute du bathyscaphe doit larguer un peu de lest.
- Les lentilles ... sont divergentes transforment un faisceau parallèle en faisceau divergent.
- L'intérêt ... le gouvernement porte à la réalisation de ce projet est très grand.
- A l'état liquide, les verres ont une viscosité déjà forte ... croît régulièrement quand on les refroidit.
- La courbe de viscosité ... les techniciens étudient est régulière.
- Le verre industriel comprend un stabilisant, la chaux, ... rend le verre plus résistant aux agents chimiques.
- Le four se présente sous la forme d'un bassin de 40 m de long ... le mélange est réduit à l'état pâteux.
- Le chauffage est assuré par des brûleurs ... sont placés à l'intérieur du four.
- Le chauffage est assuré par des brûleurs ... on a placés à l'intérieur du four.

18. LES UNITÉS DANS LE SYSTÈME INTERNATIONAL (S.I.)

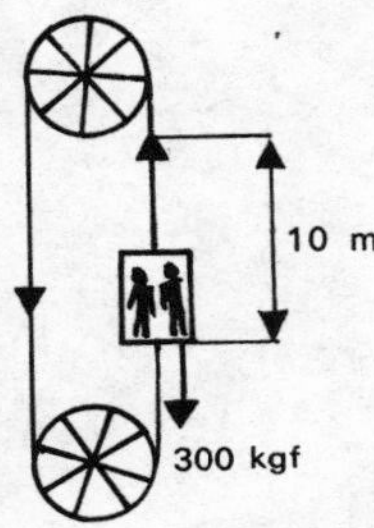

Le travail ou l'énergie

L'unité S.I. est le « Joule » (J).
On utilise aussi le kilogrammètre (kgm).

Le travail produit ci-contre est égal à 300 kgf × 10 m = 3 000 kgm.

1 kgm = 9,81 J

L'EdF (Électricité de France) utilise le « kilowatt-heure ».

1 kWh = 3 600 000 J
= 367 098 kgm

L'énergie des particules se mesure en « électrons-volts » (eV) :

1 eV = $1{,}602 . 10^{-19}$ J
1 MeV = $1{,}602 . 10^{-13}$ J
1 MeV (méga-électron-volt)

L'unité S.I. est le Joule qui est aussi l'unité de travail.

La quantité de chaleur

On utilise la calorie (cal)
ou la kilocalorie (kcal).

1 kcal = 1 000 cal = 4 186 J.

La puissance

Le « Watt » (W), unité S.I., est la puissance d'une machine qui produit un travail de 1 Joule en 1 seconde.
Le kilowatt (kW) vaut 1 000 Watts :

1 kW = 1 000 W.

On utilise aussi le « cheval-vapeur » (ch) :

1 ch = 736 W.

On utilise plus rarement le « kilogrammètre par seconde » (kgm/s) :

1 ch = 736 W = 75 kgm/s.

La fréquence

Le « hertz » (hz) ou « cycle par seconde » est l'unité S.I. de fréquence.
Sa valeur est la fréquence d'un phénomène périodique dont la période est d'une seconde.
Le « kilohertz » (1 khz) vaut 1 000 hertz :

1 khz = 1 000 hz

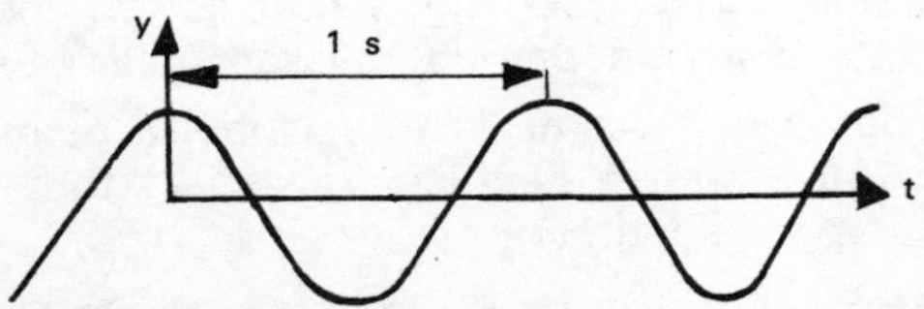

La pression

L'unité S.I. est le « Pascal » (Pa) ou « Newton » par mètre carré.

On utilise aussi couramment le « kilogramme-force par centimètre carré » :

$$1 \text{ kgf/cm}^2 = \frac{9{,}81 \text{ N}}{10^4 \text{m}^2} = 98\,100 \text{ N/m}^2 = 98\,100 \text{ Pa}$$

Très souvent, on utilise l'« atmosphère » (atm) :

1 atm = 101 325 Pa

le « millibar » (mb) :

1 mb = 100 Pa
1 atm = 1 013 mb

et aussi le « millimètre de mercure » (mm Hg) :

1 atm = 760 mm Hg

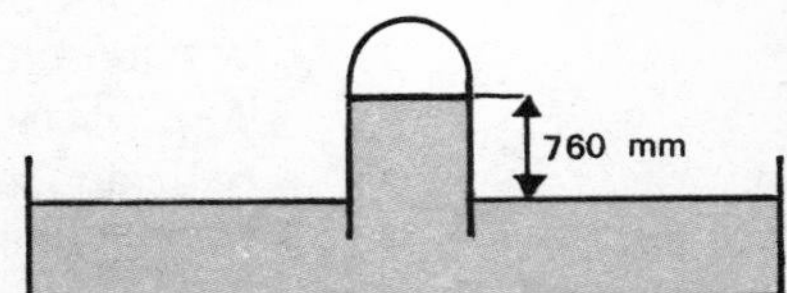

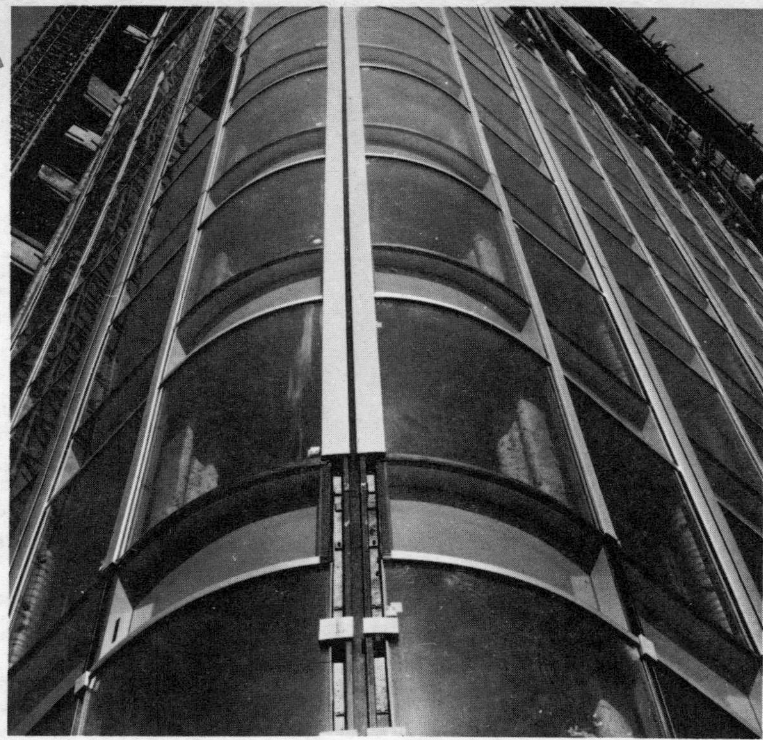

1. La tour Nobel : détail de la façade.

1 La tour Nobel

Dans la réalisation de cette construction moderne, le verre occupe une place très importante. D'une hauteur de 105 m, la tour Nobel comporte 28 étages de bureaux représentant 2 500 m². C'est ici que chaque matin 2 000 personnes viennent assurer dans les meilleures conditions possibles la gestion de diverses sociétés industrielles.
Les panneaux de façade, sans ouvrants, sont constitués de glaces et de vitrages isolants superposés.

Un panneau se compose d'un cadre en alliage d'aluminium. La glace claire, placée devant le panneau, est appliquée sur ses quatre bords, avec interposition de néoprène. Afin d'éviter la buée sur la face intérieure, une canalisation spéciale alimente le caisson en air sec.
Le double vitrage est constitué par un « Polyglass » composé de deux feuilles de glace polie, séparées par un matelas d'air parfaitement déshydraté, le tout étant hermétiquement serti dans un cadre en acier inoxydable. Cette tour est équipée du conditionnement d'air distribué par de puissants climatiseurs.

Ainsi, la structure béton et acier de la tour Nobel a permis un habillage de verre qui assure à l'édifice un aspect tout aussi spectaculaire de jour que de nuit.

D'après la *Revue du CIMUR*, nº 31, juill. 1967, 47, rue Boissière, Paris 16ᵉ.

2. La tour Nobel : vue d'ensemble.

2 Caractéristiques générales des fibres de verre

I) Propriétés d'isolation thermique

Un matériau isolant se caractérise par la valeur de sa conductivité (λ), son pouvoir isolant étant d'autant plus élevé que sa conductivité est plus faible.

La fibre de verre est un matériau composite. Le feutre, reçu sur le tapis de la chaîne, est constitué par un enchevêtrement désordonné de fibres s'opposant aux courants de convection de l'air. Il est bien évident que la conductivité du feutre sera non une conductivité thermique solide vraie, mais une conductivité apparente, réalisant le bilan d'ensemble des effets conjugués de plusieurs processus d'échanges que nous allons essayer d'analyser.

a) L'air immobilisé par le treillis de fibres est proportionnellement en quantité importante. Une forte partie du transfert calorifique s'effectuera donc par conduction gazeuse.

b) Si le treillis fibreux devient, pour des raisons de densité, peu resserré, l'air peut être le siège de courants transportant la chaleur par convection.

c) Les fibres, en contact les unes avec les autres, entraînent le transfert d'une certaine quantité de chaleur par conduction solide.

d) Enfin, les fibres entre elles échangent de l'énergie sous forme de rayonnement thermique.

L'importance relative de ces différents modes d'échanges thermiques dépend principalement, à température égale dans l'isolant :

du diamètre des fibres,
de la densité apparente du produit.

La conductivité thermique résulte pratiquement des effets combinés de la conduction gazeuse et du rayonnement thermique ; les deux autres modes pouvant être négligés.
La conductivité thermique est en moyenne de 0,035 Kcal/m.h.°C à 20 °C pour les produits ISOVER du bâtiment.

Elle descend à 0,030 Kcal/m.h.°C à la même température pour les produits « industrie ».

II) La production des fibres de verre

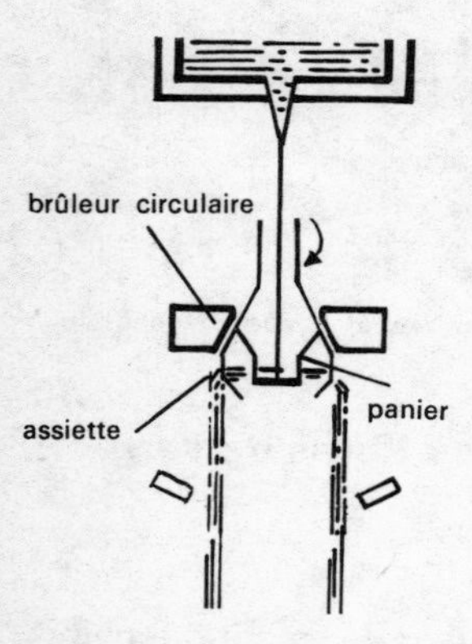

1. Le procédé de fabrication Saint-Gobain pour la fibre de verre.

La division du verre s'effectue par passage au travers des trous d'une « assiette », bande métallique perforée, supportée par une tulipe en acier et animée d'un mouvement de rotation extrêmement rapide.
Cette bande est alimentée en verre fondu par un organe répartiteur, « panier » qui reçoit le filet de verre s'écoulant de l'avant-corps. Après ce premier étirage mécanique horizontal par la force centrifuge, les fibres sont étirées verticalement sous l'action thermique et mécanique d'un brûleur à flamme rapide. Différents facteurs permettent d'agir sur le diamètre des fibres obtenues :

- le nombre et le diamètre des trous de l'assiette pour un débit de verre constant,
- le débit du verre pour une même assiette,
- la viscosité du verre,
- le régime du brûleur.

La dispersion autour des diamètres moyens est très étroite. Ces diamètres de fibres sont :

- Fibre isolation (produits courants) : 5 μ.
- Superfine : 3,5 μ.
- Hyperfine : 1,5 μ.

S. de LAJARTE.

Extrait de la *Monographie sur la technologie verrière à l'usage de l'enseignement technique*. Saint-Gobain.

2. La fibre de verre fabriquée dans une usine Saint-Gobain.

3 Utilisation de la fibre de verre dans l'aéronautique

Pour lutter contre le bruit des réacteurs à bord de la Caravelle les ingénieurs en acoustique ont transformé la double cloison classique de l'avion en une cloison multiple.

La fibre de verre est ensachée dans des couches minces de chlorure de polyvinyle. On trouve à l'arrière du fuselage jusqu'à cinq couches de fibre de verre (soit une épaisseur totale de 75 mm).

Les fibres de verre ajoutées à la coque en alliage léger et au revêtement intérieur de la cabine permettent une insonorisation satisfaisante.

Cette fibre « hyperfine » a un diamètre moyen inférieur au micron qui permet la réalisation de feutres ultra-légers. Ces feutres, d'épaisseur 20 mm, sont placés dans des sacs en plastique étanches à la vapeur d'eau, ce qui est important pour éviter des phénomènes de condensation à l'intérieur des systèmes d'isolation.

La fibre de verre est utilisée également pour calorifuger les quelque 200 m de conduits isolés qui courent à bord de l'avion : circuits d'air conditionné chaud ou froid, tuyauteries de dégivrage au bord d'attaque des ailes avec des gaz prélevés à 500 °C sur les réacteurs, etc.

Ainsi, la fibre de verre permet parfaitement l'isolation thermique de la Caravelle ainsi que son insonorisation.

Extrait de la Fiche Saint-Gobain. *Utilisation de la fibre de verre dans l'aéronautique.*

N. B. — La fibre de verre assure aussi l'isolation thermique et acoustique de l'aérotrain.

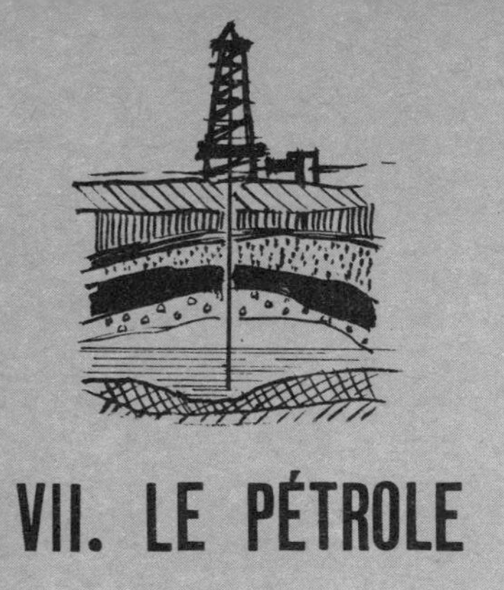

VII. LE PÉTROLE

19 | L'origine du pétrole

1/ Comment s'est formé le pétrole?

L'origine du pétrole est restée longtemps mal connue. Aujourd'hui la théorie de l'origine organique semble admise.

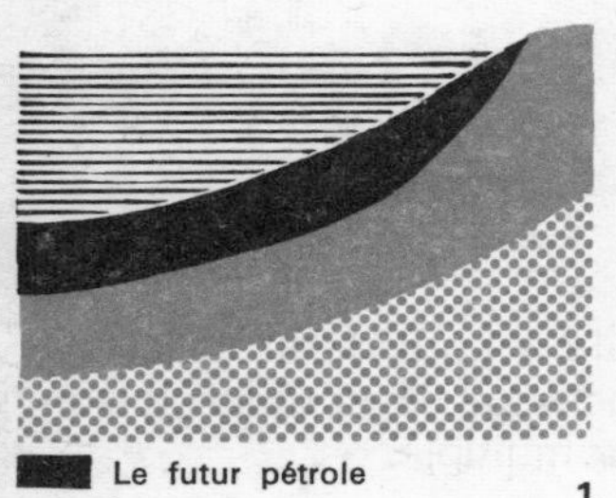

1

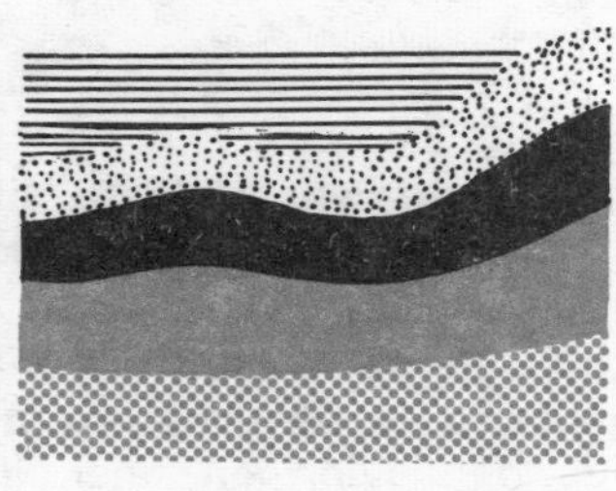
2

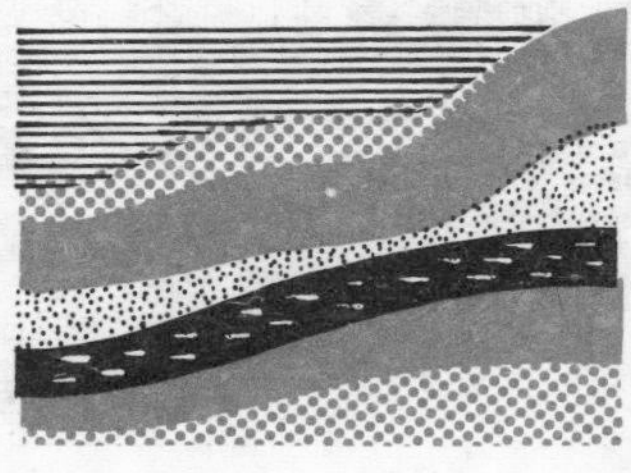
3

Le plancton marin et les sédiments se sont accumulés dans le fond de la mer (fig. 1). De nouveaux sédiments ont recouvert la matière organique formée d'éléments microscopiques (fig. 2). Il y a des millions d'années, cette matière s'est transformée peu à peu en pétrole dans la roche mère, à l'abri de l'air, sous l'action convergente de la pression, de la température et de certaines bactéries (fig. 3).

2/ La migration du pétrole

A) Les gisements

Les couches de terrain s'étant déplacées, le pétrole n'est généralement pas resté dans sa roche mère. En effet, de très fortes poussées exercées à l'intérieur de la terre ont produit des failles et des plissements. Les hydrocarbures ont traversé les roches perméables pour remonter lentement jusqu'à la surface. Mais, étant donné qu'il y a des couches de terrain imperméable, le

PIEGES A PETROLE

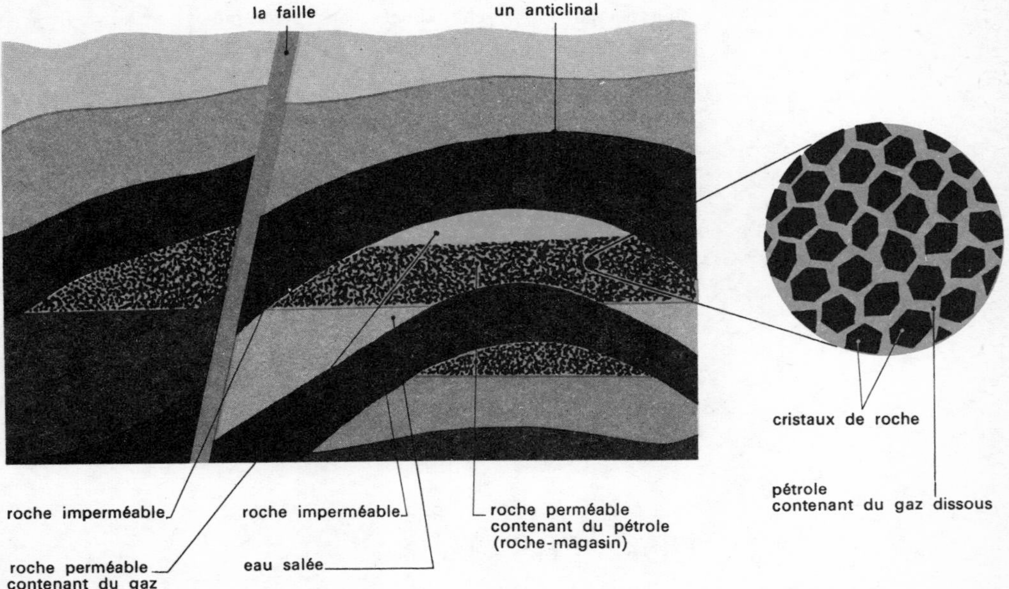

4. Un piège à pétrole.

5. Représentation microscopique d'un morceau de roche magasin.

pétrole a été pris au piège de l'une de ces couches. Le pétrole s'est accumulé et a imbibé alors les roches perméables. Ces roches sont appelées des roches magasins par opposition aux roches mères où le pétrole s'est formé à l'origine.

Puisque le pétrole se trouve dans les roches magasins, on dit qu'il se présente sous forme de gisements et non pas sous forme de lacs souterrains.

B) Les pièges à pétrole

Généralement, le pétrole est pris au piège dans un anticlinal où le terrain est imperméable. Dans le gisement, on trouve successivement de l'eau salée, puis le pétrole plus léger que l'eau et enfin des gaz d'hydrocarbures (fig. 4).

Un autre type fréquent de pièges est la faille. Il résulte d'un bouleversement brutal des couches de terrain provoqué par un glissement vertical. Le pétrole s'est alors accumulé dans un espace en forme de biseau délimité par deux couches imperméables situées à des niveaux différents.

PHONÉTIQUE

un abri	œ̃nabʀi	une théorie	ynteɔʀi
un anticlinal	œ̃nɑ̃tiklinal	s'accumuler	sakymyle
une bactérie	ynbakteʀi	délimiter	delimite
un biseau	œ̃bizo	dissoudre	disudʀ
un bouleversement	œ̃bulvɛʀsəmɑ̃	se former	səfɔʀme
une couche	ynkuʃ	imbiber	ɛ̃bibe
une faille	ynfaj	recouvrir	ʀəkuvʀiʀ
un gisement	œ̃ʒizmɑ̃	résulter de	ʀezyltedə
un glissement	œ̃glismɑ̃	brutal	bʀytal
un hydrocarbure	œ̃nidʀɔkaʀbyʀ	fréquent	fʀekɑ̃
une migration	ynmigʀɑsjɔ̃	imperméable	ɛ̃pɛʀmeabl
une origine	ynɔʀiʒin	microscopique	mikʀɔskɔpik
un piège	œ̃pjɛʒ	organique	ɔʀganik
un plancton	œ̃plɑ̃ktɔ̃	perméable	pɛʀmeabl
un plissement	œ̃plismɑ̃	salé	sale
une roche magasin	ynʀɔʃmagazɛ̃	souterrain	sutɛʀɛ̃
une roche mère	ynʀɔʃmɛʀ	successivement	syksesivmɑ̃
un sédiment	œ̃sedimɑ̃	puisque	pɥisk
un terrain	œ̃tɛʀɛ̃		

CONVERSATION

1. Quelle est la théorie qui permet d'expliquer l'origine du pétrole ?

2. Est-ce que les sédiments sont d'origine organique ?

3. Quelles sont les conditions nécessaires pour transformer la matière organique en pétrole ?

4. Comment s'appelle l'endroit où le pétrole s'est formé ?

5. Pourquoi le pétrole n'est-il pas resté dans sa roche mère ?

6. Pourquoi les hydrocarbures ne sont-ils pas remontés à la surface ?

7. Quelle différence faites-vous entre une roche mère et une roche magasin ?

8. Pourquoi le pétrole ne se présente-t-il pas sous la forme de lacs souterrains ?

9. Quels sont les types de pièges à pétrole que vous connaissez ?

10. Dans un gisement, pourquoi le pétrole est-il au-dessus de l'eau salée ?

GRAMMAIRE

Les relations logiques. La cause

EXEMPLES

A	B
1 *Les boues organiques se sont transformées peu à peu en pétrole*	***parce qu'****elles se trouvaient à l'abri de l'air.*
B	**A**
2 ***Étant donné que*** *la densité de l'eau salée est supérieure à celle du pétrole,*	*on trouve de l'eau salée à la base du gisement.*
A	**B**
3 ***Si*** *des glissements de terrain se sont produits.*	***c'est que*** *de fortes poussées internes se sont exercées dans l'écorce terrestre.*

DÉFINITION

Dans chacune de ces trois phrases la proposition B indique *pourquoi* la proposition A s'est réalisée. Chacune de ces propositions B exprime une cause.

COMMENT EXPRIMER LA CAUSE?

A) Par un nom, introduit par **à cause de, en raison de.**

EX. : *On trouve l'eau salée à la base du gisement* ***à cause de*** *sa densité supérieure à celle du pétrole.*

B) Par un participe ayant ou non le même sujet que celui du verbe principal.

EX. : ***Ayant*** *une densité supérieure à celle du pétrole, l'eau salée se trouve à la base du gisement.*
Les couches de terrain ***s'étant déplacées,*** *le pétrole n'est généralement pas resté dans la roche mère.*

C) Par une proposition introduite par un pronom relatif.

EX. : *L'eau salée* **qui** *a une densité supérieure à celle du pétrole se trouve à la base du gisement.*

D) Par une proposition introduite par **car, en effet, parce que, puisque, étant donné que, du fait que, si ... c'est que, d'autant plus que, comme.**

EX. : *On trouve l'eau salée à la base du gisement* ***car*** *sa densité est supérieure à celle du pétrole.*
Étant donné que *l'aérotrain se déplace sur un coussin d'air, il n'y a pas de tendance au décollage.*
On utilise une vis micrométrique pour la mise au point du microscope ***du fait que*** *la latitude de mise au point est très faible.*

ATTENTION :

1) Toutes ces propositions se construisent normalement avec un verbe à l'indicatif.

2) **Puisque - parce que**

a. Q : *Pourquoi le bathyscaphe ne plonge-t-il pas maintenant ?*
R : ***Parce que** le sas cylindrique est vide.*

b. Q : *Le pilote vient de vider le sas cylindrique. Est-ce que le bathyscaphe va plonger ?*
R : *Mais non, **puisque** le sas cylindrique est vide.*

3) **D'autant plus que, d'autant moins que** indiquent une cause particulière liée à une idée de proportion.

EX. : *Dans le système bielle-manivelle, la rotation de la manivelle est **d'autant plus** régulière **que** le volant est plus lourd.*

EXERCICES

1. MODÈLE - Pourquoi le pétrole n'est-il pas resté dans la roche mère ? (les couches de terrain se sont déplacées.)

↓ **Parce que** les couches de terrain se sont déplacées.

- Pourquoi les boues organiques se sont-elles transformées peu à peu en pétrole ? (Elles se trouvaient à l'abri de l'air.)
- Pourquoi l'eau salée se trouve-t-elle à la base du gisement ? (Sa densité est supérieure à celle du pétrole.)
- Pourquoi des glissements de terrain se sont-ils produits ? (De fortes poussées internes se sont exercées dans l'écorce terrestre.)
- Pourquoi le pilote du bathyscaphe doit-il larguer du lest pendant la descente de l'engin ? (La chute de l'engin a tendance à s'accélérer de façon continue.)
- Pourquoi utilise-t-on une vis micrométrique pour la mise au point du microscope ? (La latitude de mise au point est très faible.)

2. *Répondez aux questions suivantes en utilisant* **parce que** *ou* **puisque** *selon le cas :*

- Les couches de terrain se sont déplacées. Est-ce que le pétrole est resté dans sa roche mère ?
- Pourquoi le plomb ne flotte-t-il pas dans l'eau ?
- Pourquoi l'aérotrain ne décolle-t-il pas lorsqu'il se déplace à grande vitesse ?
- Au deuxième temps du moteur à explosion, toutes les soupapes sont fermées. Le piston remonte alors dans le cylindre. Est-ce que les gaz s'échappent ?
- Le rayon de braquage de la R 8 est de 4,63 m. Celui de la R 16 TS est de 5 m. Peut-on vraiment dire que la R 16 TS braque moins bien que la R 8 ?

3. MODÈLE

Fait principal	Cause
Il préfère la R 16 TS	(la grandeur de son coffre).

↓ Il préfère la R 16 TS **à cause de** la grandeur de son coffre.

- La capacité d'accélération et de décélération de l'aérotrain est très grande (son faible poids).
- Les Français évitent d'acheter de grosses voitures (le prix élevé de l'essence et celui de la vignette).
- On lui a refusé le permis de conduire des camions (sa mauvaise vue).
- On a dû arrêter les essais de ce nouvel avion (le mauvais fonctionnement de ses turboréacteurs en vol supersonique).
- Pierre a dû arrêter ses études (sa longue maladie).

4. MODÈLE - Les couches de terrain se sont déplacées et le pétrole n'est généralement pas resté dans sa roche mère (parce que).

↓ *Les couches de terrain se sont déplacées.*

↓ Le pétrole n'est généralement pas resté dans sa roche mère **parce que** les couches de terrain se sont déplacées.

De la même façon, dans les énoncés suivants, soulignez l'élément qui représente la cause de l'autre, puis construisez une phrase qui utilise la conjonction entre parenthèses :

- De très fortes poussées exercées à l'intérieur de la terre ont produit des failles et des plissements, et les couches de terrain se sont déplacées (en effet).
- L'eau salée se trouve à la base du gisement : sa densité est supérieure à celle du pétrole (car).
- L'hiver est très froid dans cette région, et l'isolation thermique des habitations y est généralement très soignée (du fait que).
- L'aérotrain se déplace sur un coussin d'air et il n'a pas la tendance au décollage des véhicules à roues se déplaçant à grande vitesse (comme).
- Je ne veux pas changer de voiture maintenant : je n'ai pas assez d'argent et la mienne est encore en bon état (parce que).

5. MODÈLE

Cause	Fait principal
Les couches de terrain se sont déplacées.	Le pétrole n'est généralement pas resté dans sa roche mère.

↓ Les couches de terrain **s'étant** déplacées, le pétrole n'est généralement pas resté dans sa roche mère.

- Le poids de l'aérotrain est faible. Sa capacité d'accélération et de décélération est très grande.
- Les roues arrière de cette voiture sont indépendantes. Sa tenue de route est très bonne.
- Le verre seul est un mauvais isolant thermique. On l'associe à l'air immobile dans les vitrages des maisons modernes.
- L'eau salée a une densité supérieure à celle du pétrole. On la trouve à la base du gisement.
- Sa femme avait besoin de leur voiture. Il est venu au bureau en autobus.

6. MODÈLE - *Puisque* la cabine du bathyscaphe *doit résister* à de fortes pressions, elle est construite en matériaux très robustes.

↓ **Devant résister** à de fortes pressions la cabine du bathyscaphe est construite en matériaux très robustes.

- Puisque l'aérotrain se déplace sur un coussin d'air, il ne peut pas décoller.
- Puisqu'il a changé de travail, il n'aura pas de vacances.
- Puisque l'ingénieur Dupont a fini les plans de cette usine, il va vous les montrer.
- Puisque nous n'avions pas de clients le samedi, nous avons décidé de fermer le magasin ce jour-là.
- Puisque M. Dubois et M. Legrand se sont rencontrés hier, ils ont réglé cette affaire.

7. *La phrase suivante contient une relation de cause : exprimez cette relation en utilisant :* **parce que - comme - à cause de - étant donné que - car - en effet - du fait que - si... c'est que - et le participe.**

Les couches de terrain se sont déplacées,
le pétrole n'est généralement pas resté dans sa roche mère.

RÉVISION : Il y a - depuis

1. MODÈLE - { Il est arrivé en France (3 ans).
Mais il habite Paris (2 mois).

↓ Il est arrivé en France **il y a** 3 ans mais il habite Paris **depuis** 2 mois.

- Son mari est parti en Italie (4 mois). Mais elle n'a plus de ses nouvelles (1 mois).
- Il a acheté sa voiture (5 ans). Elle ne marche plus (3 mois).
- L'avion a décollé (4 heures). Presque tous les voyageurs dorment (1 heure).
- On a découvert un nouveau gisement de pétrole dans cette région (10 ans). Il est exploité (5 ans).
- Monsieur Dupont est entré dans ce café (2 heures). Je ne l'ai pas vu ressortir.

Depuis - pendant - jusqu'(à)

2. MODÈLE - Il est ici depuis une heure et il restera (trois heures).

↓ Il est ici depuis une heure, il restera **pendant** trois heures.

- Il est ici depuis une heure et il restera (lundi).

↓ Il est ici depuis une heure, il restera **jusqu'à** lundi.

Refaites de la même façon les phrases suivantes en utilisant **jusqu'(à)** *ou* **pendant** *selon le cas :*

- Nous sommes à Paris depuis samedi dernier et nous resterons (la fin du mois).
- Cet ingénieur est arrivé depuis un mois et il travaillera dans cette usine (décembre).
- Il est parti depuis trois jours et il sera absent (deux mois).
- Nous étudions le français depuis quatre mois et nous continuerons de travailler avec ce livre (la fin de l'année).
- Ce véhicule roule depuis un an et il sera aux essais (six mois) encore.

19. PUISSANCES-RACINES

---

a^n

- On lit :

a *puissance* n
ou a *exposant* n
le nombre n est l'exposant de la puissance.

---

a^0
a^1
a^2
a^3
a^4
etc.

- On lit :

a puissance 0
a puissance 1
a puissance 2 (ou a *au carré*)
a puissance 3 (ou a *au cube*)
a puissance 4
etc.

C = 4,5 cm

C = 4,5 cm

- Le côté de ce carré mesure 4,5 cm.
- L'aire du carré a pour mesure :

$$4{,}5 \times 4{,}5 = 4{,}5^2 = 20{,}25 \text{ cm}^2$$

$S = C^2$

donc $c = \sqrt{S}$

- On dit que c est la *racine carrée* de S.
- Calculer c, c'est *extraire* la racine carrée de S.

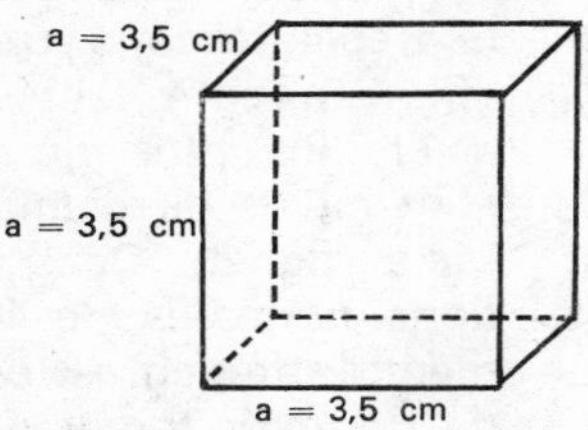

- L'arête de ce cube mesure 3,5 cm.
Le volume du cube a pour mesure :
$3{,}5 \times 3{,}5 \times 3{,}5 = 3{,}5^3 = 42{,}875 \text{ cm}^3$.

$V = a^3$

donc $a = \sqrt[3]{V}$

- On dit que a est la *racine cubique* de V.
- Calculer a, c'est *extraire* la racine cubique de V.

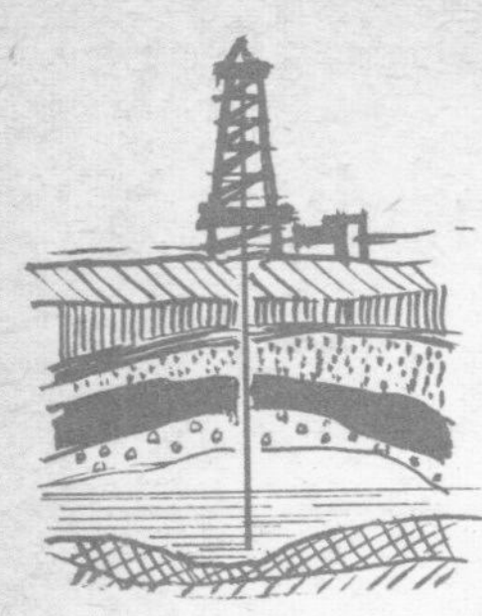

20 | Le forage

Lorsque l'étude théorique de la surface du sol et des structures souterraines a permis de situer un « piège à pétrole », il reste à atteindre le pétrole. C'est le rôle du forage. Aujourd'hui, le plus grand nombre de ces forages sont effectués par le procédé dit « Rotary ».

1/ Comment fore-t-on un puits ?

1. Les divers organes d'un forage Rotary.

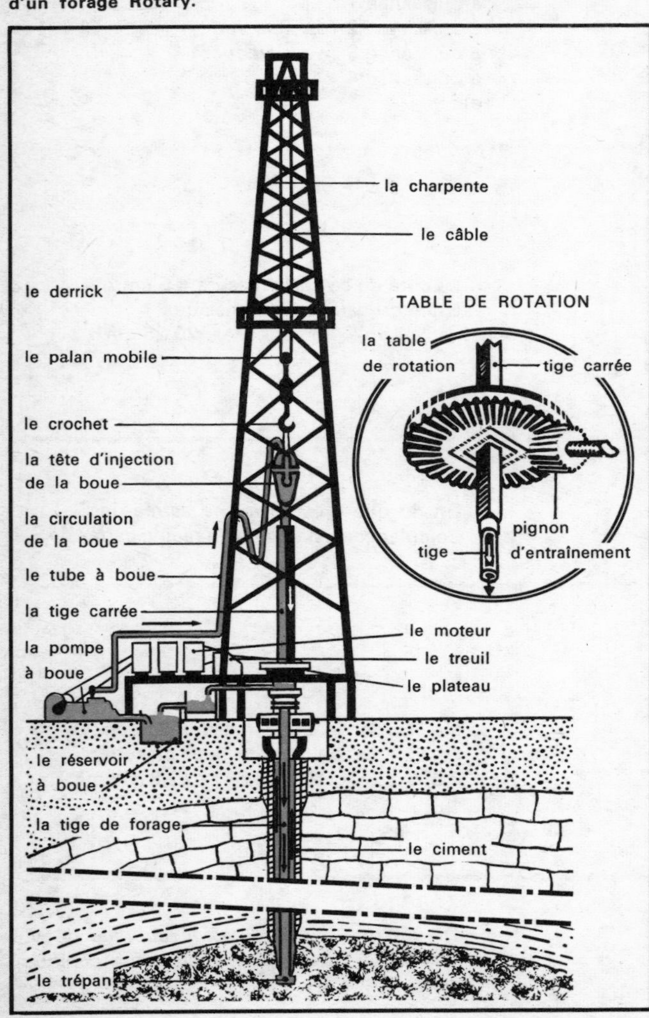

L'ensemble des instruments servant au forage est suspendu à la charpente d'un derrick qui peut atteindre 50 m de haut. Au sommet du derrick sont fixés plusieurs palans reliés à des treuils mécaniques par des câbles. Au fur et à mesure que le forage avance il est nécessaire d'ajouter de lourdes tiges creuses de 9 m de long vissées bout à bout et manœuvrées à l'aide de palans. Une table de rotation est placée sur un plateau situé à 3 m du sol. C'est elle qui assure un mouvement de rotation à la première tige. Cette tige est carrée. La vitesse de rotation du trépan varie de 50 à 400 tr/mn en fonction de la dureté de la roche.

La plupart des trépans, comme le trépan tricône par exemple (fig. 2), sont taillés dans les aciers les plus durs. D'autres sont munis de diamants industriels (fig. 3). Dans des conditions normales de fonctionnement, le trépan est usé au bout de 100 m de forage. Le diamètre du forage est de 60 cm au sol, il diminue par paliers avec la profondeur. Il n'est plus que de 15 cm à 6 000 m. Dans les meilleurs cas, on a pu atteindre ainsi la profondeur de 8 000 m.

2/ Les boues de forage

Au cours du forage, une puissante pompe injecte un courant de boue sous pression à l'intérieur du train de tiges, de sorte que le trépan est refroidi au point d'attaque de la roche. La pression ainsi exercée est assez forte pour refouler la boue à l'extérieur du train de tiges. La boue, qui assure le refroidissement de l'ensemble, lubrifie l'instrument, entraîne les débris de roches, rend plus solides les parois du trou et s'oppose par son poids à l'éruption brutale du gaz ou du pétrole.
A la sortie du puits, la boue est récupérée et, après être passée au tamis vibrant, elle est renvoyée dans le circuit pendant que les laboratoires analysent les morceaux de roches.

4. Le circuit des boues de forage.

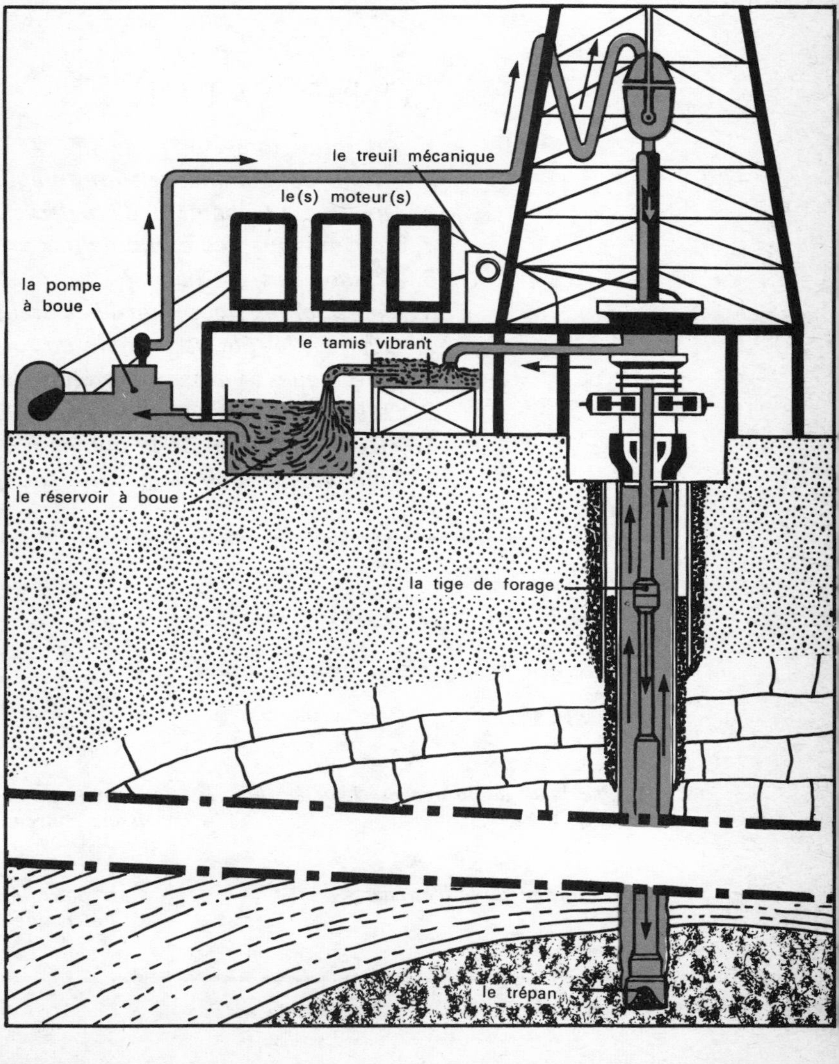

le treuil mécanique
le(s) moteur(s)
la pompe à boue
le tamis vibrant
le réservoir à boue
la tige de forage
le trépan

2. Un trépan tricône.

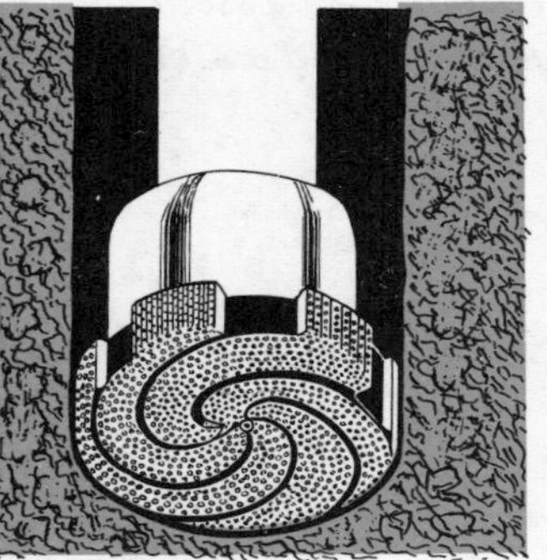

3. Un trépan à diamants.

PHONÉTIQUE

une boue	ynbu	un trépan	œ̃tʀepɑ̃
un câble	œ̃kɑbl	un treuil	œ̃tʀœj
une charpente	ynʃaʀpɑ̃t	un tricône	œ̃tʀikon
un circuit	œ̃siʀkɥi	analyser	analize
une condition	ynkɔ̃disjɔ̃	forer	fɔʀe
un courant	œ̃kuʀɑ̃	injecter	ɛ̃ʒɛkte
un derrick	œ̃deʀik	lubrifier	lybʀifje
un diamant	œ̃djamɑ̃	munir de	myniʀdə
une dureté	yndyʀte	récupérer	ʀekypeʀe
une éruption	yneʀypsjɔ̃	suspendre	syspɑ̃dʀ
un forage	œ̃fɔʀaʒ	tailler	taje
un palan	œ̃palɑ̃	visser	vise
un palier	œ̃palje	normal	nɔʀmal
une paroi	ynpaʀwa	vibrant	vibʀɑ̃
une profondeur	ynpʀɔfɔ̃dœʀ	au fur et à mesure	ofyʀeɑmzyʀ
un tamis	œ̃tami		

CONVERSATION

1. Pourquoi fore-t-on ?
2. Avant de commencer un forage, que faut-il faire ?
3. Quelle est la hauteur d'un derrick ?
4. Pouvez-vous décrire un derrick en vous aidant d'un schéma ?
5. A quoi sert un palan ?
6. Pourquoi les tiges sont-elles creuses ?
7. Quel est le rôle de la table de rotation ?
8. Est-ce que la vitesse de rotation du trépan est fixe ? Pourquoi ?
9. Quels sont les types de trépan que vous connaissez ?
10. Quel est le rôle de la pompe à boue au cours d'un forage ?
11. Où va la boue à la sortie du puits ?

GRAMMAIRE

Les relations logiques. La conséquence. I

EXEMPLES

A	B
1 *Une boue de forage est injectée dans le train de tiges,*	***de sorte que** le refroidissement du trépan est assuré convenablement.*

A	B
2 *Un forage coûte très cher,*	***c'est pourquoi** le choix de son emplacement est déterminé de façon scientifique.*

DÉFINITION

Dans chacune des phrases 1 et 2, la proposition B indique le résultat du fait exprimé par la proposition A. B est la conséquence de A.

COMMENT EXPRIMER LA CONSÉQUENCE?

A) Il s'agit d'une simple conséquence : on peut l'exprimer par une proposition introduite par une série de conjonctions :

Un forage coûte très cher	**par conséquent** **en conséquence** **donc** **par suite** **partant** **c'est pourquoi**	*le choix de son emplacement est déterminé de façon scientifique.*
Un forage coûte très cher	**aussi**	*le choix de son emplacement* ***est-il*** *déterminé de façon scientifique.*

EXERCICES

1. MODÈLE - Cette voiture consomme 15 litres d'essence aux 100 km; *il a donc préféré* acheter une voiture moins puissante.

↓ Cette voiture consomme 15 litres d'essence aux 100 km; **aussi a-t-il préféré** acheter une voiture moins puissante.

Transformez de la même façon les phrases suivantes :

- Les salaires des ouvriers sont insuffisants; on peut donc s'attendre à de nouvelles grèves.
- Un forage coûte très cher; le choix de son emplacement est donc déterminé de façon scientifique.
- Sa femme avait besoin de leur voiture; il est donc venu au bureau par le métro.
- Les essais de ce nouvel avion viennent tout juste de commencer; il ne sera donc pas mis en service avant deux ou trois ans.
- L'eau de mer peut entrer dans le flotteur du bathyscaphe par un orifice de communication; la pression à l'intérieur du flotteur est donc toujours égale à la pression extérieure.

2. MODÈLE - Cette voiture consomme 15 litres d'essence aux 100 km; *aussi a-t-il préféré* acheter une voiture moins puissante.

↓ Cette voiture consomme 15 litres d'essence aux 100 km; **par suite, il a préféré** acheter une voiture moins puissante.

Transformez de la même façon les phrases de l'exercice précédent.

3. MODÈLE A l'intérieur du flotteur du bathyscaphe, la pression est toujours égale à la pression extérieure; on peut *donc* utiliser des matériaux légers pour la construction de ce flotteur.

Écrivez de nouveau cette phrase en employant : **par conséquent, en conséquence, par suite, c'est pourquoi, partant.**

4. MODÈLE - La vitesse de rotation varie *suivant* la dureté de la roche.
↓ La vitesse de rotation varie **en fonction de** la dureté de la roche.

- Le prix de la vignette varie suivant la puissance de la voiture.
- Le diamètre du trépan varie suivant la profondeur du forage.
- La vitesse d'un avion à réaction varie suivant la puissance de ses turboréacteurs.
- La convergence d'une lentille varie suivant sa distance focale.
- La poussée d'Archimède exercée sur un corps varie suivant le volume de ce corps.

5. MODÈLE - Il est nécessaire d'ajouter des tiges (le forage avance).
↓ **Au fur et à mesure que** le forage avance, il est nécessaire d'ajouter des tiges.

- Le véhicule se soulève au-dessus du sol (la pression à l'intérieur de la cloche augmente).
- Le mélange arrive dans le cylindre (le piston descend).
- Le diamètre du trépan diminue (la profondeur du forage augmente).
- La pression exercée par l'eau de mer sur la cabine croît (le bathyscaphe descend).
- Le bathyscaphe remonte (le pilote chasse l'eau du sas cylindrique).

6. MODÈLE - Q : Où les palans sont-ils fixés? (le derrick).
↓ R : Ils **sont fixés au** derrick.

- Où la bielle est-elle fixée? (la manivelle).
- Où la table de rotation est-elle fixée? (un plateau situé à 3 m du sol).
- Où le trépan est-il fixé? (l'extrémité de la tige).
- Où les plateaux de la balance sont-ils fixés? (les extrémités du fléau).
- Où la cabine du bathyscaphe est-elle fixée? (le flotteur).

RÉVISION : Sans + infinitif

1. MODÈLE - Q : Il est parti - Il n'a rien mangé?
↓ R : Non, il est parti **sans** *rien manger*.
- Q : Tu es entré. Tu n'as vu personne?
↓ R : Non, je suis entré **sans** *voir personne*.

- Le chauffeur a roulé très vite. Il n'a écrasé personne?
- Cet ouvrier s'est assis. Il n'a rien demandé à son patron?
- Tu as attendu. Tu n'as rencontré personne?
- Tu as regardé par l'objectif du microscope. Tu n'as rien vu?
- Le professeur a parlé du forage du pétrole. Il n'a intéressé personne?

Le passif (relié à ... par ...)

2. MODÈLE - Des câbles relient les palans à des treuils.
↓ Les palans **sont reliés à** des treuils **par** des câbles.

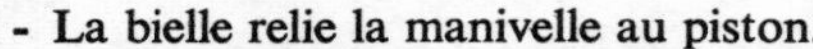

- La bielle relie la manivelle au piston.
- Un tuyau relie la cuve au réservoir d'essence.
- Un axe relie le compresseur à la turbine.
- Un tuyau relie le carburateur aux cylindres.
- Le pignon d'entraînement relie la table de rotation au moteur.

20. ÉQUATIONS

$2ac$	- Un monôme.
$2a + b^2$ $ax^2 + bx + c$	Des polynômes : - un binôme, - un trinôme.
$x - 3 = 5$ (1)	Une équation : x est l'inconnue. Résoudre l'équation, c'est chercher la valeur de x.
$x = 5 + 3$ ou $x = 8$	- 8 est la solution de l'équation (1) ou la racine de l'équation (1). - Le nombre 8 est la seule solution de l'équation donnée. L'équation a une racine unique.
$ax + b = 0$	Une équation du premier degré à une inconnue.
$ax + by = 0$	Une équation du premier degré à deux inconnues.
$ax^2 + bx + c = 0$ $\triangle = b^2 - 4ac$	Une équation du second degré. Δ est le discriminant du trinôme : $ax^2 + bx + c$

21 | Le raffinage La distillation fractionnée

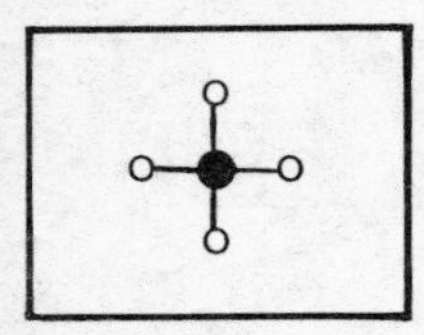
1

Le pétrole n'est pas un produit utilisable à l'état naturel, aussi faut-il le traiter. Cette opération s'appelle le raffinage. Le raffinage du pétrole a pour but d'obtenir en grande quantité des produits d'une qualité bien déterminée comme les gaz de pétrole, l'essence, es carburants lourds, etc.

Le pétrole brut contient tout cela en puissance, car il est composé essentiellement d'hydrocarbures dont les seuls éléments sont le carbone C et l'hydrogène H. Ces hydrocarbures ont des propriétés physiques et chimiques diverses dues à une structure moléculaire très variée.

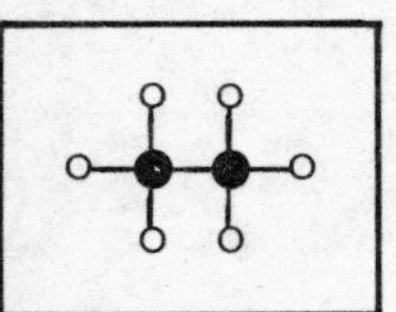
2

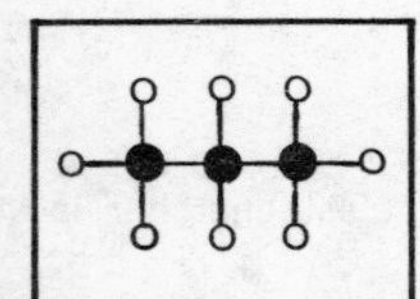
3

1/ Étude des principaux groupes d'hydrocarbures

A) Les hydrocarbures paraffiniques

Ce sont des hydrocarbures saturés, c'est-à-dire que les atomes de carbone ont fixé le maximum possible d'atomes d'hydrogène. Chaque atome de carbone, de valence 4, a fixé quatre atomes d'hydrogène, de valence 1. Le méthane CH_4 (fig. 1), l'éthane C_2H_6 (fig. 2), le propane C_3H_8 (fig. 3) sont des hydrocarbures paraffiniques. Ces corps sont gazeux.

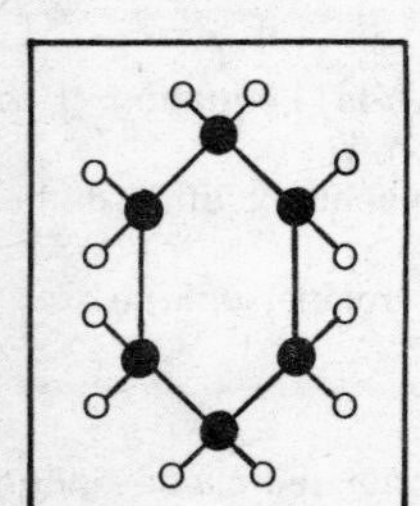
4

B) Les hydrocarbures naphténiques

Bien que les atomes de carbone ne soient en présence chacun que de deux atomes d'hydrogène, leur disposition en anneau fait que toutes leurs liaisons sont occupées. Ces corps, comme le cyclo-hexane C_6H_{12} (fig. 4), constituent la plupart des produits pétroliers liquides.

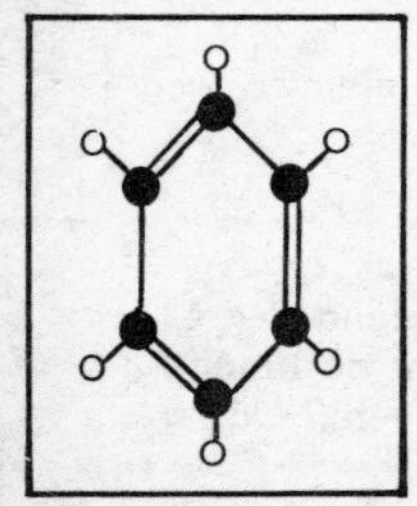
5

C) Les hydrocarbures aromatiques

Ce sont, comme les hydrocarbures naphténiques, des composés cycliques. Les atomes de carbone y sont associés en anneau et un atome de carbone n'est en présence que d'un atome d'hydrogène ; exemple : le benzène C_6H_6 (fig. 5).

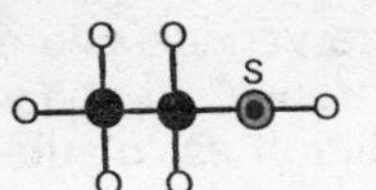

6. Un composé sulfuré (le mercaptan).

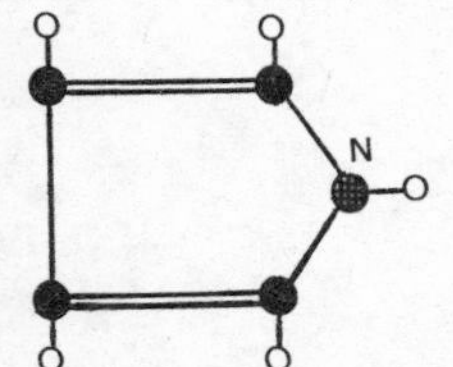

7. Un composé azoté (le pyrrol).

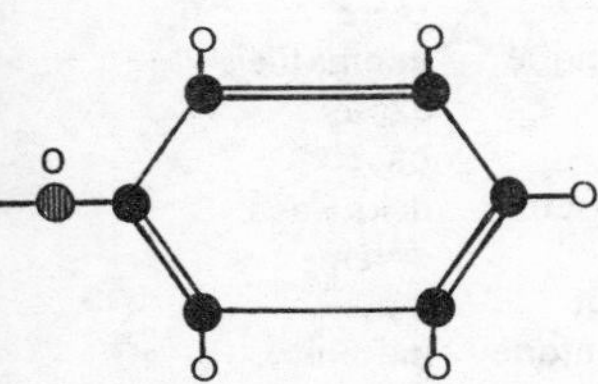

8. Un composé oxygéné (le phénol).

D) Les impuretés

Les hydrocarbures ne sont pas les seuls éléments du pétrole brut. Ce sont les plus importants bien sûr, puisque le carbone représente 83 à 87 % du poids total et l'hydrogène 11 à 15 %, mais le soufre S, l'azote N et l'oxygène O existent sous forme de composés variés. Un autre but des opérations de raffinage est donc d'éviter la présence de ces impuretés dans les produits traités.

2/ La distillation fractionnée

La distillation est une opération qui consiste à chauffer un liquide jusqu'à son point d'ébullition puis à le condenser, c'est-à-dire à liquéfier les vapeurs ainsi obtenues.

La distillation fractionnée permet la séparation des composés du pétrole brut. La distillation du pétrole se fait dans de hautes tours. Le pétrole brut est d'abord chauffé jusque vers 430° dans un four tubulaire. Le pétrole est injecté vers la zone inférieure de la tour où il se vaporise. Les vapeurs s'élèvent dans les compartiments en passant par des trous aménagés dans les plateaux. Au cours de la montée, les vapeurs se refroidissent et se condensent partiellement. Les calottes, dont sont coiffés les orifices des tubes d'ascension des vapeurs, aident à la condensation fractionnée. Le liquide obtenu s'écoule vers les plateaux inférieurs par de petits tubes de trop-plein. Une partie en est revaporisée.

9. Schéma de la distillation fractionnée.

calotte
tubes de trop-plein
vapeurs de pétrole
vapeurs d'essence
condenseur
gaz
essence
pétrole lampant
carburant lourd
vapeur d'eau
four
pétrole brut
distillat

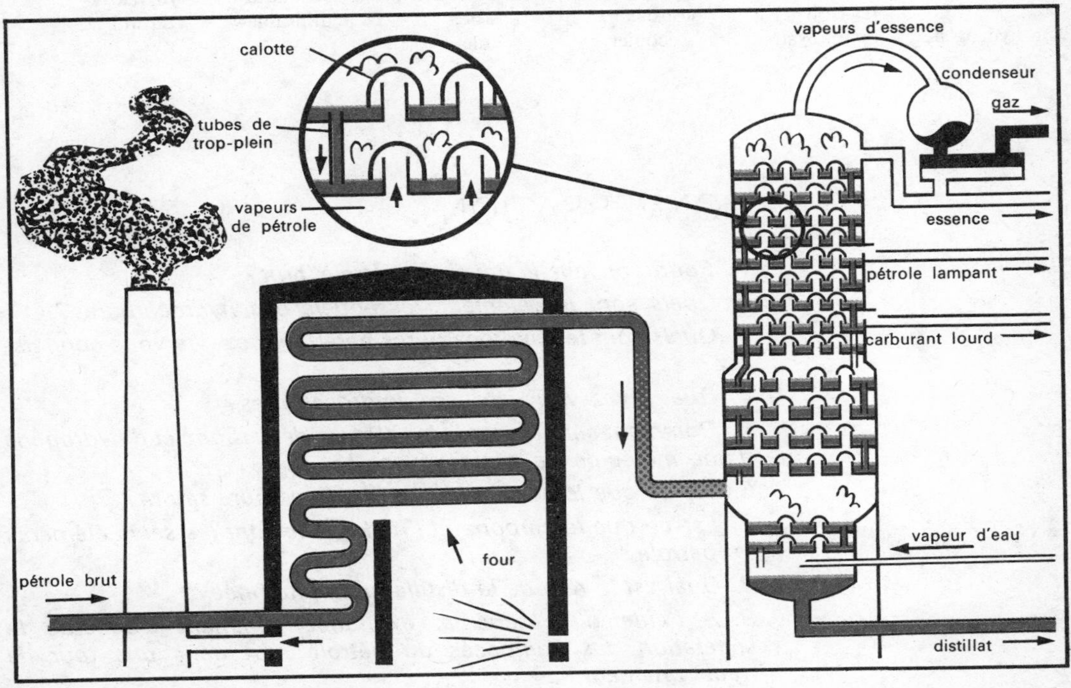

Au sommet de la tour, l'essence sort à l'état de vapeur, elle est condensée à l'extérieur et séparée des gaz. On trouve sur chacun des plateaux des liquides dont le point d'ébullition est d'autant plus élevé que ces plateaux sont plus proches de la base, c'est-à-dire plus chauds.
On obtient par ordre décroissant de volatilité : le pétrole lampant, le carburant lourd (le gas-oil) et à la base du plateau, on trouve un liquide visqueux, le distillat.

PHONÉTIQUE

un anneau	œ̃nano	une impureté	ynɛ̃pyʀte	fractionner	fʀaksjɔne
une ascension	ynasɑ̃sjɔ̃	une liaison	ynljɛzɔ̃	saturer	satyʀe
un azote	œ̃nazɔt	un méthane	œ̃metan	traiter	tʀete
un benzène	œ̃bɛ̃zɛn	une présence	ynpʀezɑ̃s	aromatique	aʀɔmatik
un but	œ̃by	un propane	œ̃pʀɔpan	azoté	azɔte
un carbone	œ̃kaʀbɔn	une qualité	ynkalite	brut	bʀyt
un composé	œ̃kɔ̃poze	un raffinage	œ̃ʀafinaz	décroissant	dekʀwasɑ̃
un condenseur	œ̃kɔ̃dɑ̃sœʀ	un soufre	œ̃sufʀ	divers	divɛʀ
un cyclo-hexane	œ̃siklɔɛgzan	une tour	yntuʀ.	lampant	lɑ̃pɑ̃
une disposition	yndispozisjɔ̃	un tube	œ̃tyb	naphténique	naftenik
un distillat	œ̃distila	une valence	ynvalɑ̃s	oxygéné	ɔksiʒene
une distillation	yndistilɑsjɔ̃	une volatilité	ynvɔlatilite	paraffinique	paʀafinik
une ébullition	ynebylisjɔ̃	aménager	amenaʒe	pétrolier	petʀɔlje
un éthane	œ̃netan	coiffer	kwafe	sulfuré	sylfyʀe
un gas-oil	œ̃gazwal	condenser	kɔ̃dɑ̃se	tubulaire	tybylɛʀ
	œ̃gazɔjl	consister à	kɔ̃sistea	utilisable	ytilizabl
un hydrogène	œ̃nidʀɔʒɛn	s'écouler	sekule		

CONVERSATION

1. Pourquoi faut-il traiter le pétrole brut?

2. Quels sont les éléments essentiels des hydrocarbures?

3. Quels sont les hydrocarbures paraffiniques que vous connaissez?

4. Que savez-vous sur ces hydrocarbures?

5. Comment sont disposés les atomes de carbone et d'hydrogène d'une molécule de cyclo-hexane?

6. Est-ce que le benzène est un hydrocarbure saturé?

7. Est-ce que le carbone et l'hydrogène sont les seuls éléments du pétrole?

8. Quel est le rôle de la distillation fractionnée?

9. A l'aide d'un schéma, expliquez comment s'effectue la séparation des composés du pétrole brut dans une tour de fractionnement.

GRAMMAIRE

Les relations logiques.
La conséquence. II

COMMENT EXPRIMER LA CONSÉQUENCE? *(suite)*

B) La conséquence est liée **à** une idée de manière : différentes conjonctions peuvent être utilisées :

On refroidit le verre	**ainsi** **de manière que** **de / en sorte que** **de telle manière que** **de telle sorte que** **si bien que**	*ses atomes n'ont pas le temps de former des cristaux.*

REMARQUE : Le verbe qui suit ces conjonctions est un verbe à l'indicatif. Lorsqu'on trouve un verbe au subjonctif après **de manière que** et **de sorte que,** la proposition indique une conséquence que l'on cherche à obtenir, c'est-à-dire un but.

C) La conséquence est liée **à** une idée d'intensité : différentes conjonctions peuvent être utilisées, mais leur valeur et leur emploi diffèrent sensiblement :

On chauffe le verre ***au point qu'****il perd les gaz qu'il contenait.*

Le Concorde a besoin de ***tant*** *de carburant* ***que*** *le nombre de ses passagers est limité.*

La solidification des liquides est ***si*** *rapide* ***que*** *leur viscosité passe brusquement à une valeur infinie.*

L'air est ***tellement*** *compressible* ***qu'****on ne peut l'utiliser pour remplir le flotteur du bathyscaphe.*

La densité de l'essence est ***assez*** *faible* ***pour que*** *la flottabilité du bathyscaphe* ***soit*** *positive.*

Le poids du Concorde est ***trop*** *important* ***pour qu'****il* ***puisse*** *atterrir sur cette piste.*

REMARQUES :

1) **assez... pour que** indique une conséquence réalisable, une sorte de performance.
trop... pour que indique une conséquence irréalisable, une impossibilité.

2) **assez... pour que, trop... pour que** sont suivis par un verbe au subjonctif alors que les autres conjonctions précèdent un verbe à l'indicatif.

3) A la place d'**assez... pour que, trop... pour que, au point que,** on peut trouver **assez pour, trop pour,** et **au point de** suivis par un infinitif. Cet infinitif suppose soit un sujet qui est le même que celui du verbe principal, soit un sujet non défini.

4) **Si** ne s'emploie que devant un adjectif ou un adverbe.
Tant ne s'emploie qu'avec un verbe, ou un nom précédé par **de.**
Tellement peut s'employer avec un adjectif, un adverbe, un verbe ou un nom précédé par **de.**

EXERCICES

---

1. MODÈLE - Les couches de terrain se sont déplacées *de telle manière que* le pétrole n'est pas resté dans sa roche mère.

↓ Les couches de terrain se sont déplacées, **de sorte que** le pétrole n'est pas resté dans sa roche mère.

- Une puissante pompe injecte un courant de boue à l'intérieur du train de tiges de telle manière que le trépan est refroidi au point d'attaque de la roche.
- Toutes les soupapes sont fermées de telle manière que les gaz ne peuvent pas s'échapper.
- Les verres de pare-brises sont trempés de telle manière que leur résistance aux agents physiques est améliorée.
- L'aérotrain est construit en alliage léger de telle manière que son faible poids lui donne une capacité maximale d'accélération et de décélération.
- Le pétrole a été arrêté par des couches de terrain imperméable de telle manière qu'il s'est accumulé et a imbibé les roches perméables.

---

2. MODÈLE - Ces aciers sont utilisés dans la fabrication des trépans : leur *dureté* est suffisante.

↓ Ces aciers sont **assez** durs **pour** être utilisés dans la fabrication des trépans.

- Ce tracteur permet de déplacer le Concorde au sol : sa puissance est suffisante.
- Le Concorde reliera Paris à New York en 3 h 15 : sa rapidité sera suffisante.
- Cette piste permet l'atterrissage des plus gros avions : sa longueur est suffisante.
- Cette bielle d'aluminium assure un bon fonctionnement du système : sa rigidité est suffisante.
- La cabine du bathyscaphe résiste aux plus fortes pressions : sa robustesse est suffisante.

---

3. MODÈLE - Le pétrole brut ne peut pas être utilisé directement *parce qu*'il contient *trop* d'impuretés.

↓ Le pétrole brut contient **trop** d'impuretés **pour** être utilisé directement.

- Ces bougies ne peuvent pas assurer un allumage correct parce qu'elles sont trop vieilles.
- A présent, la pression de l'air sortant des chambres ne peut pas soulever le véhicule parce qu'elle est trop faible.
- Ce mélange air-carburant ne peut pas bien exploser parce qu'il contient trop de vapeur d'eau.
- Votre camion ne pourra pas passer sur le pont de notre ville parce qu'il est trop lourd.
- Cet objet ne peut pas être vu à l'œil nu parce qu'il est trop petit.

---

4. MODÈLE

Fait principal	Conséquence
- La pression exercée par l'air sortant des chambres est *très* forte.	Le véhicule se soulève au-dessus du sol.

↓ La pression exercée par l'air sortant des chambres est **si** forte **que** le véhicule se soulève au-dessus du sol.

- Monsieur Dupont s'est levé très tard. Il a manqué le train.
- La vitesse du Concorde sera très grande. Il pourra relier Paris à New York en 3 h 15.
- La vitesse de rotation du trépan est très grande. Il est nécessaire de prévoir un système de refroidissement.
- Dans cette vieille maison les déperditions calorifiques sont très fortes. Son chauffage est difficile et coûte cher.
- La voiture de M. Léon est très vieille. Personne ne veut la lui racheter.

---

5. MODÈLE - Cet ingénieur a été malade : il avait *trop* travaillé.
↓ Cet ingénieur avait **tellement** travaillé **qu'**il a été malade.

- Il est nécessaire de remplacer votre voiture : elle a trop roulé.
- Cet appareil ne fonctionne plus : il a trop servi.
- Il est nécessaire de rechercher de nouveaux gisements de pétrole : la consommation de produits pétroliers augmente sans arrêt.
- On ne voit plus M. Duroc au restaurant : il a trop de travail.
- Il faut toujours construire de nouvelles routes : la circulation automobile augmente sans arrêt.

---

6. MODÈLE

A	B
- Les boues organiques se trouvaient à l'abri de l'air	et elles se sont peu à peu transformées en pétrole.

↓ 1) *On prend B comme fait principal : A est sa cause.*
Étant donné que les boues organiques se trouvaient à l'abri de l'air, elles se sont peu à peu transformées en pétrole.

↓ 2) *On prend A comme fait principal : B est sa conséquence.*
Les boues organiques se trouvaient à l'abri de l'air, **si bien qu'**elles se sont peu à peu transformées en pétrole.

Faites subir des transformations analogues aux phrases suivantes :

- Toutes les soupapes sont fermées et les gaz ne peuvent pas s'échapper.
- La consommation de produits pétroliers augmente sans arrêt et il est nécessaire de rechercher de nouveaux gisements de pétrole.
- L'eau salée se trouve à la base du gisement : sa densité est supérieure à celle du pétrole.
- Les tiges de forage sont très lourdes et il est nécessaire de se servir d'un palan pour les manœuvrer.
- Ma voiture marche mal et je vais devoir la mettre au garage.

21. REPRÉSENTATIONS GRAPHIQUES. FONCTIONS

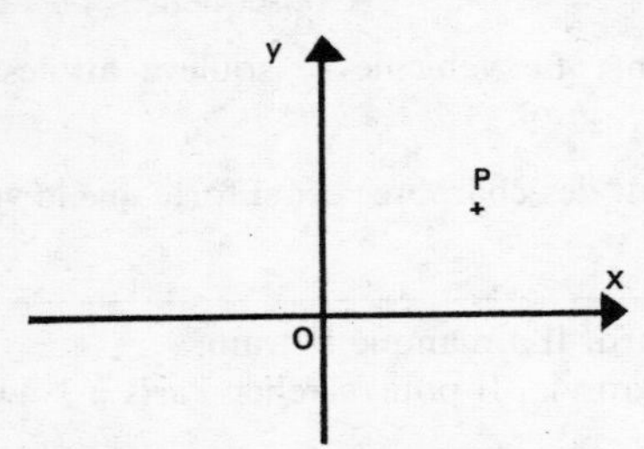

- Les deux axes Ox et Oy sont les axes de coordonnées.
- O est l'origine des coordonnées.
- Ox est l'axe des abscisses.
- Oy est l'axe des ordonnées.

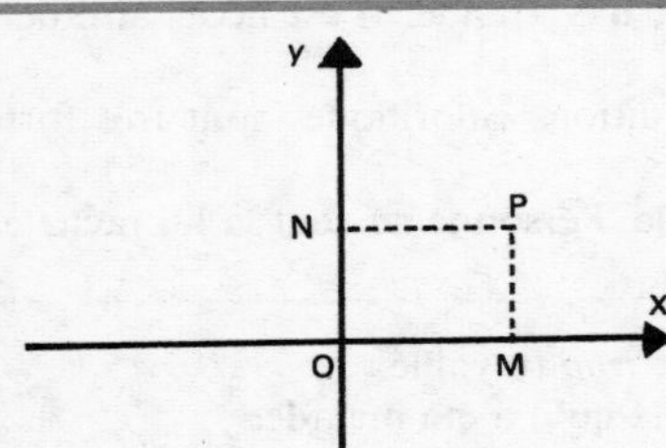

Le point P a deux coordonnées :
- son abscisse X, mesure du segment OM de Ox ;
- son ordonnée Y, mesure du segment ON de Oy.

On a ainsi repéré la position du point P.

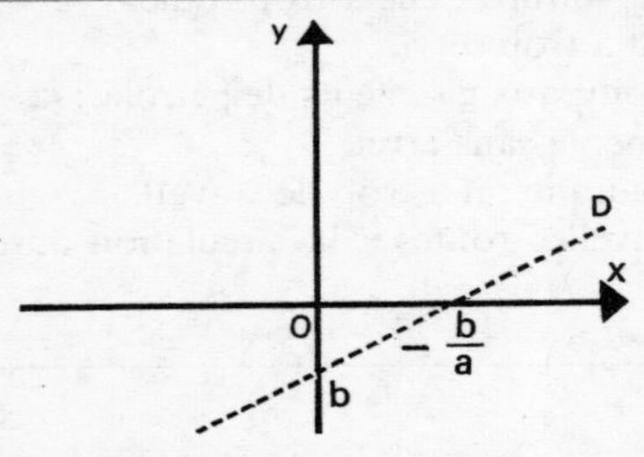

Soit la fonction $f(x) = ax + b$.
La droite D est la représentation graphique de cette fonction.

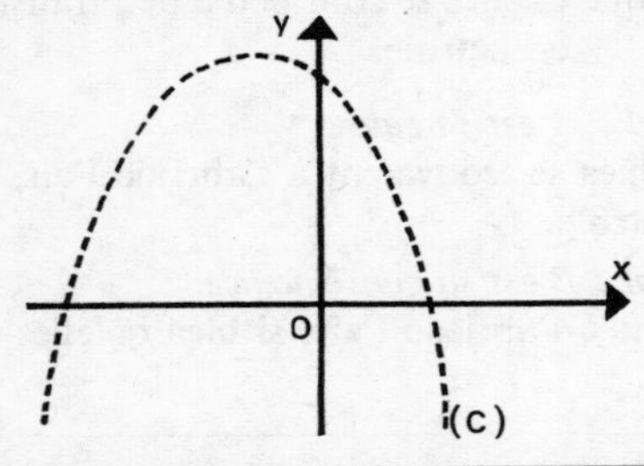

- Soit la fonction $f(x) = ax^2 + bx + c$.
- La courbe (C) représentative de cette fonction est une parabole.

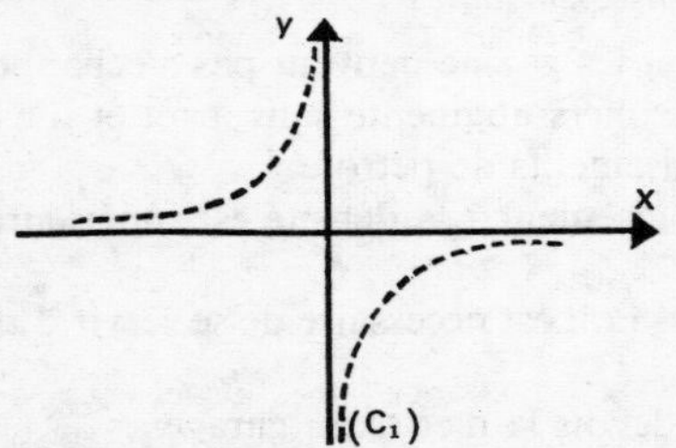

- Soit la fonction $f(x) = \frac{a}{x}$.
- La courbe (C) représentative de cette fonction est une hyperbole.

Cette courbe est formée de deux branches. Les axes de coordonnées Ox et Oy sont les asymptotes de la courbe (C_1).

22 Le raffinage Le craquage

Les produits pétroliers obtenus après une première distillation ne correspondent pas nécessairement aux besoins d'un marché déterminé. Aussi est-on conduit à leur faire subir d'autres traitements.

1/ Le craquage

Le craquage a pour but de modifier la structure et la masse moléculaire de certains hydrocarbures.

A) Le craquage thermique

Les molécules de masse élevée sont brisées sous l'action de la chaleur (+ 400 °C). On obtient ainsi des molécules plus légères de dimensions diverses. Les plus petites sont des hydrocarbures gazeux et les plus grandes sont des hydrocarbures dont le point d'ébullition se situe autour de 149 °C (température d'ébullition de l'essence). Certaines molécules s'associent pour en former d'autres plus grandes. On obtient le fuel-oil et le bitume.

B) Le craquage catalytique

Ce procédé de craquage remplace de plus en plus le craquage thermique. En effet ce dernier présente des inconvénients : si les conditions de chaleur et de pression sont mauvaises, des réactions secondaires se produisent au détriment de la production d'essence et l'on obtient alors des gaz et des résidus lourds.

1. Schéma du craquage catalytique.

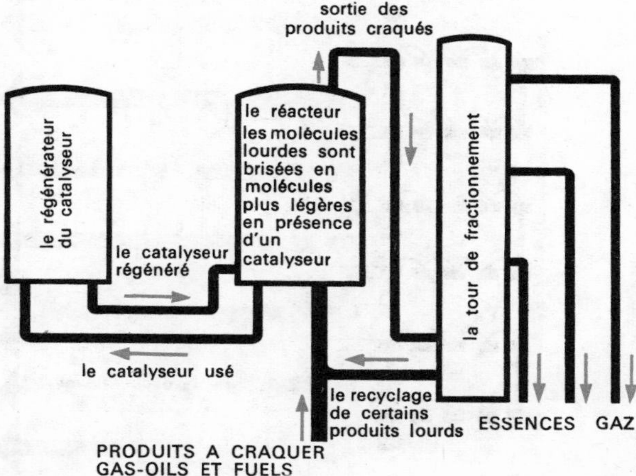

Principe

Un catalyseur du type composé synthétique de silice et d'alumine modifie le mécanisme de rupture des liaisons entre atomes de carbone et facilite la réaction sans subir lui-même de transformation moléculaire.

Application

1. Voir document n° 3.

L'essence de craquage a un indice d'octane [1] plus élevé que les essences de première distillation, ce qui permet d'augmenter le taux de compression des moteurs à explosion.

2/ Le raffinage

Les produits obtenus par distillation fractionnée et craquage ne sont pas encore utilisables car ils contiennent des impuretés tel le soufre S qui est très corrosif. En France, il est interdit de vendre des essences contenant plus de 0,15 % de soufre pour le supercarburant et 0,20 % pour l'essence ordinaire. Pour cette raison les produits retournent dans la tour de fractionnement afin de subir un dernier traitement qui constitue le vrai raffinage après lequel les produits pétroliers partent se présenter sur le marché.

2. Raffinage et utilisation du pétrole.

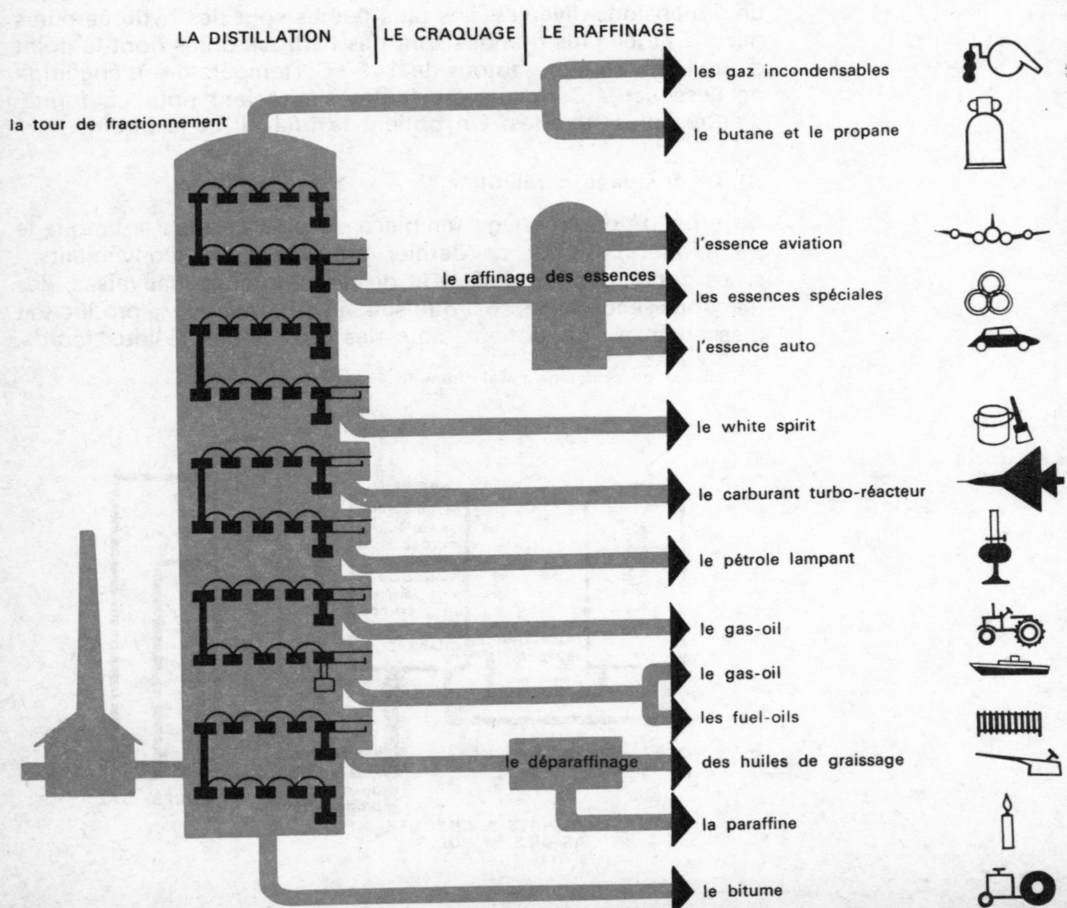

PHONÉTIQUE

un bitume	œ̃bitym	un white-spirit	œ̃wajtspiʀit
un catalyseur	œ̃katalizœʀ	briser	bʀize
un craquage	œ̃kʀakaʒ	modifier	mɔdifje
un fractionnement	œ̃fʀaksjɔnmɑ̃	régénérer	ʀeʒeneʀe
un graissage	œ̃gʀɛsaʒ	subir	sybiʀ
un inconvénient	œ̃nɛ̃kɔ̃venjɑ̃	catalytique	katalitik
un indice	œ̃nɛ̃dis	corrosif	kɔʀɔzif
un octane	œ̃nɔktan	élevé	ɛlve
une paraffine	ynpaʀafin	incondensable	ɛ̃kɔ̃dɑ̃sabl
un recyclage	œ̃ʀəsiklaʒ	secondaire	səgɔ̃dɛʀ
un régénérateur	œ̃ʀeʒeneʀatœʀ	synthétique	sɛ̃tetik
une rupture	ynʀyptyʀ	afin de	afɛ̃də
un taux	œ̃to	au détriment de	odetʀimɑ̃də
un traitement	œ̃tʀɛtmɑ̃		
une transformation	yntʀɑ̃sfɔʀmɑsjɔ̃		

CONVERSATION

1. Après une première distillation à la tour de fractionnement est-ce que l'on obtient des produits directement utilisables ?

2. Quel est le but du craquage ?

3. Qu'est-ce qu'un craquage thermique ?

4. Pourquoi préfère-t-on le craquage catalytique ?

5. Quel est le principe du craquage catalytique ?

6. Quel est l'intérêt d'utiliser une essence de craquage ?

7. Quand un produit pétrolier peut-il être présenté sur le marché ?

8. Pourquoi évite-t-on la présence du soufre dans l'essence ?

9. Est-ce que le taux de soufre contenu dans l'essence est libre en France ?

10. Comment s'appelle le produit obtenu à la base de la tour de fractionnement ? A quoi sert-il ?

GRAMMAIRE

Les relations logiques. Le but

EXEMPLES

B	A
1 ***Pour que*** *le pétrole brut soit utilisable*	*il faut le traiter dans une tour de fractionnement.*
A	B
2 *On déplace le centre de gravité de l'avion par un système de transfert de carburant*	***afin de*** *compenser le déplacement du centre de poussée.*

DÉFINITION

Dans les phrases 1 et 2, la proposition B indique un résultat que l'on *veut* obtenir lorsque l'on fait l'action indiquée par la proposition A. La proposition B indique le *but* de l'action A.

COMMENT EXPRIMER LE BUT?

A) Par un nom introduit par : **pour, destiné à.**

EX. : *La compagnie de Saint-Gobain fabrique des matériaux* ***pour*** *l'isolation thermique des lieux habités.*

B) Par un infinitif introduit par

pour **afin de** **en vue de** **de manière à** **de façon à**	résultat que l'on veut *obtenir*
de peur de **de crainte de**	résultat que l'on veut *éviter.*

EX. : *L'avion a besoin d'une force qui compense l'attraction terrestre* ***afin de*** *se soutenir dans l'air.*
Le mécanicien évite de fumer près de l'avion ***de peur de*** *provoquer un accident.*

Remarquons encore que, dans ces phrases, l'infinitif suppose un sujet (« l'avion » pour **se soutenir,** « le mécanicien » pour **provoquer**) qui est le même que celui du premier verbe.
Destiné à, placé après un nom, peut aussi introduire un infinitif.

EX. : *On a monté sur les roues avant de la R T6 des freins à disbues* ***destinés à*** *assurer un bon freinage à grande vitesse.*

C) Par une proposition introduite par

pour que **afin que** **de sorte que** **de manière que** **de façon que**	+ un verbe au subjonctif	résultat que l'on veut *obtenir.*

EX. : *On chauffe les hydrocarbures* ***de manière que*** *leurs molécules* ***soient*** *brisées.*

de peur que **de crainte que**	+ un verbe au subjonctif	résultat que l'on veut *éviter.*

Dans la langue écrite, le verbe qui suit **de peur que** et **de crainte que** est généralement précédé par **ne.** Ce **ne** n'a pas de valeur négative et son emploi n'est pas indispensable.

EX. : *Pendant son refroidissement, on évite de laisser longtemps le verre à vitres aux mêmes températures,* ***de crainte que*** *ses atomes* ***n'aient*** *le temps de former des cristaux.*

EXERCICES

---

1. MODÈLE - *Pour* obtenir une rotation continue et régulière de la manivelle, on cale une lourde roue sur l'arbre du moteur.
↓ On cale une lourde roue sur l'arbre du moteur **de manière à** obtenir une rotation continue et régulière de la manivelle.

- Pour obtenir une image nette, on place l'objet près de l'axe optique de la lentille.
- Pour augmenter le taux de compression des moteurs à explosion, on augmente l'indice d'octane de l'essence de craquage.
- Les produits retournent dans la tour de fractionnement pour y subir un dernier traitement.
- Pour rétablir l'équilibre de l'avion, le carburant est refoulé de l'avant à l'arrière par des pompes de transfert.
- Au cours du forage, un courant de boue est injecté à l'aide d'une pompe à l'intérieur du train de tiges pour refroidir le trépan au point d'attaque de la roche.

---

2. MODÈLE - Il réfléchit avant de répondre *car il ne veut pas* se tromper.
↓ Il réfléchit avant de répondre **pour ne pas** se tromper.

- Il va chez le médecin car il ne veut pas aller à l'usine.
- Il choisit une voiture moins puissante car il ne veut pas payer une taxe élevée.
- Il prend l'avion car il ne veut pas rester longtemps absent.
- On doit faire une mise au point précise si l'on ne veut pas avoir une image floue.
- On est conduit à faire subir à ces produits de nouveaux traitements car on ne veut pas conserver d'impuretés.

---

3. MODÈLE - *Si* l'on chauffe les hydrocarbures, *c'est pour* briser leurs molécules.
↓ On chauffe les hydrocarbures **pour que** leurs molécules **soient** brisées.

- Si l'on largue un peu de lest, c'est pour ralentir la chute du bathyscaphe.
- Si l'on trempe les verres de pare-brise, c'est pour améliorer leur résistance aux agents physiques.
- Si l'on diminue l'ouverture du diaphragme, c'est pour pouvoir observer le phénomène de diffraction.
- Si l'on étudie de nouveaux procédés de fabrication, c'est pour doubler la production de l'usine.
- Si l'on injecte un courant de boue à l'intérieur du train de tiges, c'est pour refroidir le trépan au point d'attaque de la roche.

---

4. MODÈLE - On chauffe les hydrocarbures *pour que* leurs molécules *soient* brisées.
↓ On chauffe les hydrocarbures **afin que** leurs molécules **soient** brisées.

- Nous allons changer de procédé pour que la production augmente.
- Le pilote largue un peu de lest pour que le bathyscaphe puisse remonter.

- Il est nécessaire de compenser le déplacement du centre de poussée pour que l'avion reste en équilibre.
- On a augmenté les salaires pour que les ouvriers vivent mieux.
- Il m'a laissé sa voiture pour que je puisse vous conduire à la gare.

---

5. MODÈLE (1) - Le professeur répète la question et Jean la comprend bien (conséquence).
↓ Le professeur répète la question **de sorte que** Jean la **comprend** bien.

(2) - Le professeur répète la question car il veut que Jean la comprenne bien (but).
↓ Le professeur répète la question **de sorte que** Jean la **comprenne** bien.

Faites subir à chacune des phrases suivantes celle de ces deux transformations qui lui convient :

- On place l'objet près de l'axe optique de la lentille et l'image obtenue est nette.
- On chasse l'eau du sas cylindrique car on veut que le bathyscaphe puisse remonter.
- On change le procédé de forage et les résultats s'améliorent.
- On injecte un courant de boue à l'intérieur du train de tiges car il est nécessaire que le trépan soit refroidi au point d'attaque de la roche.
- On chauffe les hydrocarbures et leurs molécules sont brisées.

---

6. MODÈLE - L'essence de craquage a un indice d'octane plus élevé que les essences de première distillation. *Cela rend possible l'augmentation* du taux de compression des moteurs à explosion.
↓ L'essence de craquage a un indice d'octane plus élevé que les essences de première distillation, **ce qui permet d'augmenter** le taux de compression des moteurs à explosion.

- On place l'objet près de l'axe optique de la lentille. Cela rend possible l'obtention d'une image nette.
- On a apporté des modifications à ce turboréacteur. Cela rend possible son utilisation pour assurer la propulsion des avions supersoniques.
- On a monté des freins à disques sur les roues avant de cette voiture. Cela rend possible un freinage plus efficace à grande vitesse.
- L'essence a une densité supérieure à celle de l'eau. Cela rend possible son emploi pour assurer la flottabilité du bathyscaphe.
- Le pilote du bathyscaphe a la possibilité de larguer du lest. Il peut ainsi obtenir un ralentissement de la chute du bathyscaphe.

---

7. MODÈLE - En France, peut-on vendre de l'essence ordinaire contenant plus de 0,20% de soufre?
↓ Non, **il est interdit de** vendre de l'essence ordinaire contenant plus de 0,20% de soufre.

- En France, est-ce qu'on peut rouler à gauche?
- Peut-on fumer en classe?
- Dans un jardin public, peut-on marcher sur les pelouses?
- En France, peut-on traverser un village en voiture à plus de 80 km/h?
- Pensez-vous que l'on puisse fumer à l'intérieur de la cabine du bathyscaphe?

22. LA MESURE DU TEMPS. I

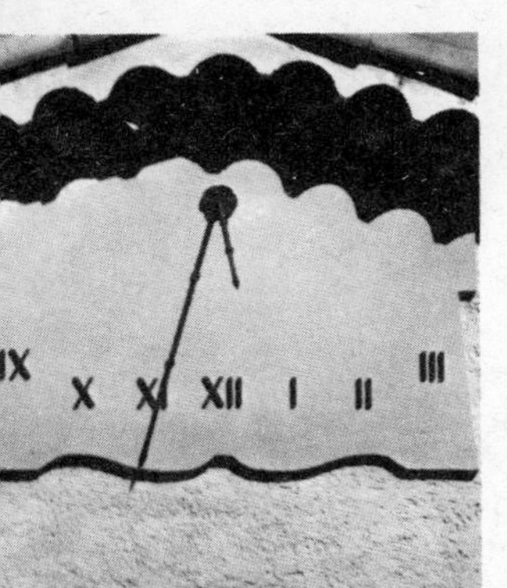

cadran solaire.

A) Les multiples et les sous-multiples de la seconde

L'unité légale de temps est la seconde.

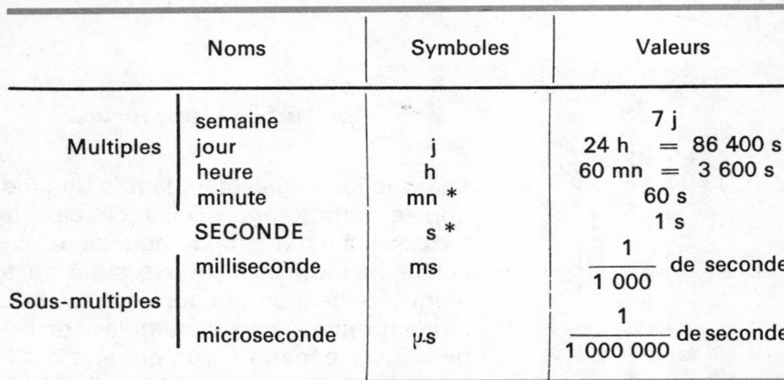

	Noms	Symboles	Valeurs
Multiples	semaine		7 j
	jour	j	24 h = 86 400 s
	heure	h	60 mn = 3 600 s
	minute	mn *	60 s
	SECONDE	s *	1 s
Sous-multiples	milliseconde	ms	$\frac{1}{1\ 000}$ de seconde
	microseconde	µs	$\frac{1}{1\ 000\ 000}$ de seconde

* Ne pas confondre ces symboles avec ceux de la minute (′) et de la seconde (″) d'angle ou d'arc (cf. appendice 2).

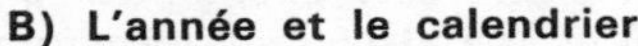

B) L'année et le calendrier

L'année se compose de 2 semestres, 4 trimestres, 12 mois.

1er semestre				*2e semestre*			
1er trimestre		2e trimestre		3e trimestre		4e trimestre	
Janvier	31 j	Avril	30 j	Juillet	31 j	Octobre	31 j
Février	28 ou 29 j	Mai	31 j	Août	31 j	Novembre	30 j
Mars	31 j	Juin	30 j	Septembre	30 j	Décembre	31 j

Une décennie est une période de 10 années.
Un siècle est une période de 100 années.
Un millénaire est une période de 1 000 années.

C) Du nom à l'adjectif

Les noms	Les adjectifs	Emplois des adjectifs
une heure	horaire	un salaire horaire
un jour	journalier	un travail journalier
	quotidien	un journal quotidien
une semaine	hebdomadaire	une revue hebdomadaire
un mois	mensuel	une revue mensuelle
un trimestre	trimestriel	un examen trimestriel
un semestre	semestriel	une réunion semestrielle
une année	annuel	les congés annuels
une décennie	décennal	un prix décennal
un siècle	séculaire	un arbre séculaire
un millénaire	millénaire	une civilisation millénaire

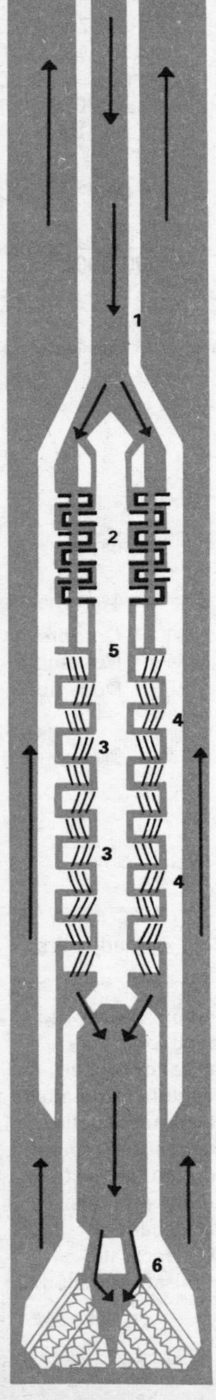

1 La turbine de forage

La boue joue également le rôle de fluide moteur dans le procédé appelé turboforage. Dans ce cas, le mouvement n'est plus transmis à l'outil de forage de la surface par les tiges ; mais l'élément moteur se trouve situé au fond du puits, le trépan y étant directement accouplé ; c'est la turbine de forage. Il s'agit d'une turbine à étages multiples (de 50 à 200 et plus). Le courant de boue y pénètre et, en passant par les aubages, fait tourner le rotor solidaire de l'arbre auquel est vissé le trépan, par réaction sur le stator.

La vitesse de rotation d'une turbine de forage va de 400 à 1 000 tr/mn. Le débit du fluide agit sur la vitesse de rotation, qu'il accroît proportionnellement à sa valeur, et influence encore beaucoup plus la puissance, qui augmente comme le cube de sa valeur. Aussi le rôle de l'installation de pompage est-il capital : les pompes doivent être suffisamment puissantes et d'un fonctionnement régulier aux grands débits. Le turboforage est particulièrement utilisé en U.R.S.S. (85 % des forages) et il connaît aussi un développement assez important en France et aux États-Unis ; il permet une grande vitesse de pénétration dans les roches dures, et présente aussi de gros avantages pour l'exécution des forages en déviation.

D'après la brochure ESSO STANDARD. *Le forage.*

← **1. Une turbine de forage.**

1. Tiges de forage **2.** Butées **3.** Ailettes du rotor **4.** Ailettes du stator **5.** Arbre **6.** Trépan

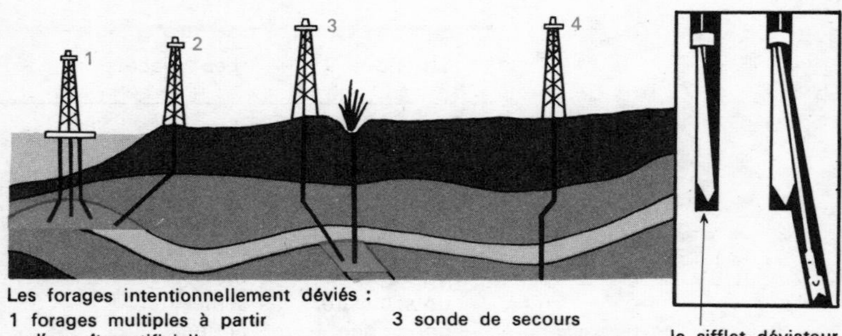

Les forages intentionnellement déviés :
1 forages multiples à partir d'une île artificielle
2 forages sous-marins depuis le rivage
3 sonde de secours
4 contourner un obstacle, rectifier un trou dévié

2. Principales utilisations du turboforage.

2 Utilisations pratiques des produits finis obtenus après le raffinage

Deux grandes classes de produits obtenus après distillation du pétrole brut doivent retenir notre attention : les carburants et les combustibles.

1. Les carburants comprennent essentiellement les produits suivants :

a) *Essences :* ce sont des liquides de densités comprises entre 0,680 et 0,750, se vaporisant aisément et utilisés dans les moteurs à explosion. Des millions de moteurs de toutes sortes utilisent l'essence dans le monde entier pour actionner : avions, camions, automobiles, tracteurs, vélomoteurs, canots à moteur, moteurs fixes, etc.
Le développement constant de la circulation automobile et la multiplication des moyens de transports routiers entraînent une énorme consommation d'essence auto; le parc automobile français, au 1er janvier 1971, comptait plus de 14 millions de véhicules.

b) *Essences spéciales ou white-spirit :* elles sont utilisées comme solvants dans de nombreuses industries, en particulier dans les fabriques de caoutchouc, peinture, parfums, encres, produits d'entretien, détachants, dans les huileries et les teintureries.

c) *Kérosène ou pétrole lampant :* ce produit est moins volatil que les essences; c'est le pétrole des lampes de nos grands-mères; il est aussi utilisé pour le chauffage et pour la fabrication de certains insecticides. Il trouve enfin un emploi comme carburant : alors que l'essence convient parfaitement aux moteurs à explosion, les moteurs à réaction exigent soit un kérosène spécial, soit une essence lourde, appelés l'un et l'autre carbu-réacteurs; leur consommation est passée de 843 000 t en 1965 à 1 484 000 t en 1970.

d) *Gas-oil :* c'est un produit qui peut être utilisé soit comme carburant, soit comme combustible.
Sous le nom de gas-oil il est employé comme carburant dans les moteurs diesel routiers (voitures, camions, autocars).
Sous le nom de fuel domestique il trouve son emploi dans les tracteurs agricoles et forestiers, les moteurs fixes, les locomotives diesel, les bateaux de pêche et les chalands automoteurs; il est alors vendu détaxé.
La motorisation et la modernisation de l'agriculture française résultent pour une grande part de l'expansion de l'utilisation de ce produit.

Comme combustible, le fuel domestique est largement utilisé pour le chauffage des locaux et dans la petite industrie.
Depuis quelques années, le développement de l'emploi du fuel domestique est particulièrement rapide : sa consommation double en effet tous les trois ans.

2. Les combustibles comprennent en dehors des fuels domestiques dont on vient de parler :

a) des *fuel-oils légers* utilisés dans la petite industrie ;

b) des *fuel-oils lourds* qui servent à chauffer les chaudières vastes et puissantes : celles des paquebots, des centrales électriques, des locomotives, des fours industriels, etc.
La consommation française de fuels lourds représentait en 1965 11 383 200 t ; elle s'est élevée en 1970 à 20 964 000 t.

Parmi les *autres produits issus du raffinage* il convient de citer les suivants :

a) *Huiles et graisses :* ces produits plus ou moins visqueux sont obtenus par la distillation sous vide de résidus de distillation atmosphérique et par traitement ultérieur complexe.
Tous les engins mécaniques utilisent les huiles et les graisses pour la *lubrification*. Le but de la lubrification est la réduction du frottement entre deux surfaces en mouvement. En facilitant le mouvement, elle permet de réduire sensiblement l'usure de ces surfaces, de limiter l'échauffement des pièces et de diminuer l'énergie absorbée.
Les graisses sont réservées surtout à la lubrification d'organes difficiles à atteindre ou soumis à la poussière (elles participent alors à l'étanchéité) ; elles sont particulièrement employées dans la lubrification des roulements à billes.
Imaginons ce que deviendrait un moteur ou un engin mécanique sans lubrifiant ! Aussi n'est-il pas exagéré de dire que sans huile de graissage, il ne peut y avoir de civilisation mécanique.

b) *Vaselines, cires et paraffines :* obtenues à partir de certains pétroles bruts elles servent à la fabrication de divers produits pharmaceutiques ou de produits de beauté tels que les fards ; elles sont aussi utilisées pour enduire les papiers et cartons destinés à l'emballage des produits d'alimentation, dont elles assurent l'étanchéité.

c) *Bitumes :* ce sont des solides noirâtres, bien connus et largement utilisés pour leur grand pouvoir agglomérant. Ils donnent d'excellents revêtements routiers particulièrement appréciés des automobilistes.

(Extrait de *Ce pétrole qui nous entoure,* pp. 54-55, LALLEMAND Éditeur.)

3 L'indice d'octane

Les essences ayant une valeur marchande bien plus grande que le gas-oil, on a cherché les moyens de les utiliser avec un maximum d'efficacité.

Amélioration de l'indice d'octane. Dans un moteur à explosion, le piston comprime le mélange gazeux essence-air ; à la fin de cette compression, on fait jaillir une étincelle au moyen de la « bougie » et le mélange explose. L'essence de distillation convient très bien lorsqu'on utilise un taux de compression de 4 (volume gazeux réduit au quart de sa valeur initiale par compression). Cependant, quand on veut augmenter le rendement du moteur, il faut augmenter le taux de compression. Si on porte le taux de compression à 10, le mélange gazeux explose par compression avant l'allumage par la « bougie » (c'est l'auto-allumage), ce qui présente de multiples inconvénients (bruits divers, perte de puissance et, à la longue, destruction). Une échelle permet de mesurer cette aptitude à l'auto-allumage, c'est *l'indice d'octane*.

On attribue l'indice d'octane 100 au 2-2-4-*triméthyl-pentane* ou *isooctane,* qui est indétonant et ne présente donc aucune aptitude à l'auto-allumage :

$$\begin{array}{ccccccccc} & & CH_3 & & & & & & \\ & & | & & & & & & \\ CH_3 & — & C & — & CH_2 & — & CH & — & CH_3 \\ & & | & & & & | & & \\ & & CH^3 & & & & CH_3 & & \end{array}$$

2.2.4-triméthyl-pentane

On attribue l'indice d'octane 0 à *l'heptane normal* qui détone facilement par compression et produit le « cognement » des moteurs.

$$CH_3 - CH_2 - CH_2 - CH_2 - CH_2 - CH_2 - CH_3$$

Heptane normal

On dit qu'une essence a l'indice 80, quand l'auto-allumage se produit pour le même taux de compression que celui d'un mélange contenant 80 % d'isooctane et 20 % d'heptane.

Indice d'octane pour l'essence ordinaire en 1930 → 70
Indice d'octane pour l'essence ordinaire en 1970 → 89
Indice d'octane pour le supercarburant en 1970 → 97
Indice d'octane pour les essences d'avion en 1970 →145

Extrait de BAISSAS, DREYFUS, DONADINI, *Chimie 1re CT,* Librairie Hachette, Éditeur.

VIII. L'ÉLECTRICITÉ

23 Nature du courant électrique

1/ Qu'est-ce-que l'électricité?

Tous les corps se composent de molécules, qui sont constituées par différentes combinaisons d'une centaine de sortes d'atomes [1].

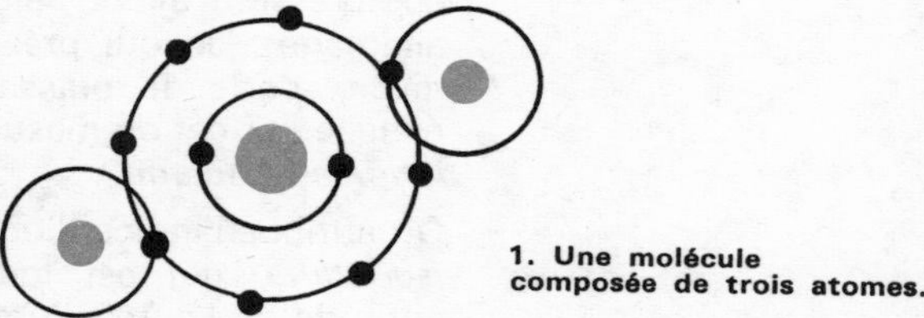

1. Une molécule composée de trois atomes.

Chaque atome se compose d'un noyau qui caractérise l'élément considéré, et d'électrons plus ou moins liés à ce noyau.
En principe, dans tout atome, le nombre total des électrons à charge négative, qui se trouvent autour du noyau, est exactement égal au nombre de charges positives dans le noyau. Ces charges positives sont appelées protons. En plus des protons, le noyau comprend des particules électriquement neutres que l'on appelle neutrons (fig. 2).

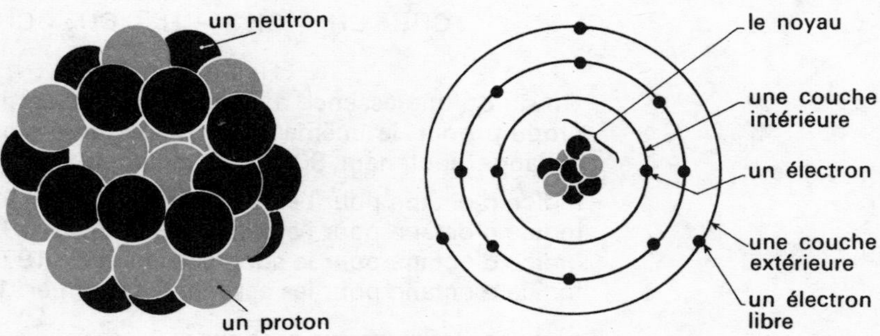

2. Un noyau atomique.

3. Un atome d'aluminium.

1. Voir liste des éléments, appendice 26.

Les électrons des couches extérieures situés le plus loin du noyau sont appelés électrons libres, car on peut facilement les forcer à quitter l'atome, tandis que les électrons des couches intérieures sont appelés « électrons liés » (fig. 3).

2/ Le déplacement des électrons libres

électrons en mouvement
Cu+

4. Un cristal de cuivre.

Si un électron est arraché à un atome, celui-ci devient un ion positif.

Dans un cristal de cuivre, par exemple, il y a en moyenne un électron libre par atome de cuivre ; le métal cuivre est formé d'ions CU^+ et d'électrons (fig. 4).

Ces électrons libres sont animés de mouvements désordonnés. Lorsqu'un conducteur métallique relie le pôle positif et le pôle négatif d'un générateur, les électrons libres du métal sont attirés par le pôle positif, et c'est leur déplacement qu'on appelle le courant électrique.

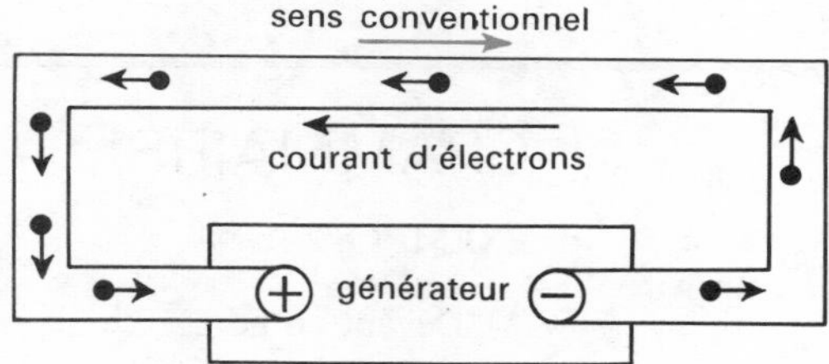

5. Courant d'électrons et courant électrique.

Le courant électrique dans un métal est donc un courant d'électrons qui circulent en sens inverse du sens conventionnel du courant (fig. 5).

PHONÉTIQUE

une charge	ynʃaʀʒ	arracher	aʀaʃe
une combinaison	ynkɔ̃binɛzɔ̃	attirer	atiʀe
un conducteur	œ̃kɔ̃dyktœʀ	circuler	siʀkyle
un cuivre	œ̃kɥivʀ	conventionnel	kɔ̃vɑ̃sjɔnɛl
un électron	œ̃nelɛktʀɔ̃	désordonné	dezɔʀdɔne
un générateur	œ̃ʒeneʀatœʀ	métallique	metalik
un ion	œ̃njɔ̃	négatif/tive	negatif/tiv
un neutron	œ̃nøtʀɔ̃	neutre	nøtʀ
un noyau	œ̃nwajo	électriquement	elɛktʀikmɑ̃
un pôle	œ̃pol	exactement	ɛgzaktəmɑ̃
un proton	œ̃pʀɔtɔ̃	tandis que	tɑ̃dikə
animer	anime		

CONVERSATION

1. De quoi sont composés les corps?

2. Que savez-vous sur la composition d'un atome?

3. Est-ce que les neutrons ont une charge positive?

4. Quelle différence faites-vous entre un électron lié et un électron libre?

5. Que se passe-t-il quand un électron est arraché à un atome?

6. Combien d'électrons libres y a-t-il en moyenne dans les atomes d'un cristal de cuivre?

7. Qu'est-ce qui caractérise le mouvement d'un électron libre?

8. Qu'appelle-t-on le courant électrique?

9. Quel est le sens conventionnel du courant électrique?

GRAMMAIRE

Les adverbes : intensité et quantité

EXEMPLES

A) Devant un nom

Dans le réservoir de cette voiture, il reste { **beaucoup d'** / **un peu d'** / **peu d'** / **très peu d'** / **assez peu d'** } *essence.*

Cette voiture consomme { **trop d'** *essence.* / **tellement d'** *essence!* }

B) Devant un adjectif

Cet article sur l'industrie automobile est { **très** / **peu** / **très peu** / **assez** } *intéressant.*

Dans votre ville, la vie est { **trop** *chère.* / **si** *chère!* }

TABLEAU DES PRINCIPAUX ADVERBES DE QUANTITÉ

Devant un nom	**Devant un adjectif**
Beaucoup de	Très
un peu de	un peu
peu de	peu
très peu de	très peu
pas du tout de	pas du tout

Devant un nom	**Devant un adjectif**
assez de	assez [1]
trop de	trop [1]
combien de ... ?	
tant, tellement de ... !	si, tellement [1]
plus de	plus [2]
le plus de	le plus [2]
moins de	moins
le moins de	le moins
autant de	aussi [2]
d'autant plus de	d'autant plus [3]
d'autant moins de	d'autant moins

REMARQUES

A) **Beaucoup** s'emploie avec un verbe, ou devant un comparatif, ou devant un nom introduit par « de ».

Très s'emploie devant un adjectif, un participe passé, un adverbe.

ATTENTION : on dit : *il a très faim, il a très soif, il a très peur.*

B) Les autres adverbes s'emploient avec un verbe, un adjectif ou un nom. Mais devant un nom, il faut ajouter « de ».

C) Dans une phrase exclamative, **bien** peut signifier **beaucoup** devant un adverbe, **très** devant un adjectif.

EX. : *Ce moteur tourne **bien trop** vite!*
*Vous êtes **bien** pressé!*

D) **Plus, moins, autant, aussi... (que)...** expriment une comparaison (cf. leçon 7, volume I).
Autant ne s'emploie qu'avec un verbe ou devant un nom précédé de « de ».
Aussi ne s'emploie que devant un adjectif et un adverbe.

E) **Tant, si, tellement** expriment souvent une grande quantité à la forme exclamative.

F) **Un peu de**

EX. : *Ce réservoir contient de l'essence.* — *Ce réservoir contient **un peu d'**essence.*
Ce réservoir contient du gas-oil. — *Ce réservoir contient **un peu de** gas-oil.*

Mais
Cette eau contient des impuretés. — *Cette eau contient **quelques** impuretés.*

1. Cf. Grammaire leçon 21, volume II.
2. Cf. Grammaire leçon 7, volume I.
3. Cf. Grammaire leçon 19, volume II.

EXERCICES

1. MODÈLE - Le moteur de cette voiture est-il puissant ?

↓ Oui, il est **très** puissant.

- Cet avion est-il rapide ?
- La température au centre de la terre est-elle forte ?
- Le mouvement de rotation de la manivelle est-il régulier ?
- Les aciers utilisés pour la fabrication des trépans sont-ils durs ?
- La température de fusion du verre est-elle élevée ?

2. MODÈLE - Le réservoir de cette voiture contient-il *de l'essence* ?

↓ Oui, il contient **beaucoup d'***essence.*

↓ Oui, il **en** contient **beaucoup.**

- Fabrique-t-on des voitures dans cette usine ?
- Y a-t-il de la circulation sur cette route ?
- Y a-t-il du pétrole dans cette région ?
- Les Français mangent-ils du pain ?
- Ce pétrole contient-il des impuretés ?

3. MODÈLE - Dans cette usine, les étrangers sont *plus* nombreux *que* les Français.

↓ Dans cette usine, les étrangers sont **beaucoup plus** nombreux **que** les Français.

Transformez de même les phrases suivantes, en utilisant beaucoup, **bien** *ou* **tellement** :

- La bielle est plus longue que la manivelle.
- Le coffre de ma voiture est plus grand que le vôtre.
- La vignette d'une voiture de 10 CV fiscaux est plus chère que celle d'une voiture de 7 CV.
- Les trépans munis de diamants industriels sont plus durs que les trépans tricônes.
- La température d'ébullition de ce produit est plus élevée que celle de l'essence.

4. MODÈLE - Il y a beaucoup de choses à apprendre.

tant de

↓ Il y a **tant de** choses à apprendre !

voir

↓ Il y a tant de choses **à voir** !

- Il y a beaucoup de choses à faire.			
- ...	trop de	...	...
- ...	...	...	voir
- ...	tant de	...	...
- ...	...	...	apprendre

- Il y a beaucoup de choses à faire.			
- ...	peu de	...	...
- ...	...	...	étudier
- ...	trop de	...	...
- ...	...	...	considérer

5. MODÈLE - Le réservoir de cette voiture contient *un peu d'*essence.
↓ Il **en** contient **un peu.**

- Il y a *beaucoup de* pétrole dans cette région.
- Notre armoire contient *trop d'*appareils inutiles.
- Dans sa petite usine, M. Francony emploie *peu d'*ouvriers étrangers.
- Il n'y a pas *assez de* jeunes ingénieurs dans son usine.
- Mme Martin a *très peu d'*argent pour vivre.
- Il y a encore *un peu de* sable dans le coffre de ma voiture.

6. MODÈLE (1) - Ce réservoir contient *du* gas-oil.
↓ Ce réservoir contient **un peu de** gas-oil.
(2) - Cette eau contient *des* impuretés.
↓ Cette eau contient **quelques** impuretés.

- L'eau de cette source contient *du* sel.
- J'ai *de l'*argent dans mes poches.
- Le mécanicien du village a encore *des* pneus neufs.
- Il vous faudra *des* armoires pour ranger ce nouveau matériel.
- On utilise *de la* chaux dans la fabrication du verre.
- Il y a encore *de l'*eau dans votre verre.

7. MODÈLE - L'eau de mer contient du chlorure de sodium; on compte *environ* 36 g de chlorure de sodium *par* litre d'eau de mer.
↓ L'eau de mer contient **en moyenne** 36 g de chlorure de sodium **par** litre.

- Le pilote largue du lest pendant la descente du bathyscaphe; on compte environ une tonne de lest par kilomètre de descente.
- Dans cette gare, il passe de nombreux voyageurs; on compte environ 1 500 voyageurs par minute.
- Le mélange que l'on introduit actuellement dans le four contient de la chaux; on compte environ 85 kg de chaux par tonne de mélange.
- Le lait contient de l'eau; on compte environ 900 g d'eau par litre de lait.
- Ce moteur consomme beaucoup d'huile; on compte environ un litre d'huile par heure de fonctionnement *.

* On dit : Cette voiture consomme *en moyenne 10 litres aux 100*, c'est-à-dire 10 litres d'essence pour 100 km.

8. MODÈLE - *Le plancton marin* s'est accumulé au fond de la mer (l'ensemble des organismes microscopiques).
↓ *Le plancton marin*, **c'est-à-dire** l'ensemble des organismes microscopiques, s'est accumulé au fond de la mer.

- Le pétrole n'est généralement pas resté dans *sa roche mère* (à l'endroit où il s'est formé à l'origine).
- *Le forage* est effectué par le procédé dit « Rotary » (l'opération qui permet d'atteindre le gisement).
- Pour ralentir sa chute, le pilote doit *larguer un peu de lest* (laisser s'échapper de la grenaille de fer).
- *A la température du four* le pétrole se vaporise (430 °C).
- Le pétrole brut est d'abord *distillé* (chauffé jusqu'à son point d'ébullition puis condensé).
- Distiller un liquide consiste à le chauffer jusqu'à son point d'ébullition puis à le *condenser* (à liquéfier les vapeurs ainsi obtenues).

23. LA MESURE DU TEMPS. II

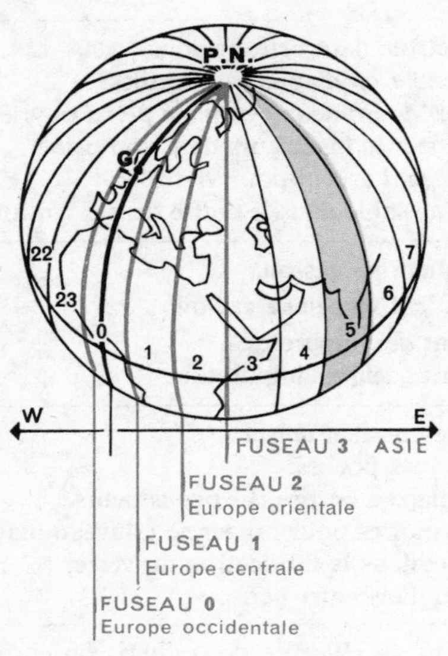

A) Variation de l'heure avec le lieu

1) *Le temps universel* (T.U.) est le temps du méridien de Greenwich (longitude 0°).

2) *Le temps légal :* les heures sont réparties en 24 fuseaux horaires et l'axe du fuseau 0 est le méridien de Greenwich. L'heure légale française est l'heure du fuseau 1, en avance d'une heure sur le T.U.

B) Quelques instruments de mesure d'une durée

Le sablier.

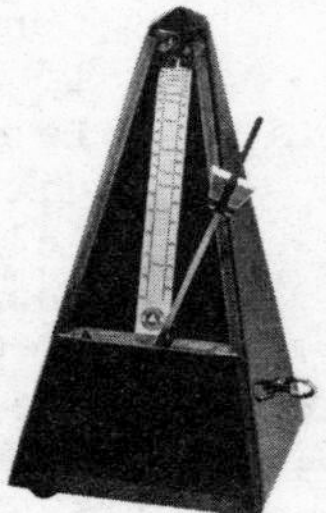

Le métronome dont le nombre de battements à la minute peut être réglé (de 40 à 200).

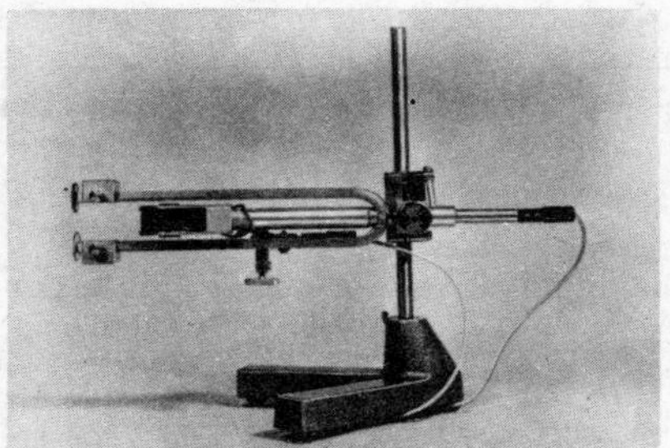

Le diapason entretenu électriquement est employé pour la mesure de durées de l'ordre de la seconde.

Le chronomètre à bouton donne directement la durée d'un événement.

24 Les générateurs

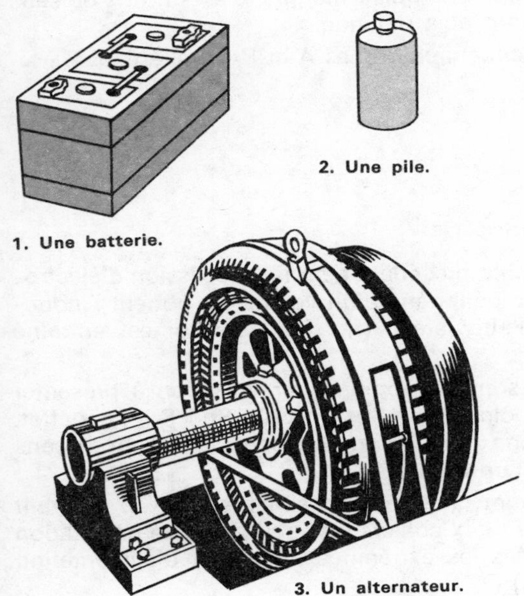

2. Une pile.

1. Une batterie.

3. Un alternateur.

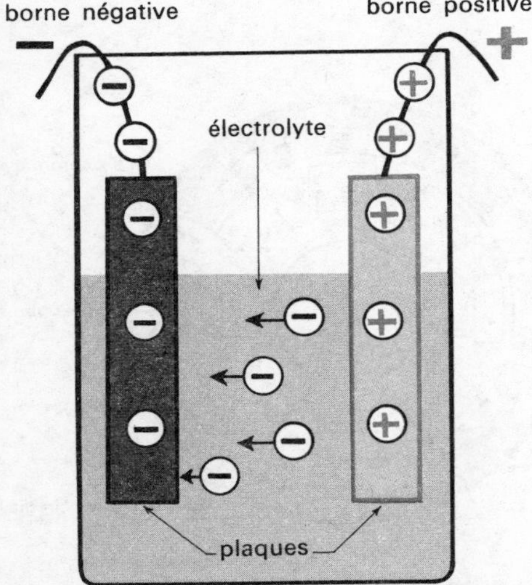

5. Fonctionnement d'une pile électrique.

Un générateur est un appareil capable de créer entre ses deux pôles P et N une différence de potentiel [1] $V_P - V_N$ (fig. 4).

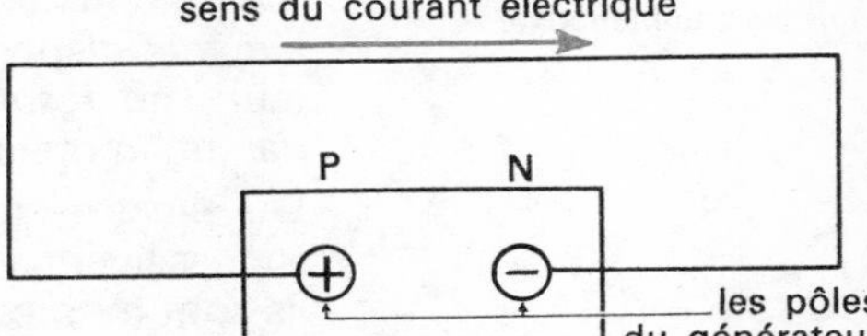

4. Schéma d'un générateur.

En admettant que le sens conventionnel du courant soit de P vers N, on a :

$$V_P - V_N > 0$$

1/ Générateur de courant continu

Le courant continu peut être engendré par des batteries (automobiles...) ou par des piles électriques.
La pile électrique est constituée d'un récipient rempli d'un électrolyte dans lequel sont suspendues deux plaques de métaux différents (fig. 5).
L'électrolyte permet le déplacement des électrons libres d'une plaque vers l'autre. Il en résulte un excès d'électrons, c'est-à-dire une charge négative, sur l'une des plaques et un manque d'électrons, c'est-à-dire une charge positive, sur l'autre plaque.

1. L'unité de différence de potentiel est le volt (V).

2/ Générateur de courant alternatif

Le courant alternatif est engendré par des alternateurs.

A) Principe de l'alternateur

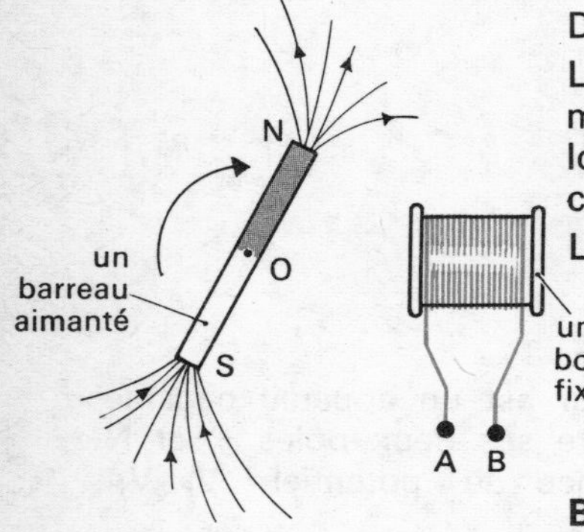

6. Rotation d'un aimant devant une bobine fixe.

Devant une bobine fixe, faisons tourner un barreau aimanté SN.
Lorsque le pôle N s'approche puis s'éloigne de la bobine, le flux magnétique qui traverse les spires augmente puis diminue; lorsque le pôle S s'approche puis s'éloigne, c'est un flux de sens contraire qui augmente puis diminue.
La différence de potentiel aux bornes A et B est alternative.

B) Alternateur industriel

Si l'on remplace l'aimant précédent par une succession d'électro-aimants disposés à la périphérie d'un volant, on obtient l'inducteur (ou rotor) de l'alternateur (fig. 7). Ce rotor est entraîné par un moteur.
Les électro-aimants sont en nombre pair de façon à présenter successivement un pôle Nord N et un pôle Sud S. A cet effet, ils sont montés en série, mais les enroulements changent de sens quand on passe de l'un à l'autre.
Le courant d'excitation des électro-aimants est un courant continu. (Il arrive par deux colliers c et c' liés à l'axe de rotation auxquels sont soudées les extrémités du circuit d'alimentation des électro-aimants.)

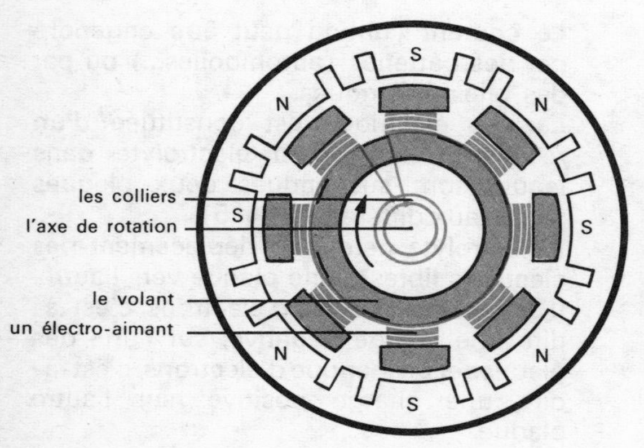

7. Le rotor d'un alternateur.

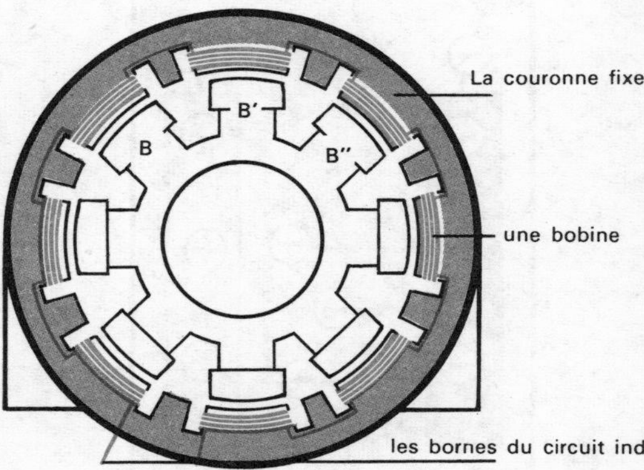

8. Le stator d'un alternateur.

Si l'on remplace la bobine de l'expérience (fig. 6) par une succession de bobines B, B', B" que l'on dispose à l'intérieur d'une couronne fixe, en nombre égal à celui des pôles de l'inducteur, on obtient l'induit (ou stator) de l'alternateur.

Toutes les bobines sont montées en série, mais, comme pour les électro-aimants de l'inducteur, le sens d'enroulement change quand on passe de l'une à l'autre. Les bornes de ce circuit induit sont P_1 et P_2 (fig. 8).

A condition que le rotor tourne autour de son axe de rotation, on dispose en P_1 et P_2 d'une force électromotrice alternative. L'alternateur transforme donc de l'énergie mécanique en énergie électrique.

PHONÉTIQUE

un aimant	œ̃nɛmɑ̃	un manque	œ̃mɑ̃k
un alternateur	œ̃naltɛʀnatœʀ	une périphérie	ynpeʀiferi
un barreau	œ̃baʀo	une plaque	ynplak
une batterie	ynbatʀi	un potentiel	œ̃pɔtɑ̃sjɛl
une bobine	ynbɔbin	un rotor	œ̃ʀɔtɔʀ
une borne	ynbɔʀn	une spire	ynspiʀ
un collier	œ̃kɔlje	un stator	œ̃statɔʀ
une couronne	ynkuʀɔn	une succession	ynsyksesjɔ̃
un électro-aimant	œ̃nelɛktʀɔɛmɑ̃	un volt	œ̃vɔlt
un électrolyte	œ̃nelɛktʀɔlit	aimanter	ɛmɑ̃te
un enroulement	œ̃nɑ̃ʀulmɑ̃	électromoteur/trice	elɛktʀɔmɔtœʀ/tris
un excès	œ̃nɛksɛ	fixe	fiks
une excitation	ynɛksitasjɔ̃	magnétique	maɲetik
un flux	œ̃fly	pair	pɛʀ
un inducteur	œ̃nɛ̃dyktœʀ	précédent	pʀesedɑ̃
un induit	œ̃nɛ̃dɥi	à cet effet	asɛtefɛ

CONVERSATION

1. Qu'est-ce qu'un générateur?

2. A quoi sert le volt?

3. Comment fonctionne une pile électrique? Illustrez votre explication à l'aide d'un schéma.

4. Un barreau aimanté effectue une rotation devant une bobine fixe; que se passe-t-il?

5. Quel est l'appareil qui permet la production d'un courant alternatif?

6. Pourquoi les électro-aimants du rotor sont-ils en nombre pair?

7. Quelles différences faites-vous entre l'inducteur et l'induit?

8. Quel est le rôle de l'alternateur?

GRAMMAIRE

Les relations logiques. La condition. I

EXEMPLES

B	A
❶ **Si** *l'on* **remplit** *d'eau le sas cylindrique*	*on* **fait** *couler le bathyscaphe.*
❷ **Si** *cet avion* **se comporte** *bien aux essais*	*il* **sera** *mis en service assez vite.*
❸ **Si** *le scaphandre* *n'***avait** *pas de semelles de plomb*	*le scaphandrier ne* **resterait** *pas en position verticale.*

DÉFINITIONS

Dans chacune des trois phrases ci-dessus, la proposition B indique une action qui doit être réalisée pour que l'action A se réalise. Chacune de ces propositions B indique une *condition.*
Remarquons que, dans ces trois phrases, les temps des verbes sont différents.

B		A
❶ **Si** + indicatif présent	⟶	indicatif présent.
❷ **Si** + indicatif présent	⟶	futur (de l'indicatif).
❸ **Si** + indicatif imparfait	⟶	**conditionnel** présent.

Remarquons aussi que la réalisation de l'action A est présentée comme moins effective quand on passe de la phrase ❶ à la phrase ❷, et de la phrase ❷ à la phrase ❸. Dans ces trois phrases la réalisation de la condition est envisagée soit dans le présent, soit dans le futur. Très souvent, dans la langue scientifique, on veut indiquer la condition nécessaire à la réalisation effective d'une action, et l'on emploie *si* et l'indicatif; mais on peut aussi avoir besoin du conditionnel. Notons que la proposition B est aussi souvent remplacée par un gérondif ayant le même sujet que le verbe principal.

EX. : ***En remplissant*** *d'eau le sas cylindrique, on fait couler le bathyscaphe.*

LE CONDITIONNEL

A) Le conditionnel présent : formation

Avoir	Être	Augmenter	Grossir	Obtenir
J'aur**ais**	je ser**ais**	j'augmenter**ais**	je grossir**ais**	j'obtiendr**ais**
tu aur**ais**	tu ser**ais**	tu augmenter**ais**	tu grossir**ais**	tu obtiendr**ais**
il aur**ait**	il ser**ait**	il augmenter**ait**	il grossir**ait**	il obtiendr**ait**
nous aur**ions**	nous ser**ions**	nous augmenter**ions**	nous grossir**ions**	nous obtiendr**ions**
vous aur**iez**	vous ser**iez**	vous augmenter**iez**	vous grossir**iez**	vous obtiendr**iez**
ils aur**aient**	ils **seraient**	ils augmenter**aient**	ils grossir**aient**	ils obtiendr**aient**

B) Le conditionnel passé

Si l'on veut parler d'une condition qui n'a pas été réalisée *dans le passé*, on remplace l'imparfait par le plus-que-parfait et le conditionnel présent par le *conditionnel passé*. Le conditionnel passé se forme en plaçant, devant le participe passé du verbe, le verbe *avoir* ou le verbe *être* au conditionnel présent.

EX. : *Si nous* ***avions connu*** *ce livre plus tôt, nous* ***aurions gagné*** *du temps dans nos études.*
Si M. Petit ***avait reçu*** *notre télégramme, il* ***serait venu*** *à la réunion d'hier.*
Si mon ami ***avait su*** *que vous cherchiez un ingénieur chimiste, il* ***se serait présenté*** *chez vous.*

EXERCICES

1. MODÈLE - *Si* l'on *remplit* d'eau le sas cylindrique, on *fait* couler le bathyscaphe.
↓ *Si* l'on *remplit* d'eau le sas cylindrique, on **fera** couler le bathyscaphe.

Transformez de la même façon les phrases suivantes :

- Si l'on place l'objet loin de l'axe optique, on obtient une image floue.
- Si l'on veut rétablir l'équilibre entre les plateaux de la balance, on doit faire la tare.
- Si le scaphandre n'a pas de semelles de plomb, le scaphandrier ne reste pas en position verticale.
- Si le pilote du bathyscaphe largue un peu de lest, la chute de l'engin est ralentie.
- Si l'on donne au diaphragme une ouverture de l'ordre de 0,2 mm, on constate qu'il y a diffraction de la lumière.

2. MODÈLE - *Si* cet avion *se comporte* bien aux essais, il *sera mis* en service assez vite.
↓ *Si* cet avion **se comportait** bien aux essais, il **serait mis** en service assez vite.

Transformez de la même façon les phrases suivantes, de façon que la réalisation des actions paraisse moins effective :

- Si nous versons l'eau recueillie dans le récipient vide placé sur le plateau, l'équilibre sera rétabli.
- Si l'on ne remplit pas d'eau le sas cylindrique, le bathyscaphe ne coulera pas.
- Si M. Lefebvre veut garder son emploi, il devra travailler plus sérieusement.
- Si ce turboréacteur doit assurer la propulsion d'un avion supersonique, il faudra y apporter quelques modifications.
- Si vous essayez la R 16 TS, vous ne voudrez plus d'autre voiture.

3. MODÈLE - *Si* cet avion *se comportait* bien aux essais, il *serait mis* en service beaucoup plus tôt.

↓ *Si* cet avion **s'était** bien **comporté** aux essais, il **aurait été mis** en service beaucoup plus tôt.

Transformez de la même façon les phrases suivantes, en rejetant l'action dans le passé :

- Si les couches de terrain ne se déplaçaient pas, le pétrole resterait dans la roche mère.
- Si la vignette n'était pas si chère, le client achèterait cette voiture.
- Si l'on ne compensait pas le déplacement du centre de poussée, l'avion serait déséquilibré.
- Si l'on ralentissait le refroidissement, on pourrait donner aux atomes le temps de s'ordonner.
- Si je n'avais pas de voiture, je rachèterais la vôtre.

4. MODÈLE - *En ralentissant* le refroidissement, on *pourrait* donner aux atomes le temps de s'ordonner.

↓ **Si l'on ralentissait** le refroidissement, on *pourrait* donner aux atomes le temps de s'ordonner.

- En prenant un taxi, nous arriverions plus tôt.
- En allant moins vite, tu aurais moins d'accidents.
- En remplaçant les vitres de votre maison par des vitrages isolants, vous auriez moins de problèmes de chauffage.
- En ajoutant de l'alumine, on améliorerait les propriétés physiques du matériau.
- En refaisant l'expérience dans les mêmes conditions, on obtiendrait les mêmes résultats.

5. MODÈLE - *En faisant* la tare, vous *auriez rétabli* l'équilibre.

↓ **Si vous aviez fait** la tare, vous *auriez rétabli* l'équilibre.

- En ajoutant de la magnésie, vous auriez amélioré les propriétés physiques du matériau obtenu.
- En ajoutant des débris de verre, on aurait facilité la fusion du mélange.
- En maintenant la température des ateliers entre 18 et 20 °C, on aurait assuré aux ouvriers un certain confort.
- En lisant cette revue, vous auriez trouvé la solution de votre problème.
- En ralentissant le refroidissement, on aurait pu donner aux atomes le temps de s'ordonner.

6. MODÈLE - On fait la tare et l'on rétablit ainsi l'équilibre.
↓ **En faisant** la tare, on rétablit l'équilibre.
↓ On fait la tare **de façon à** rétablir l'équilibre.

Faites subir les mêmes transformations aux phrases suivantes :

- On place l'objet près de l'axe optique de la lentille, et l'on obtient ainsi une image nette.
- Le pilote du bathyscaphe largue du lest, et il ralentit ainsi la chute de l'engin.
- Le conducteur presse du pied la pédale d'accélérateur, et il manœuvre ainsi le volet des gaz.
- On trempe les verres de pare-brise et l'on améliore ainsi leur résistance aux agents physiques.
- Lors de l'atterrissage, le nez du Concorde bascule vers le bas et donne ainsi au pilote une meilleure vue sur la piste.

RÉVISION : Tous, toutes

1. MODÈLE - Cet ingénieur a-t-il résolu *tous* les problèmes qui se posaient ?
↓ Oui, il **les a tous** résolus.

- Cet ouvrier a-t-il rangé tous ses outils ?
- L'ingénieur a-t-il envoyé tous les plans de l'usine ?
- Avez-vous fermé toutes les fenêtres de la classe ?
- A-t-il reçu toutes les lettres que tu lui a envoyées ?
- A-t-il effectué toutes les mesures qu'on lui demandait ?

2. MODÈLE - Cet ingénieur a-t-il résolu *tous* les problèmes qui se posaient ?
↓ Non, il **ne les a pas tous** résolus.

- Avez-vous fumé toutes vos cigarettes ?
- A-t-il lu tous les journaux hier soir ?
- A-t-il nettoyé tous ces instruments ?
- Le pilote a-t-il vidé tous les silos à lest ?
- As-tu noté tous les résultats ?

24. ÉLECTRICITÉ : LES UNITÉS, LES SYMBOLES. I

Unités

Grandeur	Symboles	Unité S.I.	Grandeur	Symboles	Unité S.I.
Charge électrique (quantité d'électricité)	*Q*	coulomb C	*Flux d'induction magnétique*	Φ	weber Wb
Intensité de courant	*I*	ampère A	*Induction magnétique*	*B*	tesla T (weber par mètre carré)
Tension électrique	*U*		*Inductance*	*L*	henry H
Différence de potentiel	*V*	volt V	*Force magnétomotrice*	*F*	ampère A
Force électromotrice	*E*		*Intensité de champ magnétique*	*H*	ampère par mètre A/m
Résistance	*R*	ohm Ω			
Résistivité	ρ	ohm-mètre : Ω m²/m = Ωm			
Capacité	*C*	farad F			
Champ électrique	*E*	volt par mètre V/m			

Symboles

Quelques couleurs et signes conventionnels

Courant continu (—) { Positif : rouge ou +
Négatif : bleu ou —

Courant alternatif (∼) { Neutre : gris ou 0 (ou N)
Phase : vert ou 1 (ou Ph)

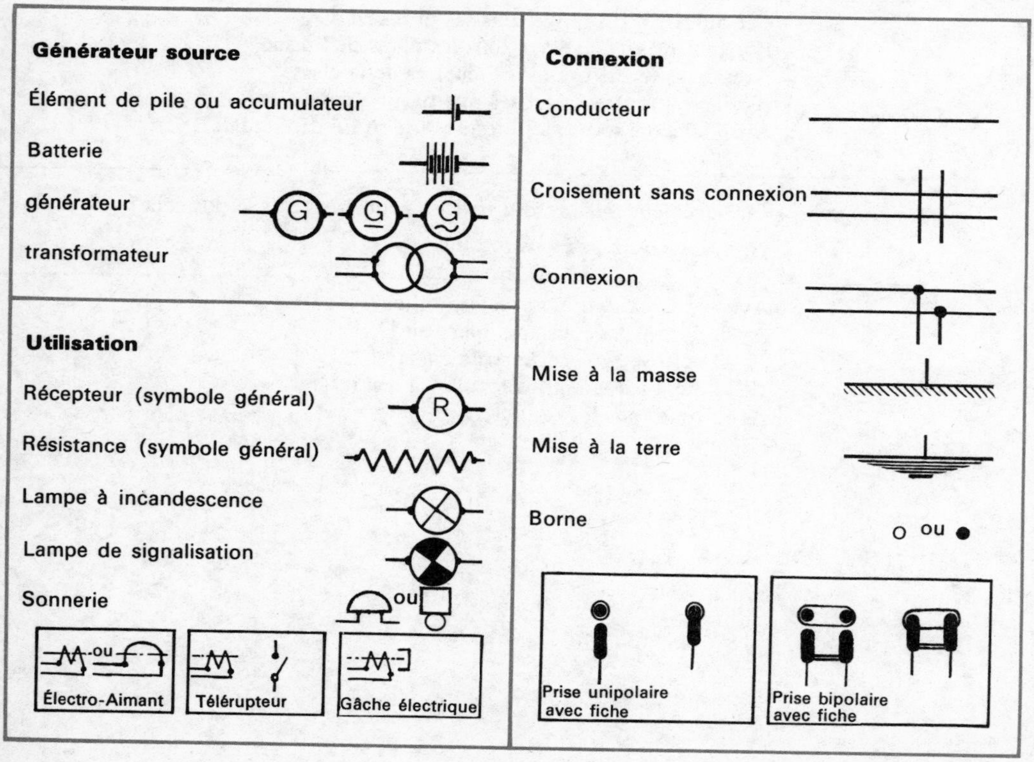

Générateur source

Élément de pile ou accumulateur

Batterie

générateur (G)

transformateur

Utilisation

Récepteur (symbole général) (R)

Résistance (symbole général)

Lampe à incandescence

Lampe de signalisation

Sonnerie ou

Électro-Aimant (ou)

Télérupteur

Gâche électrique

Connexion

Conducteur

Croisement sans connexion

Connexion

Mise à la masse

Mise à la terre

Borne o ou •

Prise unipolaire avec fiche

Prise bipolaire avec fiche

25 La centrale hydro-électrique

L'énergie mécanique nécessaire au fonctionnement de l'alternateur peut être fournie
soit par l'eau dans les centrales hydro-électriques,
soit par le charbon dans les centrales thermiques,
soit par la désintégration de l'atome dans les centrales nucléaires.

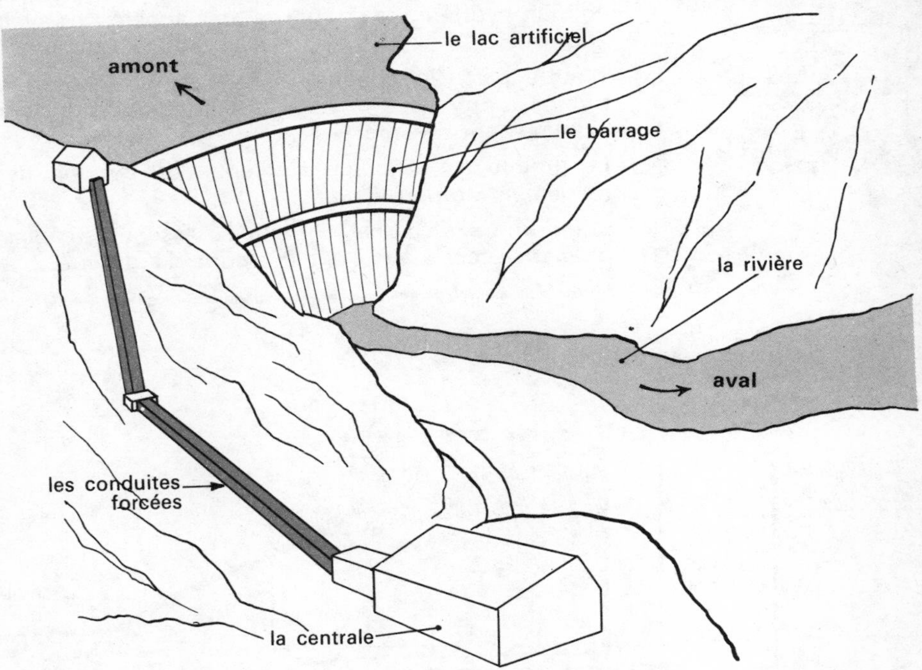

1. L'alimentation en eau d'une centrale hydro-électrique.

1/ La centrale hydro-électrique

Pour que la centrale puisse fonctionner en permanence, il est indispensable qu'elle soit toujours alimentée en eau.

Un barrage permet d'accumuler cette eau dans un lac artificiel.

L'eau du lac est ensuite conduite à la centrale au moyen d'une canalisation constituée de tuyaux en acier : les conduites forcées.

Arrivée à la centrale, l'eau a accumulé de l'énergie cinétique qui est transformée en énergie électrique par un groupe turbine-alternateur.

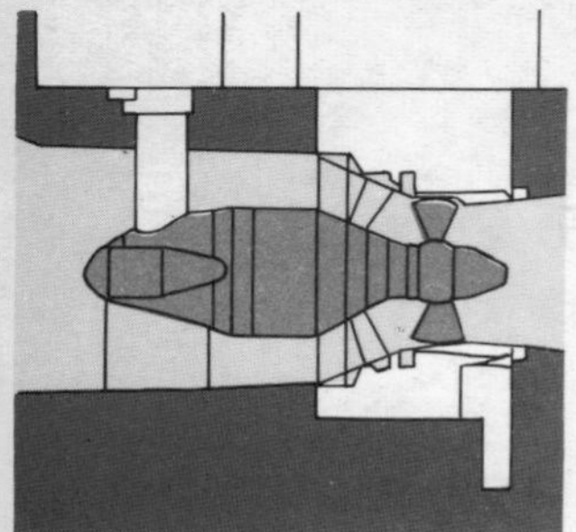

2. Un groupe bulbe.

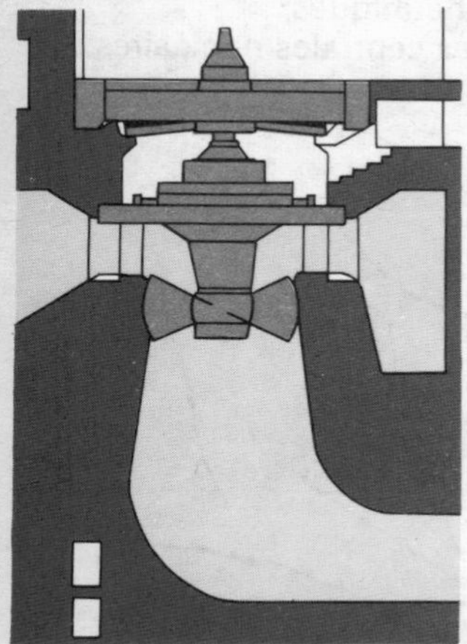

3. Un groupe classique.

2/ Le groupe turbine-alternateur

Le groupe turbine-alternateur (ou turbo-alternateur) constitue la partie essentielle de l'usine hydro-électrique.

Certaines usines sont équipées de groupes horizontaux de type bulbe (fig. 2), d'autres de groupes verticaux (fig. 3).

Dans le groupe bulbe, la disposition des machines permet d'obtenir, sous un moindre volume, un maximum de puissance [1].

A) Le groupe type bulbe

La roue de la turbine du groupe bulbe est une hélice comprenant quatre pales orientables. L'alternateur est situé dans une coque métallique étanche en forme de bulbe. Cette coque est liée au conduit hydraulique par douze bras appelés les avant-directrices (fig. 4).

D'autre part, 24 directrices mobiles, placées en amont de la turbine, assurent à la roue des conditions de fonctionnement extrêmement favorables.

Le groupe est immergé au centre du conduit hydraulique et totalement entouré d'eau.

Enfin, un puits vertical, par lequel passent les câbles électriques, permet l'accès dans l'ogive amont du groupe.

1. Voir document 1 : Comparaison entre solution classique et solution bulbe.

4. Coupe d'un groupe bulbe.

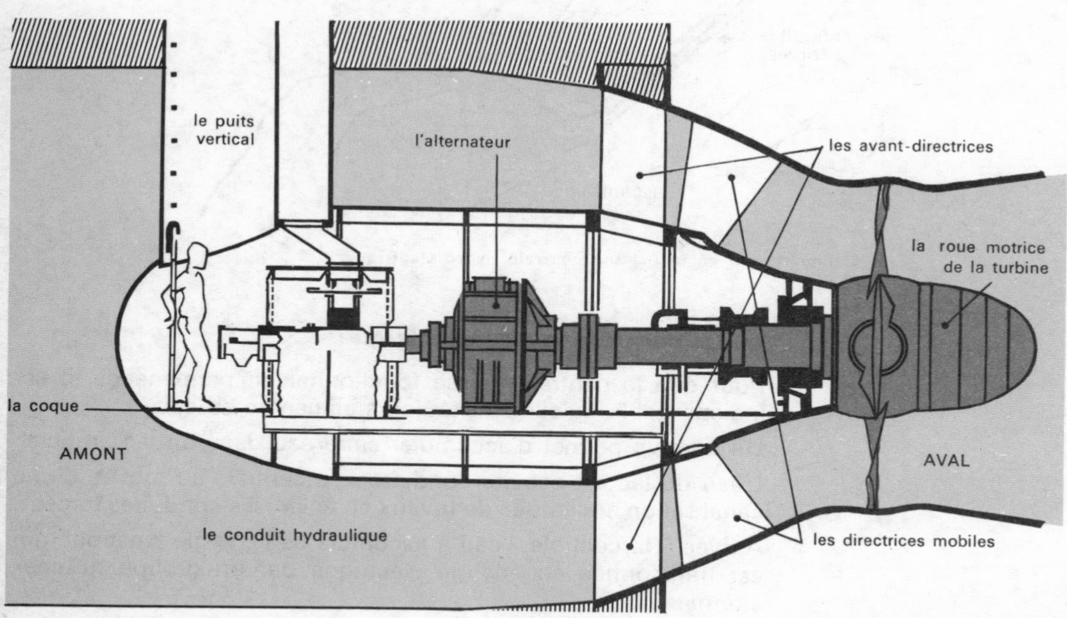

B) Fonctionnement

L'eau arrivant à grande vitesse met en mouvement la roue de la turbine.

L'énergie cinétique de l'eau est ainsi transformée en énergie mécanique.

La turbine fait tourner le rotor de l'alternateur qui transforme cette énergie mécanique en énergie électrique.

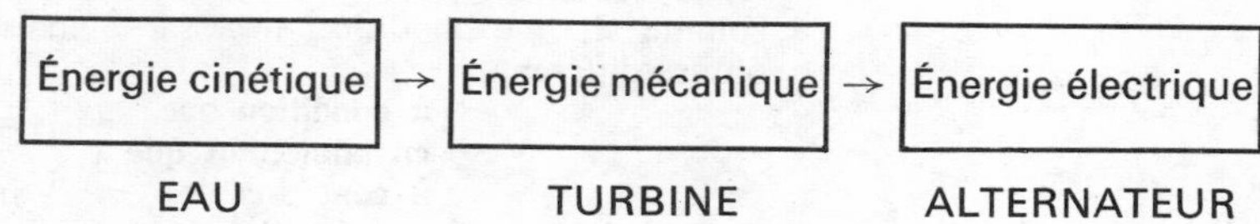

PHONÉTIQUE

un accès	œ̃naksɛ	un conduit	œ̃kɔ̃dɥi	hydraulique	idʀolik
un amont	œ̃namɔ̃	une conduite	ynkɔ̃dɥit	hydro-électrique	idʀɔelɛktʀik
un aval	œ̃naval	une coque	ynkɔk	indispensable	ɛ̃dispɑ̃sabl
une avant-directrice	ynavɑ̃diʀɛktʀis	une désintégration	yndezɛ̃tegʀɑsjɔ̃	mobile	mɔbil
		une ogive	ynɔʒiv	moindre	mwɛ̃dʀ
un barrage	œ̃baʀaʒ	équiper	ekipe	nucléaire	nykleɛʀ
un bulbe	œ̃bylb	fournir	fuʀniʀ	au moyen de	omwajɛ̃də
une canalisation	ynkanalizɑsjɔ̃	artificiel	aʀtifisjɛl	en permanence	ɑ̃pɛʀmanɑ̃s
une centrale	ynsɑ̃tʀal	favorable	favɔʀabl	totalement	tɔtalmɑ̃

CONVERSATION

1. Dans une centrale hydro-électrique, par quoi est fournie l'énergie mécanique ?

2. Dans une centrale thermique, par quoi est fournie l'énergie mécanique ?

3. Dans une centrale nucléaire, par quoi est fournie l'énergie mécanique ?

4. A l'aide d'un schéma, décrivez l'installation d'une centrale hydro-électrique.

5. Quelle est la partie essentielle d'une usine hydro-électrique ?

6. Quel est l'avantage d'un groupe bulbe ?

7. Quelle est la forme de la roue de la turbine du groupe bulbe ?

8. Où se trouve l'alternateur du groupe bulbe ?

9. Comment la coque est-elle fixée ?

10. Quel est le rôle des directrices mobiles ?

11. Où se trouve le groupe bulbe par rapport au conduit hydraulique ?

12. Est-ce que le groupe est à l'air libre ?

13. Quel est le rôle du puits vertical ?

14. A l'aide d'un schéma, décrivez un groupe bulbe.

15. Comment fonctionne un groupe bulbe ?

GRAMMAIRE

Les relations logiques. La condition. I

En français, la condition s'exprime très souvent par une proposition introduite par **si.** Mais on peut aussi l'exprimer à l'aide de propositions introduites par d'autres conjonctions.

A) **A condition que, à condition de, en admettant que** introduisent, comme **si,** une condition nécessaire, mais avec une construction de phrase différente.

à condition que
en admettant que } + subjonctif
à condition de + infinitif

EX. : (1) *Une différence de potentiel est créée entre les deux bornes de la bobine* ***à condition que*** *l'aimant* ***soit*** *animé d'un mouvement de rotation.*

(2) *Le pilote peut ralentir la chute du bathyscaphe* ***à condition de*** *larguer du lest.*

(3) ***En admettant que*** *le sens conventionnel du courant* ***soit*** *de P vers N, on a* $V_P - V_N > 0$.

Remarquons que, dans la phrase (1), les deux verbes ont des sujets différents, au contraire de ce qu'on observe dans la phrase (2).

En langue scientifique, la condition-hypothèse s'exprime aussi souvent par *soit* suivi d'un nom :

EX. : *Si un triangle équilatéral a 4 cm de côté...*
Soit *un triangle équilatéral de 4 cm de côté...*

B) **A moins que (ne), à moins de, sauf si, seulement si, ne... que si** introduisent une condition particulière qui *seule* rend possible la réalisation de l'action principale. C'est donc une condition restrictive.

EX. : *Le bathyscaphe ne peut plus remonter,* ***à moins que*** *le pilote* ***ne*** *largue tout le lest.*
Le pilote ne peut plus faire remonter le bathyscaphe, ***à moins de*** *larguer tout le lest.*
Le bathyscaphe ne peut plus remonter, ***sauf si*** *le pilote largue tout le lest.*
Le bathyscaphe peut remonter ***seulement si*** *le pilote largue tout le lest.*
Le bathyscaphe ***ne*** *peut remonter* ***que si*** *le pilote largue tout le lest.*

Après **à moins que (ne),** le verbe se met au subjonctif. On peut faire sur **à moins que** et **à moins de** la même remarque que sur **à condition que** et **à condition de.**

EXERCICES

---

1. MODÈLE - *Si* le sens conventionnel du courant *est* de P vers N, on a $V_P - V_N > 0$.

↓ **En admettant que** le sens conventionnel du courant **soit** de P vers N, on a $V_P - V_N > 0$.

- Si l'on appelle $\vec{P}$ le poids de l'avion et $\vec{F}$ la portance, au décollage on doit avoir $\vec{F} > \vec{P}$.
- Si F est la distance focale de la lentille considérée, sa convergence C est égale à $\frac{1}{F}$.
- Si l'on prend 2 comme base de système de numération, le nombre 13 (en base 10) sera noté par le symbole 1101.
- Si l'on a $A = D \cup B$, l'ensemble D est la différence des ensembles A et B.

---

2. MODÈLE - *Pour que* le scaphandrier reste en position verticale, *il faut que* le scaphandre ait des semelles de plomb.

↓ Le scaphandrier reste en position verticale **à condition que** le scaphandre ait des semelles de plomb.

- Pour que les atomes du verre aient le temps de s'ordonner, il faut que l'on ralentisse leur refroidissement.
- Pour que la hauteur entre les bords de la cloche et le sol garde une valeur constante, il faut que la surpression de l'air à l'intérieur de la cloche équilibre le poids du véhicule.
- Pour que l'image obtenue soit nette, il faut que l'on place l'objet près de l'axe optique de la lentille.
- Pour qu'un corps flotte, il faut que son poids soit inférieur à la poussée d'Archimède.
- Pour que l'on dispose en P_1 et P_2 d'une force électromotrice alternative, il faut que le rotor tourne autour de son axe de rotation.

---

3. MODÈLE - La centrale *doit* toujours être alimentée en eau *pour pouvoir* fonctionner en permanence.

↓ La centrale **peut** fonctionner en permanence **à condition d'**être toujours alimentée en eau.

- La bielle doit être de trois ou quatre fois plus longue que la manivelle pour assurer un bon fonctionnement du système.
- On doit augmenter l'indice d'octane de l'essence pour pouvoir améliorer le taux de compression des moteurs à explosion.
- Vous devez passer un examen pour pouvoir entrer dans cette école.
- On doit ajouter des débris de verre au mélange des matières premières pour faciliter sa fusion.

4. MODÈLE - On *ne* peut obtenir un grossissement de plus de 3 000 *qu'à condition de* disposer d'un microscope électronique.

↓ On **ne** peut obtenir un grossissement de plus de 3 000 **que si** l'on dispose d'un microscope électronique.

- La centrale ne peut fonctionner en permanence qu'à condition d'être toujours alimentée en eau.
- Le trépan ne peut fonctionner qu'à condition d'être refroidi et lubrifié en permanence.
- Ce turboréacteur ne pourra servir en vol supersonique qu'à condition que l'on y apporte des modifications.
- On ne peut réaliser de vitrages isolants qu'à condition d'associer le verre et l'air immobile.
- Les atomes du verre ne peuvent former de cristaux qu'à condition que l'on ralentisse leur refroidissement.

5. MODÈLE - On *ne* peut obtenir un grossissement de plus de 3 000 *que si* l'on dispose d'un microscope électronique.

↓ On **ne** peut **pas** obtenir un grossissement de plus de 3 000, **à moins de** disposer d'un microscope électronique.

- Par cette fenêtre, vous ne pourrez voir la tour Eiffel que si vous montez sur une chaise.
- Le pointeau ne ferme l'arrivée d'essence que si le niveau du carburant s'élève dans la cuve.
- Vous ne pourrez acheter cette voiture que si vous avez beaucoup d'argent !
- On n'utilise les parachutes de l'aérotrain que si les autres moyens de freinage ne suffisent pas.
- Je ne vous emmènerai dans ce restaurant que si vous aimez beaucoup la cuisine chinoise.

RÉVISION : Tous, toutes

1. MODÈLE - *Tous les* ingénieurs déjeunent-ils à l'usine ?

↓ Oui, ils déjeunent **tous** à l'usine.

- Tous les ouvriers arrivent-ils à six heures à l'usine ?
- Tous les silos sont-ils remplis de lest ?
- Tous les trépans sont-ils usés ?
- Tous les turbo-alternateurs de cette centrale sont-ils de type bulbe ?
- Toutes les directrices sont-elles mobiles ?

2. MODÈLE - *Tous les* ouvriers font-ils des heures supplémentaires ?

↓ Non, ils **ne** font **pas tous** des heures supplémentaires.

- Tous les Français ont-ils une voiture ?
- Toutes les centrales hydro-électriques sont-elles équipées de groupes bulbes ?
- Tous les ingénieurs de cette usine sont-ils français ?
- Dans l'autobus, tous les voyageurs sont-ils assis ?
- Au café, toutes les tables sont-elles occupées ?

25. ÉLECTRICITÉ : LES SYMBOLES. II

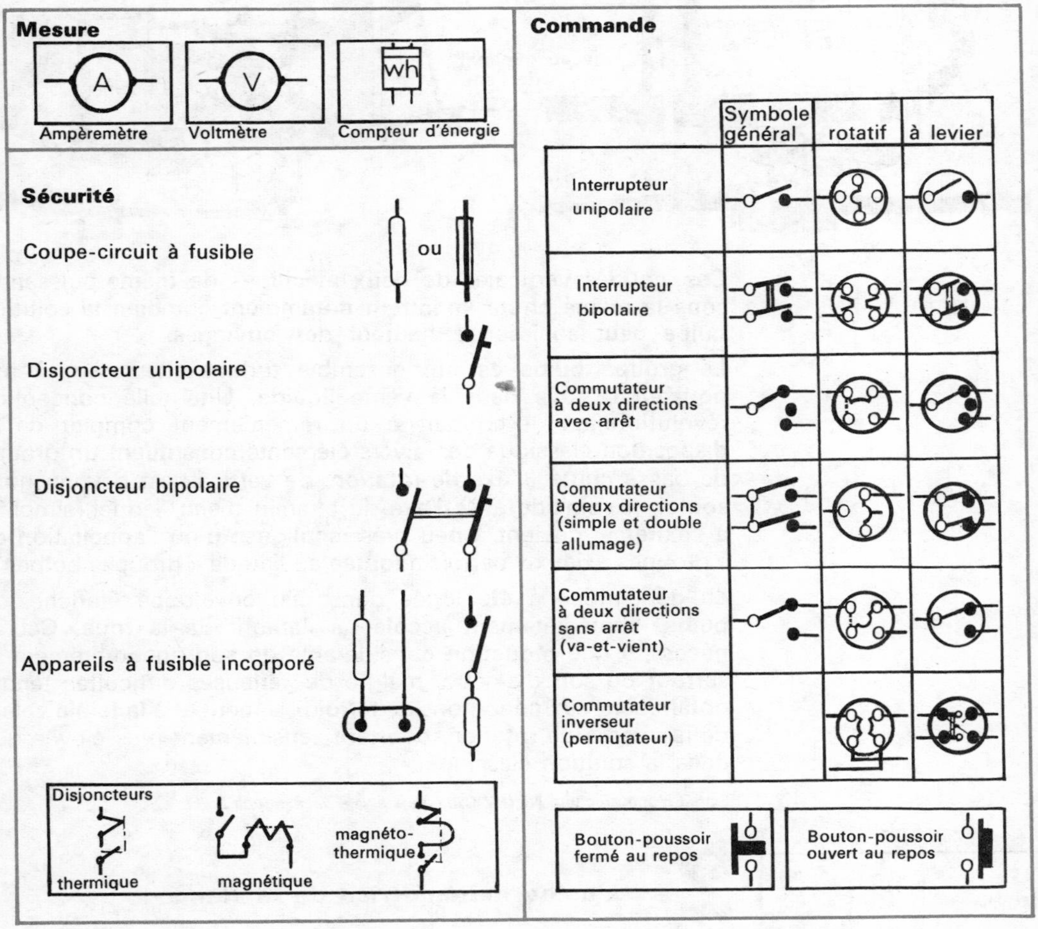

Mesure

Ampèremètre — Voltmètre — Compteur d'énergie

Sécurité

Coupe-circuit à fusible (ou)

Disjoncteur unipolaire

Disjoncteur bipolaire

Appareils à fusible incorporé

Disjoncteurs: thermique — magnétique — magnéto-thermique

Commande

	Symbole général	rotatif	à levier
Interrupteur unipolaire			
Interrupteur bipolaire			
Commutateur à deux directions avec arrêt			
Commutateur à deux directions (simple et double allumage)			
Commutateur à deux directions sans arrêt (va-et-vient)			
Commutateur inverseur (permutateur)			

Bouton-poussoir fermé au repos

Bouton-poussoir ouvert au repos

1 Comparaison entre solution classique et solution bulbe

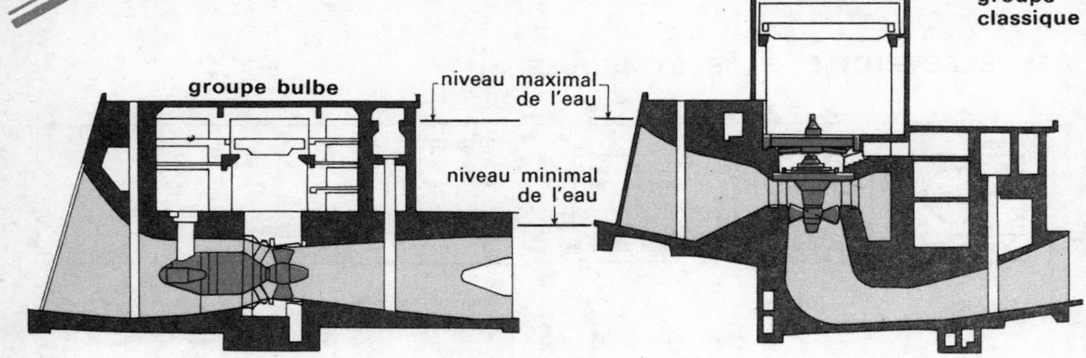

Ces coupes verticales de deux machines de même puissance, sous la même chute, montrent notamment combien la solution bulbe peut abaisser la hauteur des ouvrages.

Le groupe bulbe est un ensemble turbine-alternateur à axe horizontal, noyé dans la veine liquide. Une telle conception révolutionnaire a conduit à un remaniement complet de la disposition classique des divers éléments constituant un groupe de basse chute. L'axe de rotation, de vertical, est devenu horizontal. Il coïncide avec l'axe du chemin d'eau, lequel, simplifié à l'extrême, devient à peu près rectiligne ; d'où l'appellation de « groupes axiaux » parfois adoptée au lieu de « groupes bulbes ».

La génératrice a été logée dans une enveloppe étanche, ou bulbe, immédiatement accolée à l'amont de la roue. Ceci a nécessité une réduction considérable de son encombrement et surtout de son diamètre, malgré de sérieuses difficultés tenant notamment aux conditions de refroidissement et à la faible valeur de la vitesse de rotation, pourtant sensiblement plus élevée que dans la solution classique.

Extrait d'une brochure NEYRPIC, *Turbine axiale pour groupe bulbe.*

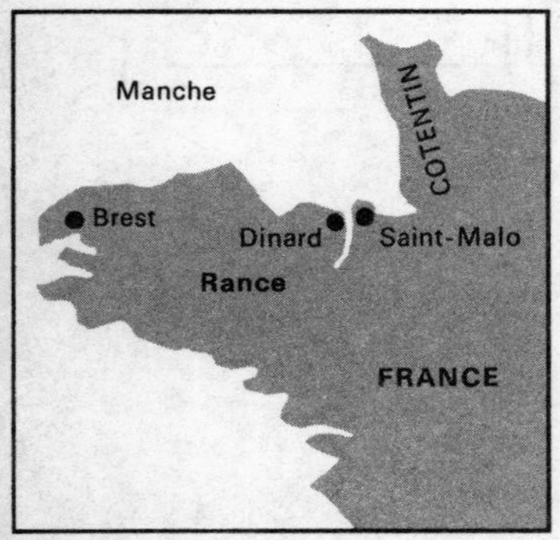

2 L'usine marémotrice de la Rance

1) Généralités

Les marées sont dues à l'attraction de la lune et du soleil.

Dans la région de Saint-Malo, on a une marée semi-diurne, c'est-à-dire deux marées toutes les 24 h 50 mn.

L'onde de marée issue de l'Atlantique se réfléchit sur la presqu'île du Cotentin, ce qui provoque des marées très fortes dans la région du Mont-Saint-Michel et de Saint-Malo. La vitesse de l'onde de marée entre Brest et Saint-Malo est de 90 km à l'heure.

2) L'usine de la Rance

Dans l'estuaire de la Rance, l'EdF a construit un ouvrage destiné à convertir le mouvement périodique des marées en énergie électrique. C'est la première usine de ce genre réalisée dans le monde. L'estuaire, barré sur toute sa largeur (750 m), forme un bassin d'une surface de 22 km² et d'une capacité utile de 184 millions de mètres cubes. Les 24 *groupes bulbes* de 10 000 kW qui équipent l'usine sont alimentés alternativement dans le sens *mer-bassin* lorsque le bassin se remplit à marée montante, et dans le sens *bassin-mer* lorsque le bassin se vide à marée descendante.

Cet ouvrage, en service depuis 1967, produit 540 millions de kilowatts-heures par an.

Maquette du barrage de la Rance.

Le barrage.

Le barrage de Serre-Ponçon

Le site de Serre-Ponçon présentait toutes les conditions nécessaires à la création d'une retenue d'eau importante. Le lit de la Durance était resserré entre deux sommets rocheux, le Serre-Ponçon sur la rive droite et le Serre de Monge sur la rive gauche. Immédiatement en amont, l'élargissement des vallées de la Durance et de l'Ubaye formait une cuvette de grande capacité (fig. 2).

Cependant, au droit du défilé, la nature du sous-sol, constitué par une couche très épaisse d'alluvions, interdisait la construction d'un barrage de béton. C'est donc la construction d'une digue en terre qui a été décidée et réalisée par l'EdF. Cette digue est constituée par un noyau en matériaux argileux étanches, stabilisé et protégé contre l'érosion par deux recharges en alluvions recouvertes de blocs rocheux. Pour réduire les pertes d'eau par infiltration à travers les alluvions sous-jacentes au noyau, un écran vertical a été implanté par injection d'un coulis.

La hauteur de la digue est de 122 m pour une épaisseur de 650 m à la base. Le volume total des matériaux mis en place est de 14 millions de mètres cubes dont 2 millions de mètres cubes dans le noyau étanche.

Les matériaux imperméables constituant le noyau proviennent d'un torrent situé sur la rive droite, en amont immédiat du défilé de Serre-Ponçon.
Les recharges ont été prélevées dans le lit de la Durance. Tous ces transports de terre ont nécessité l'une des plus importantes concentrations d'engins de l'Europe moderne.

La retenue se divise en deux branches qui remontent, l'une de 20 km dans la vallée de la Durance, l'autre de 8 km dans la vallée de l'Ubaye. En plus des villages de Savines et d'Ubaye, environ 35 km de routes et 15 km de voies ferrées ont été noyés. Le rétablissement des communications a nécessité la création de 60 km de routes et de 15 km de voies ferrées avec de nombreux ouvrages d'art : cinq tunnels et trois ponts ferroviaires, trois tunnels et sept ponts routiers, dont notamment le pont de Savines qui traverse la retenue sur une longueur d'un kilomètre.

La retenue permet de régulariser les débits de la Durance, ce qui présente un double intérêt :

- un intérêt agricole : les terres fertiles de la Basse-Durance peuvent être irriguées normalement alors que, par le passé, de sérieuses restrictions étaient nécessaires pendant les mois d'été. D'autre part, les crues rapides étaient dangereuses pour les terres riveraines : ce danger est écarté ;

- un intérêt énergétique : Serre-Ponçon produit 700 millions de kilowatts-heures par an et le barrage a rendu possible l'équipement électrique du cours aval.

Quand toutes les centrales prévues seront en service, la production annuelle du bassin de la Durance sera de 6 milliards de kilowatts-heures par an.

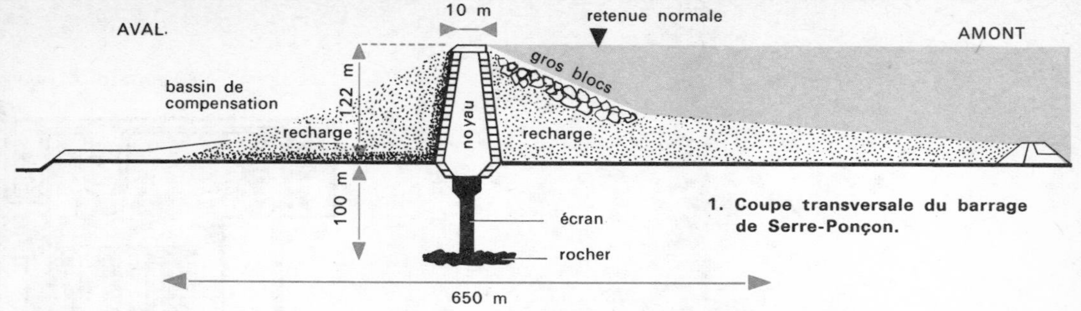

1. Coupe transversale du barrage de Serre-Ponçon.

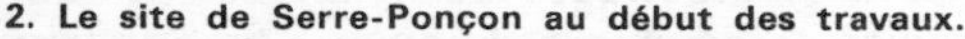

2. Le site de Serre-Ponçon au début des travaux.

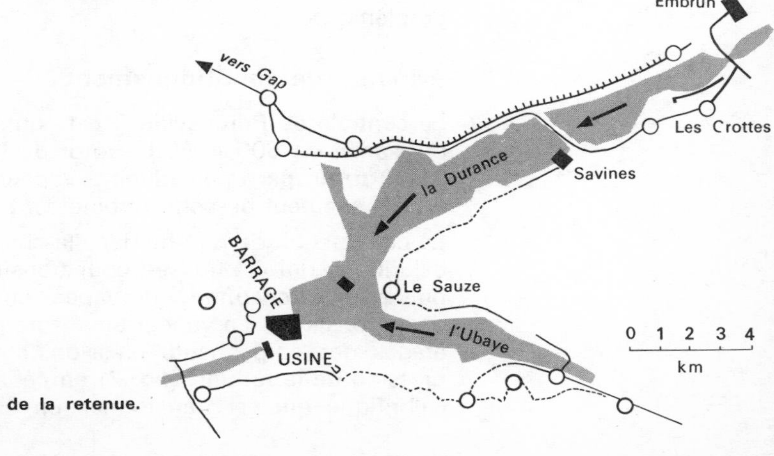

3. Carte de la retenue.

1. La cheminée de Porcheville B.

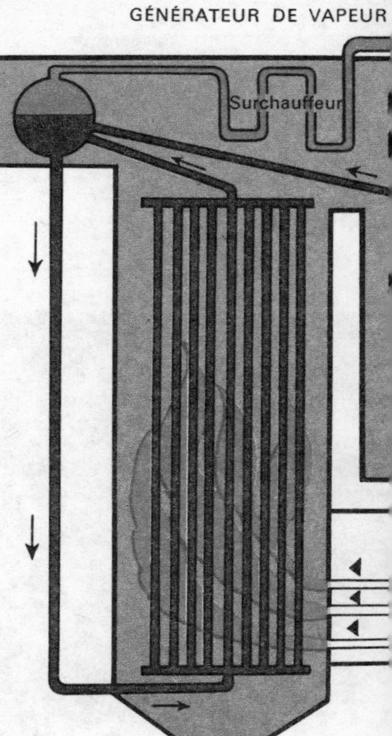

4 Une centrale thermique : Porcheville B

La centrale électrique de Porcheville B est installée sur la rive droite de la Seine, à 45 km à l'ouest de Paris, en aval de celle de Porcheville A. Mise au point en 1968, elle est la première centrale française du palier technique des 600 MW. Les nouvelles centrales de ce type doivent permettre de répondre à une demande d'énergie qui croît sans cesse alors que les possibilités de nouveaux équipements hydrauliques sont limitées et que la multiplication des centrales nucléaires pose encore de nombreux problèmes.

Principe de fonctionnement

La centrale de Porcheville B est équipée d'un alternateur d'une puissance de 600 MW. Le rotor de l'alternateur est entraîné à 3 000 tr/mn par une turbine à vapeur; la vapeur nécessaire au fonctionnement de cette turbine est produite dans la chaudière.

La combustion de fuel-oil dans la chaudière dégage de l'énergie calorifique qui est utilisée pour transformer de l'eau en vapeur, puis pour surchauffer cette vapeur au-dessus de la température de vaporisation. La vapeur ainsi surchauffée se détend dans les étages des corps haute pression, moyenne pression et basse pression de la turbine (fig. 2) en cédant peu à peu son énergie calorifique qui est transformée en énergie mécanique. En fin

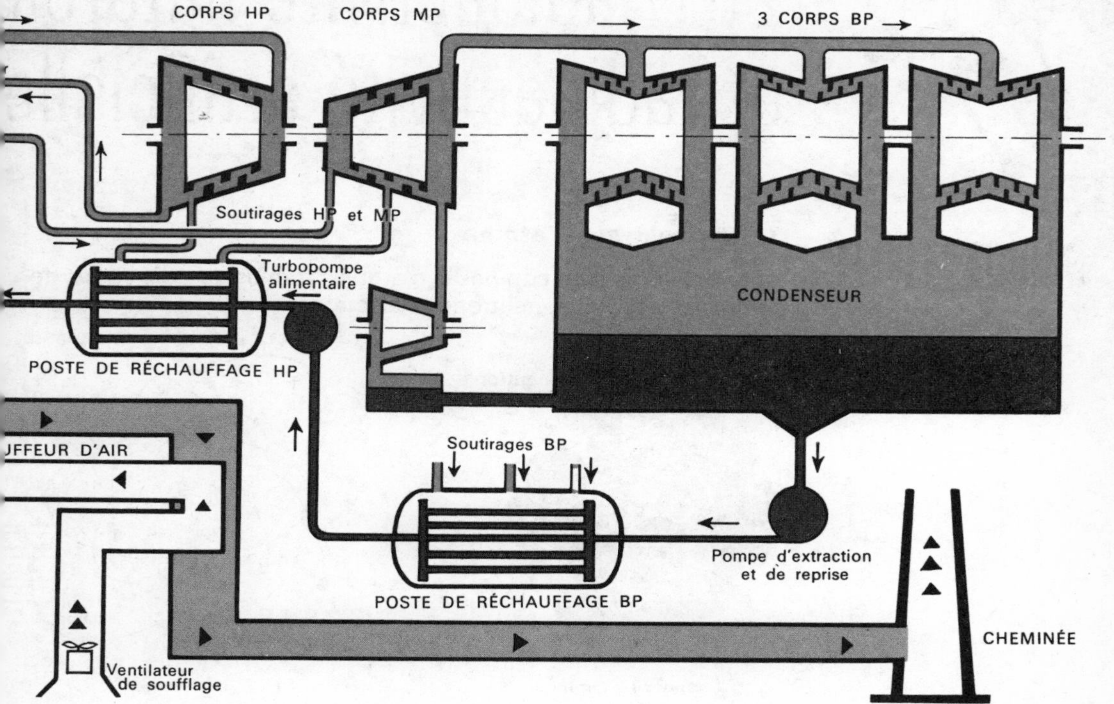

2. Schéma de principe de la centrale.

de détente, la vapeur est ramenée à l'état liquide dans le condenseur, lequel est refroidi par une circulation d'eau de Seine.

Cette eau condensée passe dans des réchauffeurs où elle est portée à des températures croissantes par de la vapeur soutirée à la turbine, puis elle est injectée par la pompe alimentaire dans la chaudière et le cycle se poursuit.

La chaleur contenue dans les fumées qui s'échappent de la chaudière est utilisée à réchauffer l'air nécessaire à la combustion avant son entrée dans la chaudière. La circulation de l'air et des gaz de combustion est assurée par des ventilateurs.

Les réchauffeurs d'eau d'alimentation et les réchauffeurs d'air permettent d'abaisser la consommation spécifique en améliorant le rendement de l'installation. A Porcheville B, la consommation spécifique est voisine de 2 125 kcal/kWh net.

Lutte contre la pollution atmosphérique

Le fuel-oil utilisé contenant une faible proportion de soufre, des dispositions ont été prises pour éviter la formation d'anhydride sulfureux (SO_2) dangereux pour l'homme. La cheminée (fig. 1), avec 220 m, est l'une des plus hautes du monde. Cette hauteur a été fixée de façon que les gaz de combustion ne retombent pas au sol avec une densité trop forte. Un contrôle permanent de l'atmosphère est effectué, dans un rayon de 10 km autour de la centrale, par des appareils analyseurs fixes.

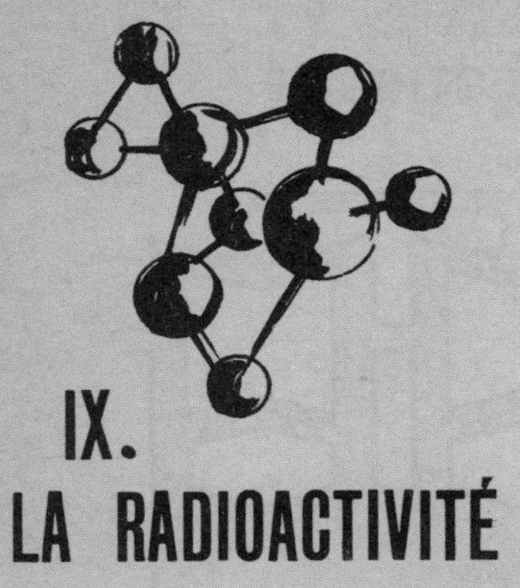

IX.
LA RADIOACTIVITÉ

26 Radioactivité naturelle et radioactivité artificielle

1/ Rappels sur l'atome

Tous les corps sont composés d'atomes formés de trois sortes de particules : protons, neutrons et électrons.

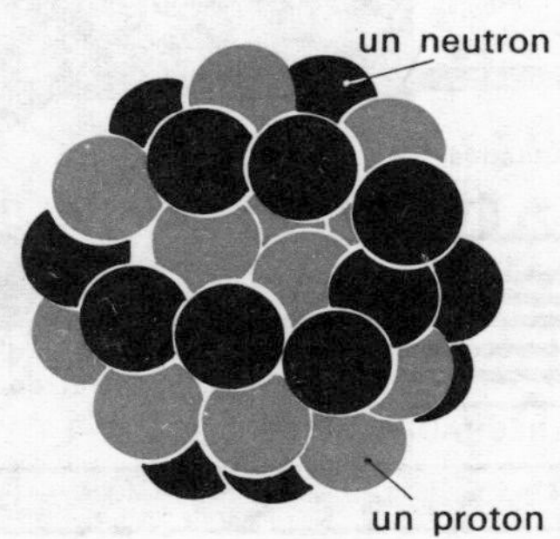

1. Un noyau atomique.

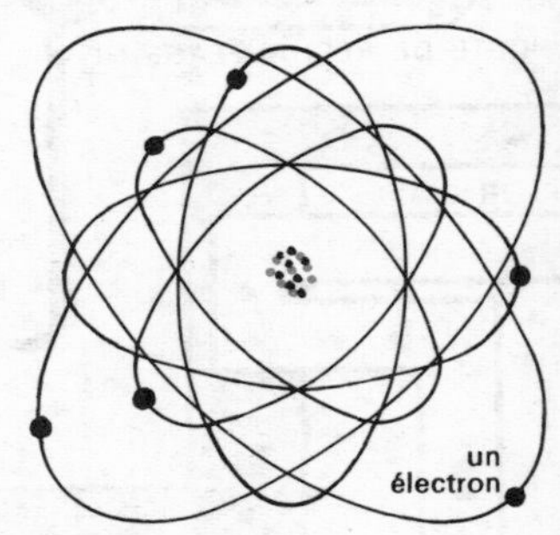

2. Un atome.

Le nombre d'électrons est égal à celui des protons tant que l'atome n'est pas ionisé, c'est-à-dire tant qu'il n'a pas perdu ou gagné d'électrons. Ce nombre de protons est caractéristique de l'atome et constitue son numéro atomique [1].

2/ La radioactivité naturelle

La nature chimique d'un corps est directement liée à ses électrons. Au contraire, la radioactivité naturelle provient uniquement des noyaux, et seulement dans le cas de certains éléments « lourds » (de numéro atomique élevé). Un noyau radioactif, par exemple celui du radium (Ra), se modifie spontanément : sa composition en protons et en neutrons change, et il émet des radiations. On dit qu'il y a désintégration. Celle-ci se produit quand le noyau est instable, c'est-à-dire lorsque protons et neutrons, du fait de leur nombre et de leur agencement, ne constituent pas un édifice équilibré.
La désintégration du noyau se fait avec émission de rayonnements de trois types distincts (fig. 3) :

1) rayonnement α : le noyau émet des particules constituées par 2 protons et 2 neutrons formant un petit noyau qui est celui de l'hélium (He).

1. Ne confondez pas numéro atomique (nombre de protons du noyau) et masse atomique d'un élément. Par exemple le numéro atomique de l'azote est $N\,{}^{14}_{7}$ est 7, sa masse atomique est 14.

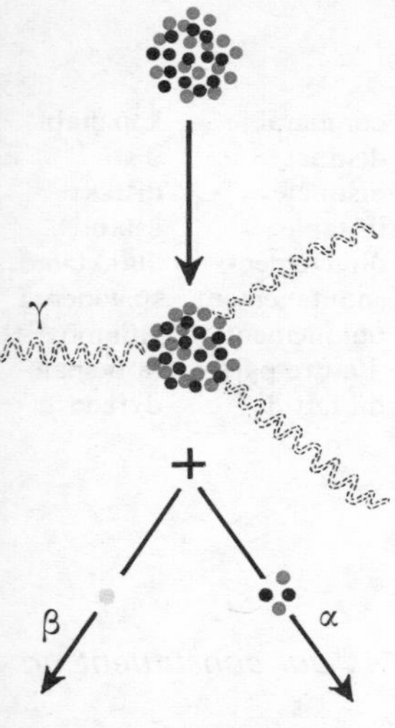

3. Les trois types de rayonnement.

2) rayonnement β : il s'agit de l'émission d'électrons créée par la transformation de neutrons en protons à l'intérieur du noyau.
3) rayonnement γ : le noyau radioactif se trouve dans un état d'agitation comparable à une vibration. Celui-ci se traduit par des radiations semblables aux rayons X [2].

3/ La radioactivité artificielle

Bien que certains corps comme le radium soient naturellement radioactifs, de tels corps sont rares ; on est donc conduit à provoquer artificiellement la radioactivité de certains corps comme le cobalt, ou plus exactement, à fabriquer des isotopes radioactifs de ces corps.
On obtient par exemple l'isotope 13 de l'azote, qui est radioactif, en bombardant du bore 10 avec des rayons α.

$$\alpha\,{}^{4}_{2} + B\,{}^{10}_{5} \longrightarrow N\,{}^{13}_{7} + n\,{}^{1}_{0}\ ^{(3)}$$

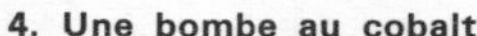

Ces corps radioactifs artificiels ont permis de mieux comprendre le phénomène de la radioactivité. D'autre part, on utilise les rayons γ dans le traitement du cancer à cause de leur pouvoir de pénétration élevé. On trouve dans certains hôpitaux spécialisés des « bombes au cobalt » destinées à de tels traitements (fig. 4).

2. Longueurs d'onde : Rayons X de 0,01 micron (100 angströms) à 0,1 angström.
Rayons $\gamma < 0{,}1$ angström.

3. Peut se lire « alpha plus bore 10 donne azote 13 plus un neutron ».

4. Une bombe au cobalt.

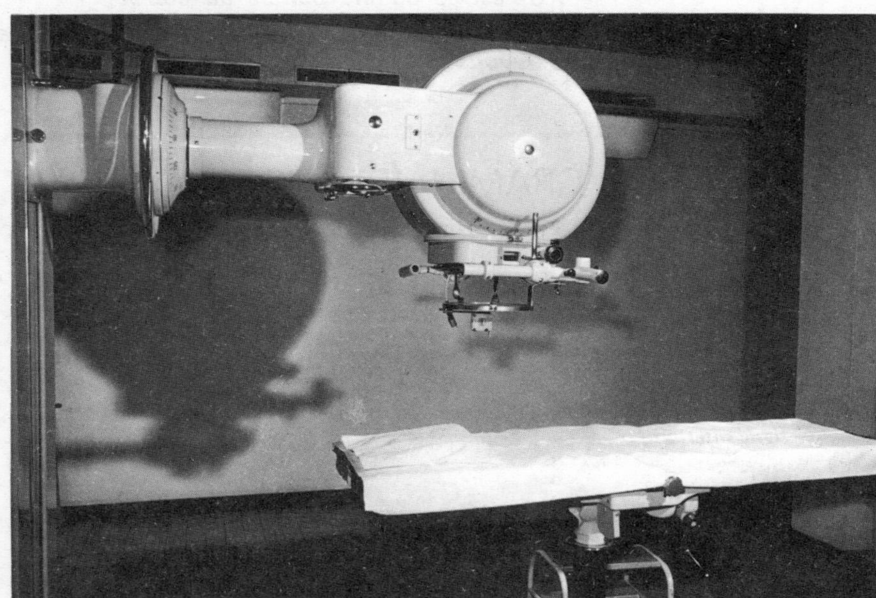

PHONÉTIQUE

un agencement	œ̃naʒɑ̃smɑ̃	un hélium	œ̃neljɔm	comparable	kɔ̃paʀabl
une agitation	ynaʒitɑsjɔ̃	un isotope	œ̃nizɔtɔp	distinct	distɛ̃
une bombe au cobalt	ynbɔ̃bokɔbalt	une pénétration	ynpenetʀɑsjɔ̃	distincte	distɛ̃kt
un bore	œ̃bɔʀ	une radioactivité	ynʀadjɔaktivite	instable	ɛ̃stabl
un cancer	œ̃kɑ̃sɛʀ	un radium	œ̃ʀadjɔm	directement	diʀɛktəmɑ̃
un cobalt	œ̃kɔbalt	bombarder	bɔ̃baʀde	spontanément	spɔ̃tanemɑ̃
une désintégration	yndezɛ̃tegʀɑsjɔ̃	émettre	emɛtʀ	uniquement	ynikmɑ̃
un édifice	œ̃nedifis	ioniser	jɔnize	d'autre part	dotʀəpaʀ
une émission	ynemisjɔ̃	se traduire	sətʀadɥiʀ	du fait de	dyfɛdə
		atomique	atɔmik		

CONVERSATION

1. Quelles sont les trois sortes de particules qui constituent un atome ?

2. Que se passe-t-il quand un atome est ionisé ?

3. Qu'appelez-vous numéro atomique d'un élément ?

4. Qu'est-ce qui caractérise un noyau radioactif ?

5. Quelles différences y a-t-il entre un rayonnement α et un rayonnement β ?

6. Pourquoi fabrique-t-on des isotopes radioactifs de certains corps ?

7. Comment obtient-on l'isotope 13 de l'azote ?

8. Connaissez-vous une utilisation des rayons γ ?

9. Qu'est-ce qu'une bombe au cobalt ?

10. Est-ce que les rayons X ont la même longueur d'onde que les rayons γ ?

GRAMMAIRE

Les relations logiques : l'opposition et la concession

EXEMPLES

A	B
1 *Dans le système bielle-manivelle, la bielle effectue un mouvement de translation rectiligne alternatif;*	***au contraire**, la manivelle effectue un mouvement de rotation continu.*
B	**A**
2 ***Bien que** le bathyscaphe doive résister à de fortes pressions,*	*son flotteur est construit en matériaux légers.*

DÉFINITIONS

Dans la phrase (1) B est le contraire de A : A et B sont présentés *en opposition.*
Dans la phrase (2) B devrait normalement exclure A, mais les deux faits sont présentés comme coexistants : B est *une concession.*

COMMENT EXPRIMER L'OPPOSITION?

A) Par un nom ou un pronom introduit par **au contraire de, à l'opposé de, à l'inverse de.**

EX. : ***A l'inverse de*** *la charge électrique des électrons, celle des protons est positive.*

B) Par une proposition introduite par **au contraire, à l'inverse, à l'opposé, par contre, en revanche, alors que, tandis que.**

EX. : *L'essence est fluide;* ***par contre*** *le bitume a une forte viscosité.*
Le grossissement d'un microscope optique est de l'ordre de 2 000, ***tandis que*** *celui d'un microscope électronique est de l'ordre de 100 000.*
L'aérotrain se déplace sur un coussin d'air, ***alors que*** *le train roule sur des rails de fer.*

COMMENT EXPRIMER LA CONCESSION?

A) Par un nom introduit par **malgré, en dépit de, quel que soit** [1]...

EX. : *Le trépan à diamants permet un forage continu* ***quelle que soit*** *la dureté de la roche.*

B) Par une proposition placée avant celle qui énonce le fait principal. Cette proposition peut être :

1) introduite par **bien que** ou **quoique** (le verbe est au subjonctif), **même si** (le verbe est à l'indicatif).
Bien que et **quoique** introduisent une concession simple, **même si** une concession liée à la réalisation d'une condition.

EX. : ***Bien que*** *les rayons γ aient un pouvoir de pénétration élevé, ils ne peuvent pas traverser une plaque de plomb épaisse de 50 cm.*
Même si *l'aérotrain se déplace très vite, il ne décolle pas.*
Même si *l'aérotrain se déplaçait à 400 km/h, il ne décollerait pas.*

2) reliée à la proposition suivante par **cependant, pourtant, néanmoins.**

EX. : *Les rayons γ ont un pouvoir de pénétration élevé,* ***néanmoins*** *ils ne peuvent pas traverser une plaque de plomb épaisse de 50 cm.*

1. *Quel que soit* varie en genre et en nombre : quel que soit, quels que soient, quelle que soit, quelles que soient.

EXERCICES

---

1. MODÈLE - *Même si* la roche est très *dure*, le forage se fait de façon continue avec un trépan à diamants.

↓ **Malgré la dureté** de la roche, le forage se fait de façon continue avec un trépan à diamants.

- Même si le prix de la vie augmente beaucoup, les salaires des ouvriers augmentent peu.
- Même si cette voiture nouvelle a de nombreux avantages, le client ne l'a pas achetée.
- Même si le professeur a bien expliqué la leçon, les étudiants ne l'ont pas très bien comprise.
- Même si ces rayons ont un pouvoir de pénétration élevé, ils ne peuvent pas traverser une plaque de plomb épaisse de 50 cm.
- Même si les fleurs coûtent très cher en hiver, elle a toujours un bouquet sur sa table de cuisine.

---

2. MODÈLE - Ces rayons ont un pouvoir de pénétration élevé, *pourtant* ils ne peuvent pas traverser une plaque de plomb de 50 cm.

↓ **Bien que** ces rayons **aient** un pouvoir de pénétration élevé, ils ne peuvent pas traverser une plaque de plomb de 50 cm.

- Il n'a pas encore son permis de conduire, pourtant il vient de s'acheter une voiture.
- Le voyage en avion est très rapide, pourtant je préfère prendre le train.
- Les ingénieurs ont apporté des modifications importantes à ce turboréacteur, pourtant il ne permet pas d'assurer la propulsion d'un avion supersonique.
- La roche est très dure, pourtant le forage se fait de façon continue avec un trépan à diamants.
- La mer est à 10 km de sa maison, pourtant il ne va pas souvent se baigner.

3. *Exprimez de six façons différentes le rapport entre les faits suivants :*

On emploie pour fabriquer les trépans des aciers d'une grande dureté, pourtant les trépans sont usés après 100 m de forage.

---

4. MODÈLE - L'aérotrain ne pose pas de problème de suspension, *à l'inverse les trains classiques en posent*.

↓ **A l'inverse des trains classiques**, l'aérotrain ne pose pas de problème de suspension.

- La manivelle effectue un mouvement de rotation continu, à l'inverse *la bielle* effectue un mouvement de translation alternatif.
- Les verres à l'état liquide ont une viscosité déjà forte, à l'inverse *la plupart des autres corps* à l'état liquide ont une viscosité faible.

- L'air immobile est un très bon isolant thermique, à l'inverse *le verre* est un mauvais isolant thermique.
- Les électrons libres peuvent quitter facilement l'atome, à l'inverse *les électrons liés* ne le peuvent pas.
- L'azote 13 est radioactif, à l'inverse *l'azote 14* ne l'est pas.

---

5. MODÈLE - L'aérotrain ne pose pas de problème de suspension, *à l'inverse* les trains classiques en posent.

↓ L'aérotrain ne pose pas de problème de suspension, **en revanche** les trains classiques en posent.

Recomposez des phrases semblables avec les éléments de l'exercice n° 4.

RÉVISION

---

1. MODÈLE - Dans un noyau instable, les protons et les neutrons ne constituent pas un édifice équilibré *à cause de* leur nombre ou de leur agencement.

↓ Dans un noyau instable, les protons et les neutrons ne constituent pas un édifice équilibré **du fait de** leur nombre ou de leur agencement.

- L'eau salée se trouve sous le pétrole à cause de sa densité supérieure.
- La capacité d'accélération et de décélération de l'aérotrain est très grande en raison de son faible poids.
- On utilise les rayons γ dans le traitement du cancer en raison de leur pouvoir de pénétration élevé.
- Pour équiper cette centrale, on a choisi le groupe bulbe plutôt que le groupe classique en raison de son moindre volume.
- Grâce aux modifications qui y ont été apportées, ce turbomoteur peut assurer la propulsion d'un avion supersonique.

---

2. MODÈLE - Le nombre des électrons est égal à celui des protons *aussi longtemps que* l'atome n'est pas ionisé.

↓ Le nombre des électrons est égal à celui des protons **tant que** l'atome n'est pas ionisé.

- Le bathyscaphe reste à la surface de l'eau aussi longtemps que le sas cylindrique est vide.
- L'image obtenue est floue aussi longtemps que l'on ne fait pas de mise au point.
- On n'observe pas le phénomène de diffraction de la lumière aussi longtemps que l'ouverture du diaphragme n'est pas de l'ordre de 0,2 mm.
- Le pilote du Concorde n'utilise pas les pompes de transfert aussi longtemps que l'avion est en vol subsonique.
- Au premier temps du cycle, la soupape d'admission est ouverte aussi longtemps que le piston descend dans le cylindre.

3. MODÈLE - Cet étudiant n'a pas bien travaillé cette année, *ce qui explique* son échec à l'examen.

↓ Cet étudiant n'a pas bien travaillé cette année, **d'où** son échec à l'examen.

- Le véhicule ne s'est pas parfaitement comporté au cours de ses essais, ce qui a entraîné un retard dans sa mise en service.
- Il ne m'a pas prévenu de son arrivée, et j'ai été très étonné.
- Le nombre des voitures mises en service croît tous les ans, ce qui provoque une augmentation considérable de la consommation d'essence.
- L'aérotrain est très léger, ce qui lui donne une grande capacité d'accélération et de décélération.
- Au cours de la descente du bathyscaphe le pilote largue du lest, ce qui ralentit la chute de l'engin.

26. LISTE ALPHABÉTIQUE DES PRINCIPAUX ÉLÉMENTS

Élément	Symbole	Masse atomique	Nombre atomique	Température en °C fusion ou liquéfaction	Valence
Aluminium	Al	26,981 5	13	660	3
Antimoine	Sb	121,75	51	630,5	3, 5
Argent	Ag	107,87	47	961	1
Argon	A	39,948	18	— 189,3	0
Arsenic	As	74,921 6	33	814	3, 5
Azote	N	14,006 7	7	— 193,3	3, 5
Baryum	Ba	137,34	56	725	2
Béryllium	Be	9,022	4	1 278	2
Bismuth	Bi	208,98	83	271	3, 5
Bore	B	10,811	5	2 310	3
Brome	Br	79,909	35	— 7,2	1, 3, 5
Cadmium	Cd	112,40	48	320,9	2
Calcium	Ca	40,08	20	842	2
Carbone	C	12,011 5	6	3 500	2, 3, 4
Césium	Cs	132,905	55	28,6	1
Chlore	Cl	35,453	17	— 103	1, 3, 5, 7
Chrome	Cr	51,996	24	1 890	2, 3, 6
Cobalt	Co	58,933 2	27	1 490	2, 3
Cuivre	Cu	63,54	29	1 083	1, 2
Étain	Sn	118,69	50	232	2, 4
Fer	Fe	55,847	26	1 535	2, 3, 6
Fluor	F	18,998 4	9	— 223	1
Hélium	He	4,002 6	2	— 271,4	0
Hydrogène	H	1,007 97	1	— 259	1
Iode	I	126,904 4	53	113,7	1, 3, 5, 7
Krypton	Kr	83,8	36	— 156,6	0
Lanthane	La	138,91	57	826	3
Magnésium	Mg	24,312	12	651	2
Manganèse	Mn	54,938 1	25	1 260	2, 3, 4, 6, 7
Mercure	Hg	200,59	80	— 38,87	1, 2
Molybdène	Mo	95,94	42	2 607	2, 3, 4, 5, 6
Néon	Ne	20,183	10	— 248,6	0
Nickel	Ni	58,71	28	1 453	n. c.
Niobium	Nb	92,906	41	2 500	3, 5
Or	Au	196,967	79	1 063	1, 3
Oxygène	O	15,999 4	8	— 218,8	2
Phosphore	P	30,973 8	15	44,1	3, 5
Platine	Pt	195,09	78	1 769	2, 4
Plomb	Pb	207,19	82	327,4	2, 4
Plutonium	Pu	244	94	637	3, 4, 5, 6
Potassium	K	39,102	19	62,3	1
Radium	Ra	226,05	88	700	2
Radon	Rn	222	86	— 71	0
Silicium	Si	28,086	14	1 420	4
Sodium	Na	22,989 8	11	97,5	1
Soufre	S	32,064	16	113 à 119	2, 4, 6
Strontium	Sr	87,62	38	774	2
Uranium	U	238,03	92	1 190	3, 4, 6
Xénon	Xe	131,3	54	— 111,9	0
Yitrium	Y	88,905	39	1 490	3
Zinc	Zn	65,37	30	419,4	2
Zirconium	Zr	91,22	40	1 857	4

Remarque. — Tous ces noms de corps sont des noms masculins.

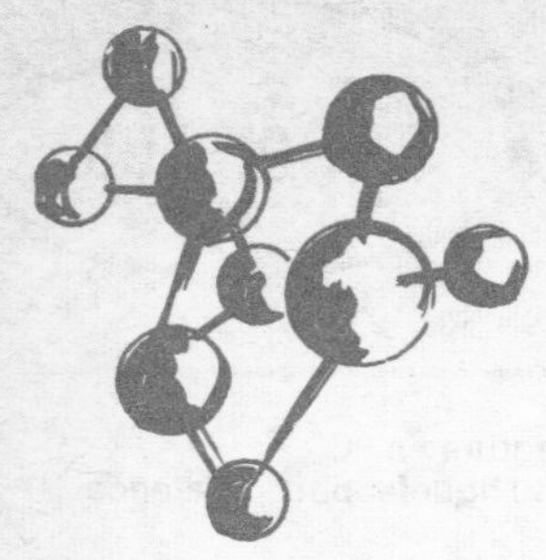

27 Fission et réaction en chaîne

1/ La fission de l'atome

Le noyau de l'uranium 235 comporte 92 protons et 143 neutrons. Lorsqu'il est frappé par un neutron (n), ce noyau se divise en deux noyaux plus légers, libérant deux ou trois neutrons en même temps qu'une grande quantité d'énergie. Cette réaction peut se décrire ainsi :

$$U^{235}_{92} + n \rightarrow U^{236}_{92} \text{ instable}$$

$$\text{fission} \rightarrow Ba^{139}_{56} + Kr^{94}_{36} + 2{,}5\ n + Q\ ^{(1)}$$

baryum krypton énergie

2/ La réaction en chaîne

Comme la fission de chaque noyau produit en moyenne 2,5 neutrons, et que ceux-ci à leur tour provoquent la fission d'autres noyaux, cela provoque une réaction en chaîne qui peut s'étendre à toute la masse avec rapidité.

Dans la nature, ce phénomène ne se produit pas parce que l'U 235 y est très dispersé et ne constitue que 0,72 % de l'uranium naturel formé à 99,28 % d'U 238 qui n'est fissible que par des neutrons dotés d'une très grande énergie $\simeq$ 2 MeV. Dans ce cas, la masse d'U 235 est trop petite, et les neutrons qui se perdent sont plus nombreux que ceux qui causent une désintégration ultérieure.

Mais si la masse de l'U 235 atteint quelques kilos (masse critique), la chaîne de fissions, une fois commencée, se développe très vite, suivant le schéma simplifié ci-contre :

Étant donné que la désintégration du noyau frappé par un neutron se fait en 10^{-14} seconde, on atteint en un temps très court une fission complète correspondant à une explosion atomique.

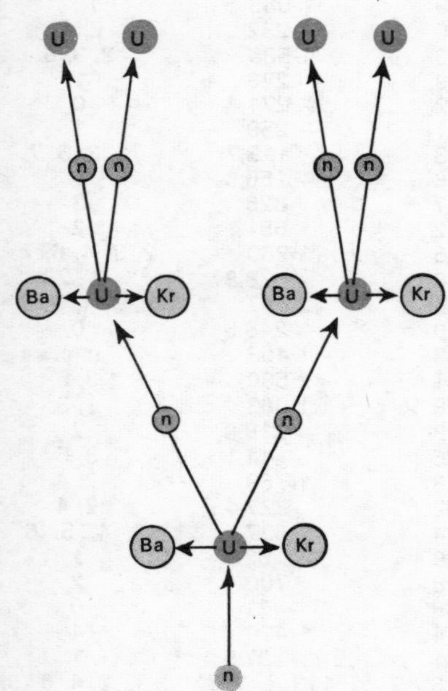

1. Schéma simplifié de la réaction en chaîne.

Dans les réacteurs nucléaires, on contrôle la fission en absorbant une partie des neutrons émis, et la chaleur dégagée est employée pour produire de la vapeur qui peut actionner des turbines.

1. Voir dans le document 3 d'autres types d'équations de fission de l'U 235.

3/ Principe du réacteur

Le réacteur est composé de plusieurs parties :

1) des barres d'uranium (fabriquées le plus souvent avec des alliages capables de résister aux très hautes températures) ;

2) des modérateurs comme le graphite (C) ou l'eau lourde (D_2O) qui ralentissent la vitesse des neutrons produits par la fission de l'U 235. En effet, l'U 235 se désintègre plus facilement avec des neutrons lents qu'avec des neutrons rapides, tandis que l'U 238 se transforme en plutonium, Pu 239. C'est pourquoi l'uranium naturel sans modérateurs ne se désintègre pas à des vitesses appréciables, tandis qu'en présence de modérateurs, l'U 235 subit une fission qui fournit de l'énergie et transforme l'U 238 en Pu 239. Ce dernier est aussi un produit fissible [2];

3) des barres de contrôle à base de cadmium ou de bore qui absorbent les neutrons. Si l'on veut éteindre le réacteur, on plonge ces barres tout entières entre les barres d'uranium. En les introduisant partiellement, on peut régler la vitesse de fonctionnement du réacteur;

4) des écrans de béton isolent le réacteur et arrêtent les rayons γ dangereux pour l'homme.

L'énergie calorifique produite dans les barreaux d'uranium est emportée à l'extérieur par un courant de gaz carbonique.

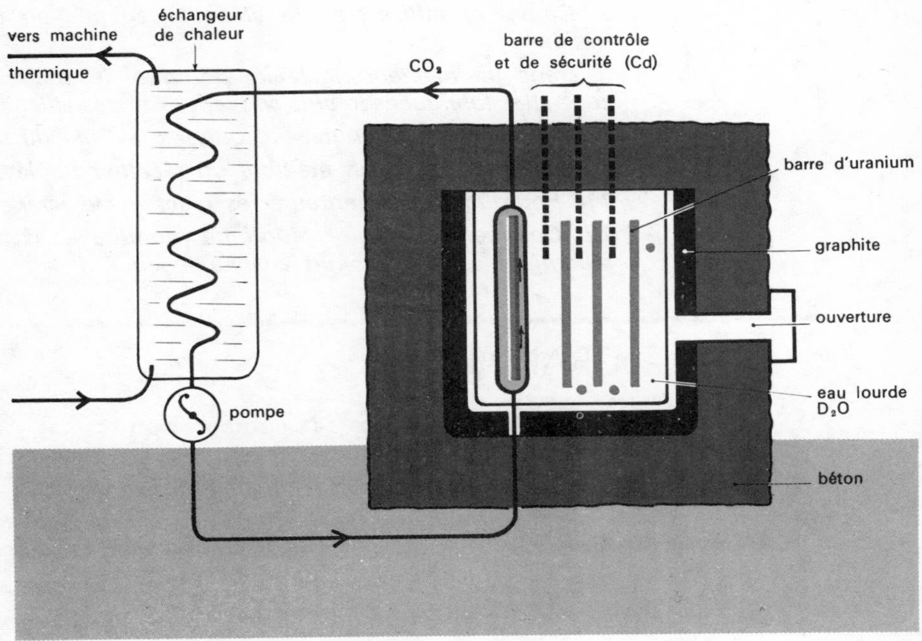

2. Schéma d'une pile atomique (El 2 à Saclay).

2. Le Pu 239 peut être récupéré et séparé de l'uranium par voie chimique.

PHONÉTIQUE

une barre	ynbaʀ	un uranium	œ̃nyʀanjɔm	libérer	libeʀe
un baryum	œ̃baʀjɔm	absorber	absɔʀbe	récupérer	ʀekypeʀe
un cadmium	œ̃kadmjɔm	actionner	aksjɔne	résister	ʀeziste
une chaîne	ynʃɛn	dégager	degaʒe	séparer	sepaʀe
une fission	ynfisjɔ̃	se désintégrer	sədezɛ̃tegʀe	appréciable	apʀesjabl
un graphite	œ̃gʀafit	se développer	sədevlɔpe	carbonique	kaʀbɔnik
un krypton	œ̃kʀiptɔ̃	disperser	dispɛʀse	critique	kʀitik
un modérateur	œ̃mɔdeʀatœʀ	doter	dɔte	fissible	fisibl
un plutonium	œ̃plytɔnjɔm	s'étendre	setɑ̃dʀ	ultérieur	ylteriœʀ
une sécurité	ynsekyʀite	isoler	izɔle	à base de	abazdə

CONVERSATION

1. Quelle est la composition d'un noyau d'uranium 235?

2. Que se passe-t-il lorsque ce noyau est frappé par un neutron?

3. Pourquoi la fission du noyau provoque-t-elle une réaction en chaîne?

4. Pourquoi dans la nature la fission de l'uranium 235 ne se produit-elle pas?

5. Combien de temps faut-il pour désintégrer un noyau frappé par un neutron?

6. Comment contrôle-t-on la fission dans les réacteurs nucléaires?

7. Comment utilise-t-on la chaleur dégagée au cours de la fission?

8. Dans un réacteur nucléaire pourquoi les barres d'uranium sont-elles fabriquées le plus souvent avec des alliages spéciaux?

9. Dans un réacteur nucléaire quel est le rôle du modérateur?

10. Comment peut-on éteindre un réacteur nucléaire?

11. Pourquoi a-t-on entouré les réacteurs d'écrans de béton?

12. Comment l'énergie calorifique produite dans les barreaux d'uranium est-elle emportée à l'extérieur?

GRAMMAIRE

Les relations logiques : la comparaison

EXEMPLES

B	A
1 **Comme** *l'uranium 235,*	*le plutonium 239 est un produit fissible.*
A	B
2 *Le bathyscaphe résiste* **mieux** *aux fortes pressions*	**que** *les sous-marins classiques.*
B	A
3 **Plus** *le bathyscaphe descend,*	**plus** *la pression extérieure augmente.*

DÉFINITIONS

Dans chacune de ces trois phrases on trouve une comparaison entre A et B. Cependant le rapport entre A et B n'est pas le même dans les trois phrases.

Dans la phrase 1 c'est un rapport d'*équivalence*, d'égalité.

Dans la phrase 2 on veut exprimer une *différence* de qualité (ce pourrait être une différence de quantité).

Dans la phrase 3 on indique une *variation* proportionnelle de deux valeurs solidaires.

COMMENT EXPRIMER LA COMPARAISON?

Elle peut s'exprimer à l'aide d'un comparatif (leçon 7, volume I) ou d'un adverbe (leçon 23, volume II). Elle peut aussi s'exprimer par d'autres moyens.

A. La comparaison indique une équivalence entre les deux termes : elle est marquée par : **comme, ainsi que, de même (que), pareillement, également, de la même façon (que), c'est aussi le cas de.**

EX. : ***De même que*** *l'uranium 235, le plutonium 239 est fissible.*
L'uranium 235 est fissible, le plutonium 239 ***également.***
L'uranium 235 est fissible, ***c'est aussi le cas du*** *plutonium 239.*

Si l'équivalence indiquée est liée à une hypothèse, on emploie **comme si.**

EX. : *A cause du volant d'inertie, la rotation de la manivelle est continue* ***comme s'****il n'y avait pas de points morts.*

B. La comparaison indique une différence :

1. portant sur une *quantité* ou une *qualité :*
elle est marquée par **plus que** ou **moins que, supérieur à, inférieur à,** etc.

EX. : *L'aérotrain a* ***moins*** *tendance à décoller* ***que*** *les véhicules à roues.*
La vitesse de l'aérotrain est ***supérieure à*** *celle des trains classiques.*

2. liée à un *choix* :
elle est marquée par **plutôt que** + un nom
ou **plutôt que de** + un infinitif.

EX. : ***Plutôt que de*** *reprendre des techniques classiques, l'ingénieur Bertin a préféré utiliser le principe du coussin d'air.*

C. La comparaison indique une variation proportionnelle :

elle est marquée par **plus... plus, moins... moins, plus... moins, d'autant plus/moins que, au fur et à mesure que..., proportionnellement à, en raison inverse de,** etc.

EX. : ***Plus*** *le refroidissement du verre est continu,* ***moins*** *sa cristallisation est possible.*
La pression extérieure augmente ***d'autant plus que*** *le bathyscaphe continue de descendre.*
La convergence C d'une lentille est ***en raison inverse de*** *sa distance focale.*

EXERCICES

---

1. MODÈLE - *Comme* l'uranium 235, le plutonium 239 est un produit fissible.
↓ **De même que** l'uranium 235, le plutonium 239 est un produit fissible.
↓ L'uranium 235 est un produit fissible, le plutonium 239 **également.**
↓ L'uranium 235 est un produit fissible, **c'est aussi le cas du** plutonium 239.

- Comme le moteur à explosion, le caisson du réacteur nucléaire comprend un circuit de refroidissement.
- Comme le fer, le verre est un bon conducteur thermique.
- Comme l'air immobile, la laine de verre est un bon isolant thermique.
- Les glaces, comme les vitres, font partie des produits plats.
- Le butane comme le propane est un corps gazeux.
- La R 16, comme la R 8, est dotée d'une boîte à quatre vitesses synchronisées.
- Comme l'accumulateur, la pile fournit un courant continu.
- Comme le propane, l'éthane est un hydrocarbure paraffinique.

---

2. MODÈLE - { La R 16 consomme *beaucoup* d'essence.
La R 8 en consomme *moins.*

↓ La R 16 consomme **plus** d'essence **que** la R 8.
↓ La R 8 consomme **moins** d'essence **que** la R 16.

- La R 16 tient bien la route. La R 8 la tient moins bien.
- Dans l'essence ordinaire il y a peu de soufre. Dans le supercarburant il y en a encore moins.
- Le craquage thermique présente des avantages. Le craquage catalytique en présente encore plus.
- Une feuille de plomb de 20 cm arrête les radiations nucléaires. Un écran de béton de 3 m d'épaisseur les arrête encore mieux.
- Au cours de ce forage on a utilisé 20 trépans tricônes. On a aussi utilisé 10 trépans à diamants.

---

3. MODÈLE - *Quand* on limite les déperditions calorifiques d'un bâtiment, on améliore *proportionnellement* son isolation thermique.
↓ **Plus** on limite les déperditions calorifiques d'un bâtiment, **plus** on améliore son isolation thermique.

- Quand on veut augmenter le taux de compression d'un moteur à explosion, on doit élever proportionnellement l'indice d'octane du carburant.
- La tendance au décollage d'une voiture varie en fonction de la vitesse à laquelle elle roule.
- Le prix de la vignette varie en fonction de la puissance fiscale de la voiture considérée.
- Quand le bathyscaphe descend, la pression extérieure augmente proportionnellement.
- La longueur de la bielle est fonction de celle de la manivelle.

4. MODÈLE - *Plus* le véhicule considéré roule vite, *plus* la tendance au décollage est sensible.

↓ La tendance au décollage est **d'autant plus** sensible **que** le véhicule considéré roule plus vite.

- Plus le volant que l'on cale sur l'arbre est lourd, plus le mouvement de rotation de la manivelle est régulier.
- Plus la latitude de mise au point d'un appareil photo est grande, plus les plans de l'image obtenue sont nets.
- Plus le pilote largue de lest, plus la remontée du bathyscaphe est rapide.
- Plus l'écran de béton armé qui entoure le réacteur est épais, plus la protection biologique contre les radiations est grande.
- Plus la distance focale d'une lentille est grande, plus sa convergence est petite.

5. MODÈLE - *Plus* une voiture roule vite, *plus* sa consommation d'essence augmente.

↓ La consommation d'essence d'une voiture augmente **d'autant plus que** cette voiture roule vite.

- Plus la température diminue, plus la viscosité du verre croît.
- Plus la consommation de produits pétroliers augmente dans le monde, plus on multiplie les forages de prospection.
- Plus la profondeur du forage en cours augmente, plus on doit diminuer le diamètre du trépan à employer.
- Plus vous avancez dans cette direction, plus vous vous rapprochez de Paris.
- Plus on veut ralentir la marche du réacteur, plus on doit plonger les barres de contrôle entre les barres d'uranium.

6. MODÈLE - La vitesse de l'aérotrain est *plus grande que* celle des trains classiques.

↓ La vitesse de l'aérotrain est **supérieure à** celle des trains classiques.

- La longueur de la bielle est plus grande que celle de la manivelle.
- Le numéro atomique du plutonium est plus grand que celui du radium.
- La masse atomique du plomb est plus grande que celle du cuivre.
- La tendance au décollage des voitures très rapides est plus grande que celle de l'aérotrain.
- La puissance de cette nouvelle centrale thermique est plus grande que celle des centrales des années 50.
- Dans cette usine, le nombre des ouvriers étrangers est plus grand que celui des ouvriers français.

7. MODÈLE - L'ingénieur Bertin a préféré utiliser le principe du coussin d'air *et non pas* reprendre des techniques classiques.

↓ **Plutôt que de** reprendre des techniques classiques, l'ingénieur Bertin a préféré utiliser le principe du coussin d'air.

- On préfère traiter le pétrole par craquage catalytique et non pas le traiter par craquage thermique, ce qui présente trop d'inconvénients.
- On préfère utiliser le turboforage dans le cas des forages en déviation et non pas le forage Rotary.

- Les ingénieurs ont choisi des tuyères d'échappement à géométrie variable et non pas des tuyères d'échappement de type classique.
- Le pilote du bathyscaphe n'a pas ralenti sa chute, il a préféré garder le lest.
- Pour assurer une bonne isolation thermique, on n'augmente pas l'épaisseur du mur, mais on utilise des panneaux isolants en laine de verre.
- Dans les réacteurs nucléaires, on ne laisse pas perdre la chaleur, celle-ci est employée pour produire de la vapeur qui peut actionner des turbines.

---

8. MODÈLE - Les corps naturellement radioactifs étant très rares, *on doit provoquer* artificiellement la radioactivité de certains corps.

↓ Les corps naturellement radioactifs étant très rares, *on* **est conduit à** *provoquer* artificiellement la radioactivité de certains corps.

- Pour faciliter la fusion du mélange des matières premières, on doit ajouter des débris de verre.
- L'image obtenue n'étant pas nette, on doit placer l'objet plus près de l'axe optique.
- L'image étant floue, on doit faire une nouvelle mise au point.
- Comme il est indispensable d'assurer au scaphandrier une position verticale, on doit doter le scaphandre de semelles de plomb.
- Le vol supersonique provoquant un déplacement du centre de poussée, on doit faire fonctionner les pompes de transfert.

27. NOTIONS D'ASTRONOMIE I

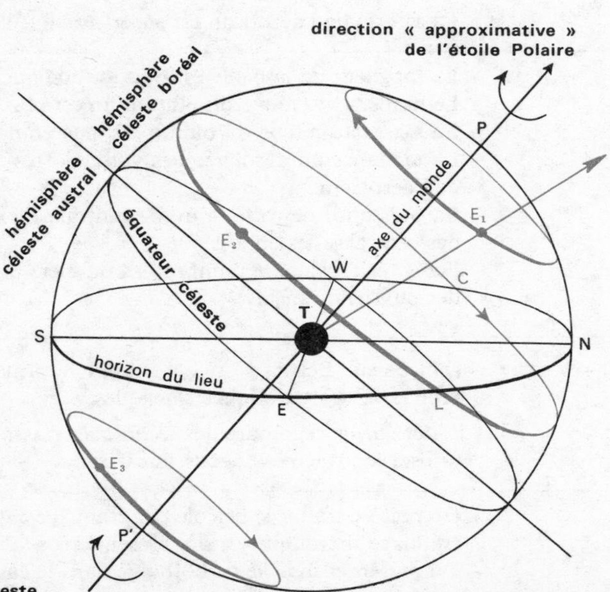

Représentation de la sphère céleste.

1/ Représentation du mouvement diurne

Le mouvement de rotation des étoiles autour d'un axe passant sensiblement par l'étoile polaire est le mouvement diurne.

Toutes les étoiles semblent fixées sur une immense sphère (la sphère céleste), concentrique à la sphère terrestre et animée d'un mouvement de rotation uniforme autour d'un diamètre (l'axe du monde) passant par un point voisin de l'étoile polaire.

L'équateur céleste, grand cercle de la sphère céleste perpendiculaire à l'axe du monde, sépare cette sphère en deux hémisphères : boréal et austral. Le sens de rotation de la sphère céleste est le sens rétrograde [1].

2/ Le jour, la nuit. Les saisons

(pour un observateur à Paris par exemple)

Le soleil suit, comme les étoiles, le mouvement diurne. Il culmine lorsqu'il passe dans le plan méridien, vers le sud.

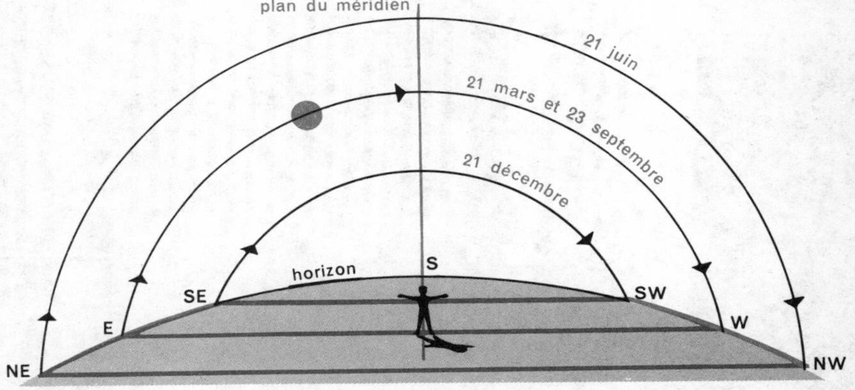

La culmination du soleil pour un observateur à Paris.

La culmination du soleil est maximale le 21 juin, minimale le 21 décembre.

La durée du jour (durée de visibilité du soleil au-dessus de l'horizon) varie au cours de l'année.

1. Le sens rétrograde est le même que celui des aiguilles d'une montre. Le sens direct est le sens inverse.

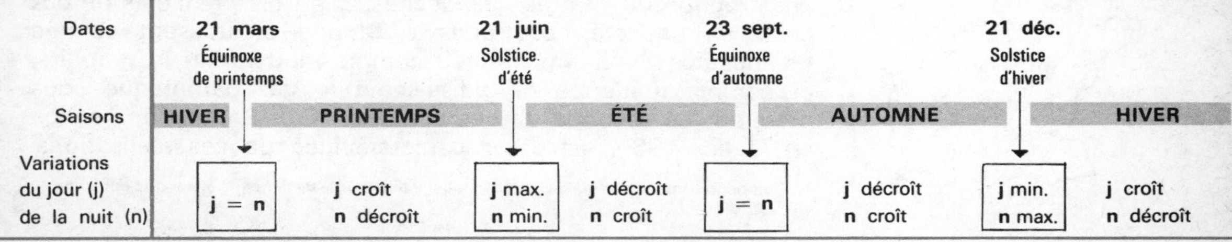

Dates	**21 mars** Équinoxe de printemps		**21 juin** Solstice d'été		**23 sept.** Équinoxe d'automne		**21 déc.** Solstice d'hiver	
Saisons	HIVER	PRINTEMPS		ÉTÉ		AUTOMNE		HIVER
Variations du jour (j) de la nuit (n)	j = n	j croît n décroît	j max. n min.	j décroît n croît	j = n	j décroît n croît	j min. n max.	j croît n décroît

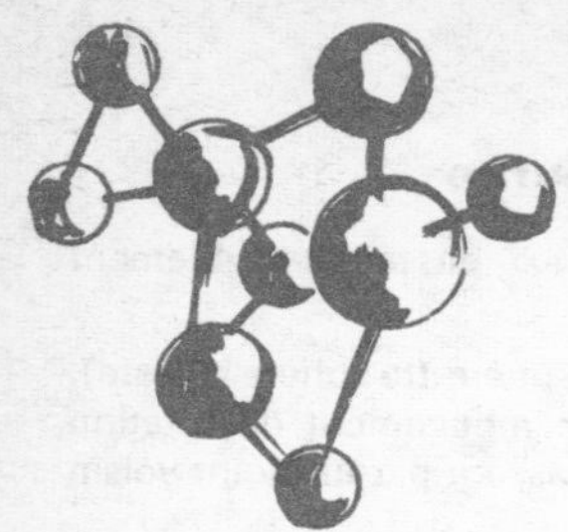

28 | EdF 2 à Chinon

1. Vue d'ensemble de la centrale EdF 2.

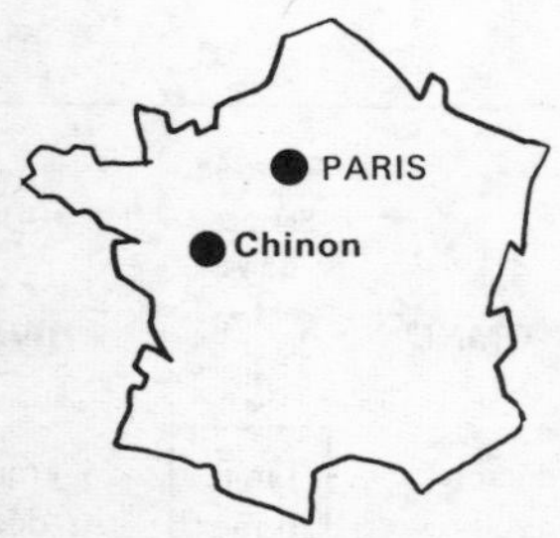

Depuis 1955, l'Électricité de France [1] a établi un programme de construction de centrales nucléaires. Les trois premières de ces centrales ont été construites à Chinon et utilisent comme combustible l'uranium naturel, comme modérateur le graphite, et comme fluide de refroidissement le gaz carbonique sous pression. La seconde de ces centrales, EdF 2, mise en service en février 1965, est assez caractéristique de ces réalisations.

1. Compagnie nationalisée qui produit la plus grande partie de l'énergie électrique consommée en France.

1/ Le réacteur

Le réacteur est enfermé dans un caisson en acier de forme sphérique dont le diamètre interne est de 18 m (fig. 2). Le caisson est lui-même entouré d'un circuit de refroidissement par circulation d'air et d'une protection biologique en béton armé de 3 m d'épaisseur.

2. Assemblage des éléments du caisson.

Le combustible est constitué par des cartouches creuses d'uranium naturel de 60 cm de long entourées d'une gaine en magnésium (Mg) et supportées par des chemises cylindriques en graphite (fig. 3). Le réacteur comporte 2 304 canaux dont 1 977 sont chargés.

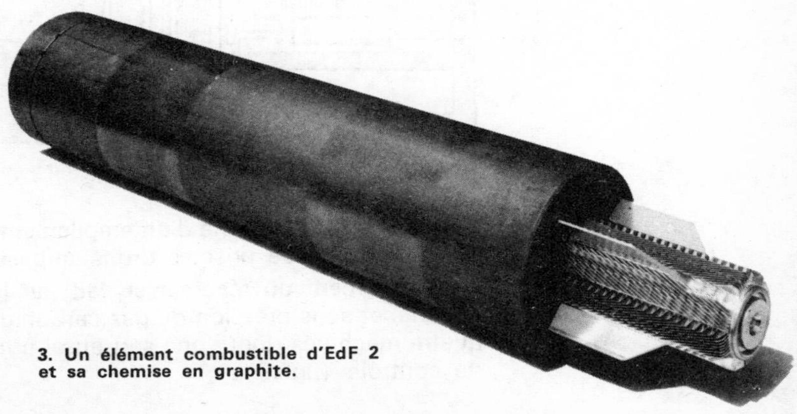

3. Un élément combustible d'EdF 2 et sa chemise en graphite.

4. L'empilement du graphite.

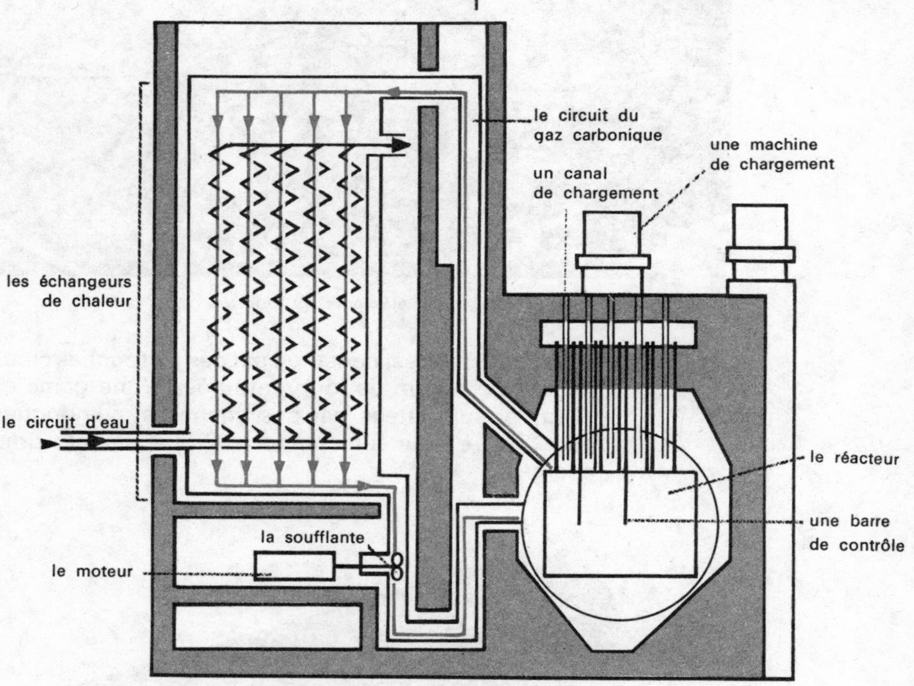

5. Coupe simplifiée d'EdF 2 (Nord-Sud).

Le modérateur est formé d'un empilement de briques en graphite ayant la forme de prismes droits à base hexagonale (fig. 4). Le chargement du réacteur se fait par la partie supérieure, en marche, et sous pression de gaz carbonique. Il se fait à l'aide de quatre machines dont l'une sert aussi à la manœuvre des barres de contrôle (fig. 5).

2/ La production d'énergie électrique

L'énergie thermique produite dans le réacteur est évacuée par un circuit de CO_2 vers des échangeurs qui la communiquent à de la vapeur d'eau. En outre, le circuit de gaz carbonique a été raccourci au maximum en plaçant quatre groupes d'échangeurs contre le réacteur. La vapeur d'eau alimente deux groupes turbo-alternateurs d'une puissance de 125 MW.

3/ Contrôle et régulation

Le contrôle du fonctionnement de l'installation et sa régulation sont entièrement électroniques. La régulation agit sur les débits de vapeur, de gaz carbonique, et sur la puissance du réacteur. Celle-ci est contrôlée par un ensemble de 104 barres de carbure de bore.

PHONÉTIQUE

un assemblage	œ̃nasɑ̃blaʒ	une gaine	ygɛn	enfermer	ɑ̃fɛʀme
un caisson	œ̃kɛsɔ̃	une installation	ynɛ̃stalɑsjɔ̃	établir	etabliʀ
un canal	œ̃kanal	un magnésium	œ̃maɲezjɔm	nationaliser	nasjɔnalize
une cartouche	ynkaʀtuʃ	un programme	œ̃pʀɔgʀam	raccourcir	ʀakuʀsiʀ
un chargement	œ̃ʃaʀʒəmɑ̃	une protection	ynpʀɔtɛksjɔ̃	supporter	sypɔʀte
un combustible	œ̃kɔ̃bystibl	une réalisation	ynʀealizɑsjɔ̃	biologique	bjɔlɔʒik
une compagnie	ynkɔ̃paɲi	alimenter	alimɑ̃te	hexagonal	ɛgzagɔnal
un échangeur	œ̃neʃɑ̃ʒœʀ	armer	aʀme	en outre	ɑ̃nutʀ
un empilement	œ̃nɑ̃pilmɑ̃	communiquer	kɔmynike		

CONVERSATION

1. Est-ce que l'EdF ne construit que des centrales hydrauliques ?
2. Quels sont les éléments utilisés par la centrale nucléaire EdF 2 ?
3. Que savez-vous sur le caisson qui renferme le réacteur ?
4. Pourquoi le caisson est-il entouré d'une protection en béton armé ?
5. Comment se présente le combustible du réacteur ?
6. De quoi est formé le modérateur d'EdF 2 ?
7. Comment s'effectue le chargement du réacteur ?
8. Où va l'énergie thermique produite dans le réacteur ?
9. Comment s'effectue le contrôle du fonctionnement de l'installation ?
10. Quel est le rôle de la régulation ?

GRAMMAIRE

Les relations logiques : addition et restriction

EXEMPLES

A	B
(1) *Les noyaux d'uranium 235 frappés par des neutrons lents se désintègrent,*	***en outre*** *ces neutrons lents transforment en plutonium 239 l'uranium 238 qui représente 99,28 % de l'uranium naturel.*

A	B
(2) *Les noyaux des atomes se composent de neutrons et de protons*	***sauf*** *le noyau d'hydrogène ordinaire qui n'est formé que d'un proton.*

DÉFINITIONS

Dans la phrase (1), le terme B ajoute un élément au terme A. Au contraire, dans la phrase (2), le terme B retire quelque chose au terme A.
Dans la phrase (1), B est une *addition ;* dans la phrase (2), c'est une *restriction.*

COMMENT EXPRIMER L'ADDITION ?

Elle est marquée par **en outre, en plus, de plus, d'autre part, aussi, encore.** En général, **en outre, en plus, de plus, d'autre part** introduisent une proposition, tandis qu'**aussi** et **encore** suivent le verbe dans la proposition.

EX. : *Le turboforage permet une grande vitesse de pénétration dans les roches dures ;* ***de plus,*** *il présente de gros avantages pour l'exécution des forages en déviation.*

REMARQUE : **d'ailleurs, du reste** marquent l'addition d'un fait considéré comme secondaire.

COMMENT EXPRIMER LA RESTRICTION ?

Elle est marquée par :

1. un nom ou un pronom } introduit par **sauf, sinon, excepté, à l'exception de, exception faite de.**

EX. : *Les atomes de carbone des hydrocarbures naturels ont des valences saturées,* ***exception faite de*** *ceux qui constituent les hydrocarbures aromatiques.*

2. une proposition introduite par **à moins que (ne), à moins de, sauf si, seulement si, ne... que si, excepté si.**

(Voir leçon 25.)

EX. : *L'uranium 238* ***ne*** *se désintègre* ***pas, à moins que*** *son noyau* ***ne soit*** *frappé par des neutrons dotés d'une très grande énergie* $\simeq$ *2 MeV.*
L'uranium 238 ***ne*** *se désintègre* ***pas, sauf si*** *son noyau* ***est*** *frappé par des neutrons dotés d'une très grande énergie* $\simeq$ *2 MeV.*
L'uranium 238 se désintègre ***seulement si*** *son noyau* ***est*** *frappé par des neutrons dotés d'une très grande énergie* $\simeq$ *2 MeV.*

EXERCICES

1. MODÈLE - La R 16 TS est plus spacieuse que la R 8. Elle est *aussi* plus rapide.

↓ La R 16 TS est plus spacieuse que la R 8; **en outre,** elle est plus rapide.

- Le freinage de l'aérotrain se fait par inversion du pas de l'hélice. De plus, le pilote dispose de trois autres systèmes de freinage.
- Le Concorde est plus rapide que la Caravelle. D'autre part, son rayon d'action est plus grand.
- La bielle doit être rigide. De plus, sa longueur doit représenter trois à quatre fois celle de la manivelle.
- Le pétrole brut est constitué par des hydrocarbures. On y trouve aussi des composés variés du soufre, de l'azote et de l'oxygène.
- Les cartouches d'uranium sont entourées d'une gaine de magnésium. Elles sont aussi supportées par des chemises en graphite.

2. *Exprimez de cinq façons différentes l'idée suivante :*

La cuve du carburateur est reliée au réservoir d'essence par un tuyau; elle est également en communication avec l'atmosphère à sa partie supérieure.

3. MODÈLE - Tous les atomes comportent deux ou plusieurs électrons *mais* l'atome d'hydrogène n'en comporte qu'un seul.

↓ Tous les atomes comportent deux ou plusieurs électrons, **exception faite de** l'atome d'hydrogène **qui** n'en comporte qu'un seul.

- Les noyaux atomiques sont formés de protons et de neutrons, mais le noyau de l'hydrogène ne comporte qu'un proton.
- Les barres de contrôle absorbent les neutrons produits par la fission, mais, naturellement, elles n'absorbent pas ceux qui doivent alimenter la réaction en chaîne.
- Les centrales de l'EdF en service sont des centrales à uranium naturel-graphite-gaz carbonique, mais la centrale de Brennilis utilise l'eau lourde comme modérateur.
- Les verres plats ont généralement une épaisseur comprise entre 1,5 et 7 mm, mais les dalles de verre peuvent atteindre une épaisseur de 20 mm.
- Les solides ont généralement une structure cristalline, mais les corps vitreux ont une structure amorphe.

4. MODÈLE - Une essence ordinaire ayant un indice d'octane de 75 peut être utilisée *à condition que* le taux de compression du moteur à explosion ne *soit* pas trop élevé.

↓ Une essence ordinaire ayant un indice d'octane de 75 peut être utilisée **sauf si** le taux de compression du moteur à explosion **est** trop élevé.

- Dans un atome le nombre d'électrons est égal à celui des protons à condition que l'atome n'ait pas été ionisé.
- On utilise les rayons γ dans le traitement du cancer à condition que la maladie ne soit pas trop avancée.

- On obtient une structure amorphe à condition de ne pas ralentir le refroidissement du verre à certaines températures.
- L'uranium 238 ne se désintègre pas à condition que son noyau ne soit pas frappé par des neutrons dotés d'une très grande énergie $\simeq$ 2 MeV.
- La laine de verre est un bon isolant thermique à condition de ne pas contenir de vapeur d'eau.

---

5. MODÈLE - Ces centrales *utilisent* un combustible.
Ce combustible est de l'uranium naturel.

↓ Ces centrales **utilisent** l'uranium naturel **comme** combustible.

- Ce moteur utilise un carburant.
Ce carburant est du gas-oil.
- Le bathyscaphe utilise un flotteur.
Ce flotteur est un réservoir plein d'essence.
- Dans la conduction la chaleur utilise un véhicule.
Ce véhicule est un solide.
- Dans les murs des maisons modernes on utilise un isolant.
Cet isolant est de la fibre de verre.
- Le craquage catalytique utilise un catalyseur.
Ce catalyseur est un composé synthétique de silice et d'alumine.

---

6. MODÈLE - Le réacteur *comporte* 2 304 canaux; 1 977 canaux sont chargés.

↓ Le réacteur **comporte** 2 304 canaux **dont** 1 977 sont chargés.

- L'aérotrain comporte quatre systèmes de freinage; un de ces systèmes fonctionne par inversion du pas de l'hélice.
- Le cycle du moteur à explosion comporte deux ou quatre temps; un seul de ces temps est moteur.
- Le bathyscaphe Archimède comporte trois hélices; une de ces hélices assure la propulsion de l'engin.
- Le microscope comporte deux vis de mise au point; une de ces vis assure une mise au point rapide.
- Les installations d'EdF 2 comportent quatre machines de chargement; une de ces machines sert aussi à manœuvrer les barres de contrôle.

RÉVISION

---

1. MODÈLE - Le grossissement d'un microscope optique est de l'ordre de 2 000; *en revanche*, celui d'un microscope électronique est de l'ordre de 100 000.

↓ Le grossissement d'un microscope optique est de l'ordre de 2 000, **alors que** celui d'un microscope électronique est de l'ordre de 100 000.

- L'aérotrain se déplace sur un coussin d'air; en revanche, les trains classiques roulent sur des rails de fer.
- La Caravelle ne transporte que 128 passagers; en revanche, le Boeing 727-200 en transporte 162.
- L'eau salée se trouve dans la partie inférieure du gisement; en revanche, les gaz se trouvent au-dessus du pétrole.
- La production de pétrole de ce pays est faible; en revanche, celle des États-Unis est très élevée.
- Les parois du flotteur du bathyscaphe sont très minces; en revanche, celles de la cabine sont épaisses et résistantes.
- Le carbone représente 83 à 87 % du poids des hydrocarbures; en revanche, l'hydrogène ne représente que 11 à 15 % de ce poids.

---

2. MODÈLE - *Bien que* les rayons γ *aient* un pouvoir de pénétration élevé, ils ne peuvent pas traverser une plaque de plomb épaisse de 50 cm.

↓ Les rayons γ **ont** un pouvoir de pénétration élevé, **cependant** ils ne peuvent pas traverser une plaque de plomb épaisse de 50 cm.

- Bien que l'aérotrain se déplace très vite, il ne décolle pas.
- Bien que la rotation ait tendance à s'arrêter aux points morts, le mouvement de la manivelle est continu grâce au volant d'inertie.
- Bien que les verres normaux aient une structure amorphe, on peut obtenir un début de cristallisation en arrêtant le refroidissement à certaines températures.
- Bien que le pétrole ne soit pas resté dans sa roche mère, il n'est généralement pas remonté jusqu'à la surface.
- Bien que le verre, employé seul, soit un mauvais isolant, associé à l'air immobile, il constitue un très bon isolant thermique.

28. NOTIONS D'ASTRONOMIE II

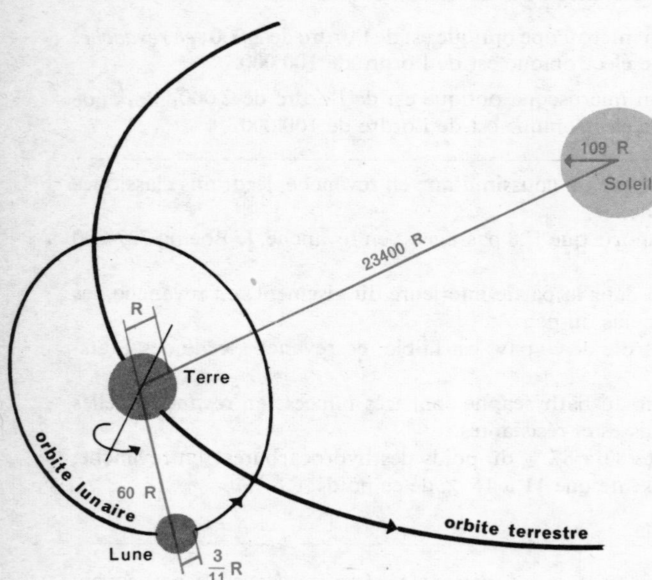

1. Orbite de la Lune autour de la Terre.

1/ La Lune

Comme tous les astres, elle participe au mouvement diurne.

Le rayon de la Lune est environ 400 fois plus petit que celui du Soleil, et la Lune est située 400 fois plus près de la Terre que le Soleil (fig. 1).

2/ Les planètes

Comme la Terre, les planètes sont des astres non lumineux par eux-mêmes, mais éclairés par le Soleil.

Les planètes décrivent autour du Soleil des ellipses, situées dans des plans voisins de celui de l'orbite terrestre et dont le Soleil occupe un foyer.

Elles tournent autour du Soleil dans le même sens que la Terre (fig. 2).

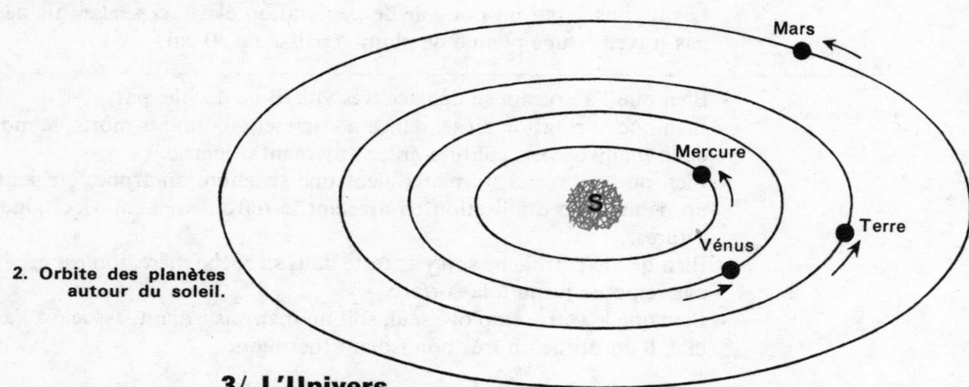

2. Orbite des planètes autour du soleil.

3/ L'Univers

Le Soleil avec les planètes du « système solaire » fait partie d'un amas d'étoiles : la Galaxie ; c'est elle qui nous apparaît sous la forme de la Voie Lactée.

La galaxie à laquelle appartient le Soleil compte au moins 30 milliards d'étoiles.

Il existe d'innombrables galaxies analogues : plus de 100 millions. Leur ensemble constitue l'Univers.

4/ Les constellations

Toutes les étoiles semblent fixées sur la sphère céleste. Elles se groupent en figures caractéristiques : les constellations.

documents

1 Datation de minéraux et de végétaux par le carbone 14

On trouve dans l'air du carbone 14 radioactif, d'une période [1] relativement courte de 5 600 ans. Il provient de réactions nucléaires naturelles que provoquent les rayons cosmiques.

Or, ce carbone 14, combiné à l'oxygène de l'air, donne du gaz carbonique qui passe dans la vie végétale par la fonction chlorophyllienne, et, de là, dans la vie animale. Il y a donc dans la vie végétale ou animale du carbone 14 mêlé au carbone naturel stable dans la proportion de 1 millième de milliardième : d'où, par gramme de carbone, exactement 15,3 désintégrations par minute.

Dès qu'un organisme vivant meurt, ces échanges avec l'atmosphère cessent, et la quantité de carbone 14 décroît. Connaissant sa période, on peut dater l'âge du végétal (bois, papyrus, cendres) ; ainsi, un bois, provenant d'une tombe égyptienne et âgé selon les égyptologues de 3 750 ans, a été daté par le carbone 14 à 3 620 ans ; de nombreux résultats concordants ont été ainsi enregistrés et ont démontré la validité de cette méthode. Des dates plus anciennes ont été déterminées ; ainsi, l'analyse de certaines peintures de la grotte de Lascaux [2] a permis de leur attribuer une ancienneté de 15 000 ans (à 1 000 ans près).

Une peinture de Lascaux.

On conçoit toute la délicatesse et la difficulté d'un tel procédé car la radioactivité est toujours extrêmement faible dans les échantillons prélevés.

(D'après Y. CHELET, *L'énergie nucléaire*, Éd. du SEUIL.)

1. La période d'un élément radioactif est le temps au bout duquel la moitié de ses atomes sont désintégrés.
2. Dans le Sud-Ouest de la France.

2 Les rayonnements nucléaires et la vie

Les effets biologiques des radiations

Particules α, particules β, rayons γ, neutrons, tels sont les quatre types de rayonnements nucléaires dangereux. Leur action fondamentale est d'ioniser les atomes, en particulier ceux des corps vivants ; ils produisent donc au point de départ une perturbation physique.

Les particules chargées, α et β, sont par elles-mêmes directement ionisantes ; mais γ et neutrons le sont aussi, indirectement : les γ en transmettant leur énergie à un électron qui, éjecté, cause alors des ionisations ; les neutrons rapides en bousculant des noyaux chargés qui, eux aussi, provoquent des ionisations : ils bousculent surtout dans les tissus vivants les légers noyaux d'hydrogène, extrêmement nombreux (les molécules d'eau les composent pour plus de 80 %).

Ce phénomène d'ionisation produit à son tour des perturbations chimiques : par exemple les molécules d'eau sont séparées en radicaux isolés et chargés H^+ et OH^- qui déclenchent à leur tour des réactions complexes encore imparfaitement connues.

Ces modifications biochimiques provoquent à plus ou moins longue échéance (plusieurs heures, plusieurs jours, plusieurs années) des troubles du corps vivant dont certains sont comparables aux effets de la chaleur, d'autres à ceux de certains virus (leucémie).

Deux dangers bien distincts : l'irradiation et la contamination

Il y a *irradiation* lorsqu'un objet ou un individu est soumis à des rayonnements émis par une source extérieure, que ce soit un réacteur à protection insuffisante, une source radioactive, ou l'explosion d'une bombe nucléaire. Bien sûr, seules peuvent agir par irradiation les particules pénétrantes dont les trajets parcourus sont assez longs : c'est l'irradiation par les neutrons et les rayons γ qui est le plus à craindre. L'effet d'une irradiation dépend de sa durée et de son intensité.

La *contamination* suppose un dépôt de substances radioactives sur l'objet, sur les vêtements ou sur le corps d'un individu (contamination externe), ou surtout l'être vivant peut absorber des substances radioactives : c'est alors une contamination interne, extrêmement dangereuse car son effet dure aussi longtemps que les substances radioactives restent présentes dans le corps contaminé. Or certains atomes radioactifs peuvent rester longtemps fixés dans l'organisme : l'un des produits de fission les plus dangereux est le strontium 90 dont les propriétés physiques sont tout à fait analogues à celles du calcium. Il se concentre et se fixe dans les os, et il faut dix ans à l'organisme pour l'éliminer ; or 1 millionième de gramme de strontium 90 provoque une leucémie mortelle.

La protection contre l'irradiation et la contamination

En laboratoire, on lutte contre les dangers d'irradiation et de contamination grâce à de multiples protections. Les réacteurs sont entourés par d'énormes parois de béton, les produits radioactifs sont placés dans d'épaisses enveloppes de plomb, les manipulations s'effectuent à distance grâce à des mains mécaniques (fig. 1).

1. Des mains mécaniques.

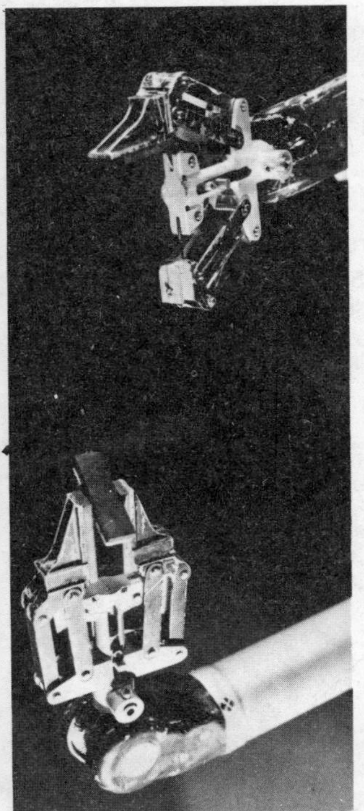

2. Ces techniciens portent des scaphandres spéciaux qui les protègent des radiations.

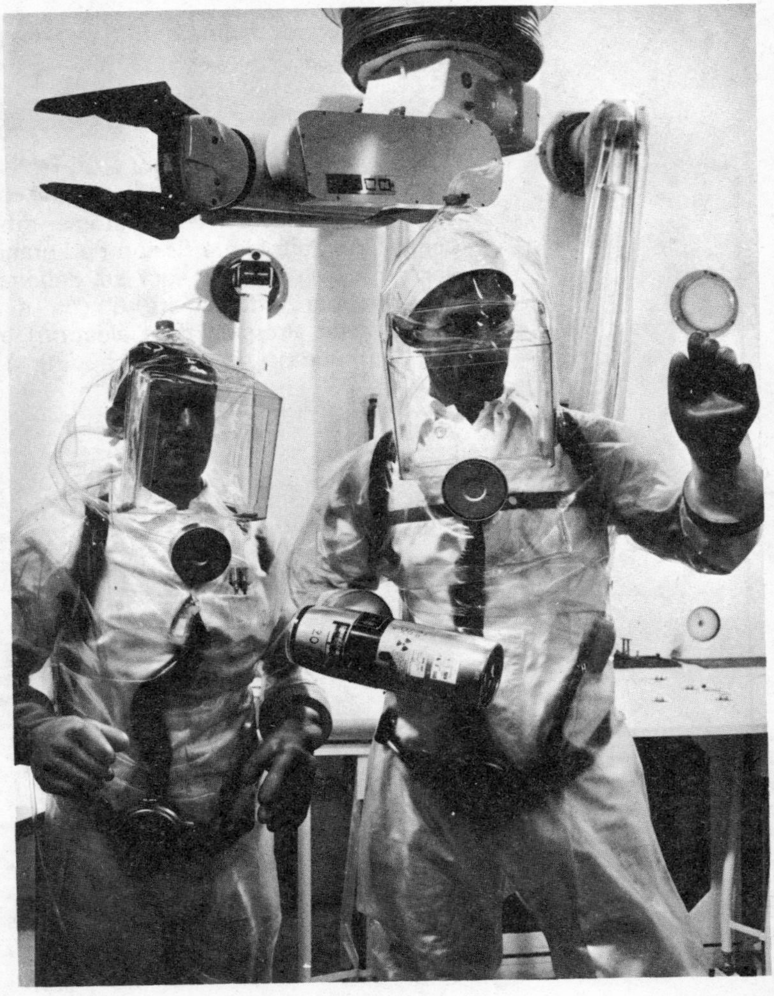

Chaque personne porte un appareil qui enregistre la quantité de rayonnements auxquels elle a été soumise pendant une semaine. Dans certains lieux où le risque de contamination est grand, on exige de chacun le port d'un masque ou d'un scaphandre spécial (fig. 2).

En laboratoire, les spécialistes ont appris à lutter contre les dangers des rayonnements nucléaires. Cependant, les dangers présentés par les déchets des industries nucléaires et par les retombées des explosions nucléaires sont l'un des grands problèmes qui se posent au monde d'aujourd'hui.

(D'après Y. CHELET, *L'énergie nucléaire,* Éd. du SEUIL.)

3 Les équations de fission de l'uranium 235

On peut proposer différents types d'équation pour la fission de l'uranium 235, par exemple :

$$U^{235}_{95} + n^{1}_{0} \longrightarrow Sr^{95}_{38} + Xe^{139}_{54} + 2\,n^{1}_{0} + Q$$

ou

$$U^{235}_{92} + n^{1}_{0} \longrightarrow Zr^{94}_{40} + Te^{140}_{52} + 2\,n^{1}_{0} + Q$$

En réalité, plus de 80 types d'atomes différents peuvent apparaître comme produits de la fission de l'uranium 235. La plupart sont des isotopes instables qui se débarrassent de leur excès de neutrons par radioactivité β (un neutron se transforme en proton avec émission d'un électron) et subissent des désintégrations successives avant d'aboutir à un noyau stable.

Ex. : $U^{235}_{92} + n^{1}_{0} \longrightarrow Y^{95}_{39} + I^{139}_{53} + 2\,n^{1}_{0} + Q$

$Y^{95}_{39} \longrightarrow Z^{95}_{40} + \beta$ $\qquad$ $I^{139}_{53} \longrightarrow Xe^{139}_{54} + \beta$

$Z^{95}_{40} \longrightarrow Nb^{95}_{41} + \beta$ $\qquad$ $Xe^{139}_{54} \longrightarrow Cs^{139}_{55} + \beta$

$Nb^{95}_{41} \longrightarrow Mo^{95}_{42} + \beta$ $\qquad$ $Cs^{139}_{55} \longrightarrow Ba^{139}_{56} + \beta$

Mo^{95}_{42} *stable* $\qquad$ $Ba^{139}_{56} \longrightarrow La^{139}_{57} + \beta$

La^{139}_{57} *stable*

4 L'énergie nucléaire en France

La France a joué un rôle important dans la recherche nucléaire depuis la découverte de la radioactivité par Becquerel en 1896 jusqu'en 1939, grâce aux travaux de grands savants comme Pierre et Marie Curie, Irène et Frédéric Joliot-Curie. Après la Seconde Guerre mondiale, la France était en retard dans ce domaine, aussi le gouvernement français a-t-il créé un Commissariat à l'Énergie Atomique (C.E.A.) chargé d'animer la recherche et de coordonner les efforts industriels relatifs aux applications techniques de l'énergie nucléaire.

Pour la recherche, à côté des centres de recherche universitaire comme le Centre de Recherches Nucléaires d'Orsay, le C.E.A. dispose de quatre grands centres : Fontenay-aux-Roses, Saclay, Grenoble, Cadarache.

C'est à Saclay que se trouve l'Institut National des Sciences et Techniques Nucléaires (I.N.S.T.N.) chargé d'informer les électroniciens, chimistes, métallurgistes... qui doivent s'adapter aux problèmes particuliers à l'énergie nucléaire.

Les principales installations industrielles liées au développement de l'énergie nucléaire comprennent :

- des usines de production d'uranium comme celles du Bouchet et de Malvési qui préparent l'uranium pur nécessaire aux réacteurs nucléaires ;
- l'usine de séparation isotopique de Pierrelatte qui fournit de l'uranium enrichi à plus de 90 % ;
- des usines de production de plutonium comme celles de Marcoule et de La Hague ;
- les centrales de l'EdF : Brennilis (centrale expérimentale), Chinon et Saint-Laurent-des-Eaux.

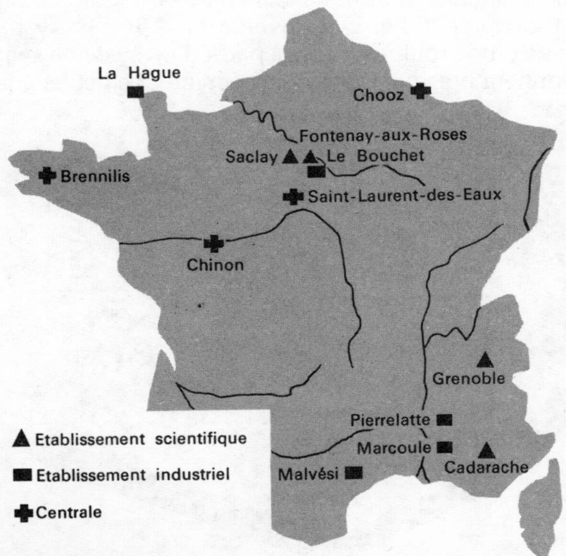

Dans ce domaine de l'énergie atomique, la France coopère avec d'autres pays soit directement (centrale franco-belge de Chooz), soit au sein d'organismes internationaux comme le C.E.R.N. (Centre Européen de Recherches Nucléaires), l'Euratom (Communauté Européenne de l'Énergie Atomique) ou l'Agence Internationale de l'Énergie Atomique.

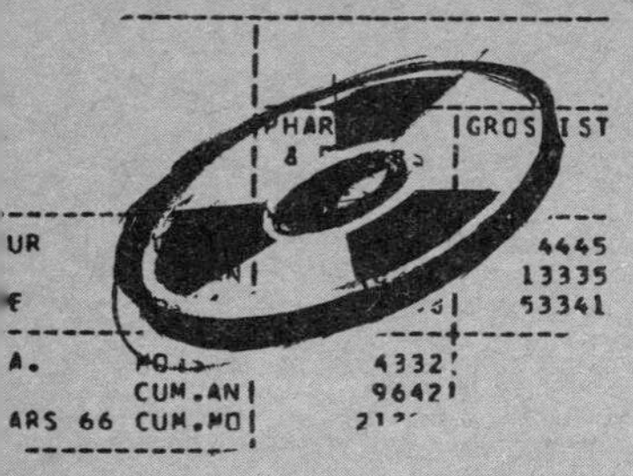

X. L'INFORMATIQUE

29 | De la machine à calculer à l'ordinateur

1. La machine à calculer de Blaise Pascal.

1/ Calcul et machines

C'est à un Français, Blaise Pascal, que l'on doit la première machine à calculer. Celui-ci a inventé en 1642 le système de report à l'aide d'une roulette. C'est à partir d'un système semblable que fonctionnent presque toutes les machines à calculer actuelles.

2. Une machine à calculer moderne.

3. Un ordinateur : l'Iris 50.

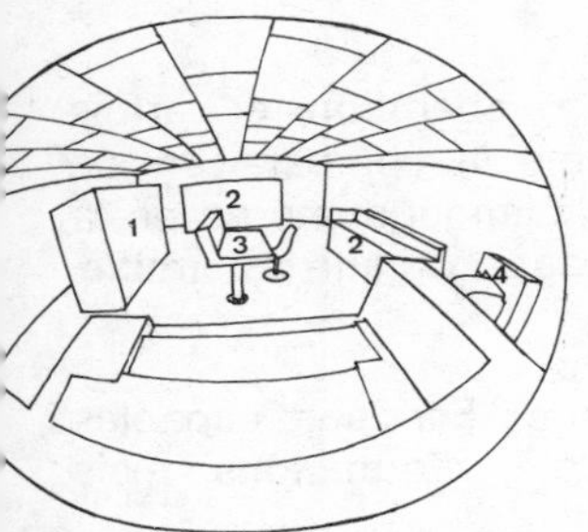

1. L'unité centrale (Mémoire centrale, organe de commande, organe de calcul).
2. Les mémoires auxiliaires.
3. L'organe d'entrée.
4. L'organe de sortie.

Ainsi, les commerçants, par exemple, peuvent tenir plus facilement leur comptabilité et éviter les erreurs. Mais ces machines permettent seulement d'effectuer les quatre opérations : l'addition, la soustraction, la multiplication et la division. Pour pouvoir traiter des problèmes plus difficiles, on a cherché non seulement à automatiser les calculs eux-mêmes mais encore à les organiser, ce qui a mené à l'invention moderne des ordinateurs.

2/ Le traitement de l'information par ordinateur

L'ordinateur est une machine à laquelle on présente sous forme numérique des données sur lesquelles elle doit effectuer certains calculs suivant un programme déterminé. Pour un même ordinateur, le nombre des programmes possibles est très grand : le choix du programme varie suivant les besoins.
L'ordinateur comprend :

a) une mémoire centrale

C'est l'organe fondamental puisqu'elle emmagasine le programme (liste des instructions à exécuter), les données en cours de traitement et les résultats intermédiaires pendant les calculs.

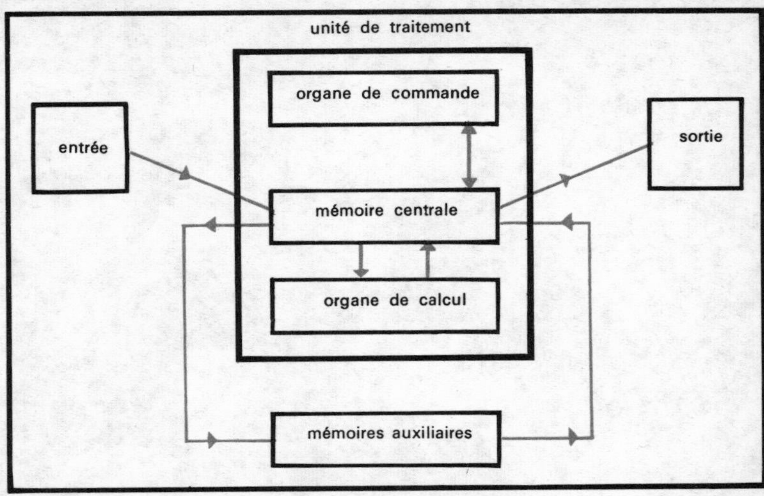

4. Schéma d'un système de traitement de l'information.

Elle assure le transfert des informations à d'autres organes en quelques millionièmes de seconde. On dit que la mémoire centrale est à court temps d'accès.

b) un organe de commande

Son rôle consiste à extraire une à une les instructions de la mémoire centrale, à les analyser et à les faire exécuter par les organes spécialisés.

c) un organe de calcul

Il permet en particulier d'effectuer les quatre opérations et parfois d'autres opérations moins simples comme la comparaison de deux des mots [1] binaires qui constituent le langage interne de la machine ; enfin, il transmet le résultat à un autre organe déterminé.

d) des mémoires auxiliaires

Il existe une ou plusieurs mémoires auxiliaires. Elles sont capables d'emmagasiner une très grande quantité d'informations, mais leur temps d'accès est plus long.
Les mémoires auxiliaires peuvent garder un programme auxiliaire, par exemple un mode de calcul comme la règle de trois, et le restituer en cas de besoin.

e) des organes d'entrée et de sortie

C'est grâce à eux que l'homme communique avec la machine. Ils permettent en plus l'identification, le codage et le décodage des informations reçues. Au cours de la programmation, toutes les instructions sont traduites en langage binaire. Le programme est inscrit sur des cartes perforées, des bandes magnétiques, etc.

1. Le mot est la plus petite quantité d'information qui puisse concourir à une opération.

PHONÉTIQUE

une bande magnétique	ynbɑ̃dmaɲetik	une roulette	ynʀulɛt
		automatiser	ɔtɔmatize
un calcul	œ̃kalkyl	exécuter	ɛgzekyte
un codage	œ̃kɔdaʒ	exister	ɛgziste
une commande	ynkɔmɑ̃d	inscrire	ɛ̃skʀiʀ
une comptabilité	ynkɔ̃tabilite	mener	məne
un décodage	œ̃dekɔdaʒ	organiser	ɔʀganize
une erreur	ynɛʀœʀ	restituer	ʀɛstitye
une identification	ynidɑ̃tifikɑsjɔ̃	(se) spécialiser	səspesjalize
une informatique	ynɛ̃fɔʀmatik	transmettre à	tʀɑ̃smɛtʀa
une instruction	ynɛ̃stʀyksjɔ̃	actuel	aktyɛl
une invention	ynɛ̃vɑ̃sjɔ̃	auxiliaire	oksiljɛʀ
un langage	œ̃lɑ̃gaʒ	fondamental	fɔ̃damɑ̃tal
une mémoire	ynmemwaʀ	semblable	sɑ̃blabl
un ordinateur	œ̃nɔʀdinatœʀ	grâce à	gʀɑsa
une programmation	ynpʀɔgʀamɑsjɔ̃	en particulier	ɑ̃paʀtikylje
une règle de trois	ynʀɛgldətʀwa	respectivement	ʀɛspɛktivmɑ̃
un report	œ̃ʀəpɔʀ		

CONVERSATION

1. Quel système utilisent la plupart des machines à calculer?

2. Pourquoi utilise-t-on de plus en plus la machine à calculer?

3. Est-ce qu'une machine à calculer peut résoudre un problème de mathématiques?

4. Qu'est-ce qu'un ordinateur?

5. Quels avantages l'ordinateur présente-t-il par rapport à la machine à calculer?

6. Quels sont les principaux organes d'un ordinateur?

7. Pourquoi dit-on que la mémoire centrale est l'organe fondamental de l'ordinateur?

8. Quel est le rôle de l'organe de commande?

9. Quel genre d'opérations l'organe de calcul peut-il effectuer?

10. A quel autre organe est relié l'organe de calcul?

11. Quelles différences faites-vous entre les mémoires auxiliaires et la mémoire centrale?

12. Quel est le rôle des organes d'entrée et de sortie?

13. Quels supports utilise-t-on pour réaliser un programme?

14. En informatique, comment définissez-vous le mot?

GRAMMAIRE

De la phrase simple à la phrase complexe

EXEMPLES

1 *Pierre boit son café.*

2 *Pour pouvoir traiter des problèmes plus difficiles, on a cherché non seulement à automatiser les calculs eux-mêmes, mais encore à les organiser, ce qui a mené à l'invention moderne des ordinateurs.*

NATURE DU PROBLÈME

Si l'on ne s'intéresse qu'à la construction de ces phrases, on observe que la phrase 1 ne comporte qu'un seul verbe, donc une seule proposition, alors que la phrase 2 comprend un infinitif introduit par **pour,** un premier verbe, un infinitif introduit par **non seulement,** un autre infinitif introduit par **mais encore,** un dernier verbe introduit par **ce qui.** On dit, alors, que 1 est une phrase *simple*, 2 une phrase *complexe*.

Mais à quoi correspondent ces types de phrases ? Très souvent, dans une conversation par exemple, on se contente de donner des informations simples et l'on ne cherche pas à allonger la phrase pour y introduire des informations inutiles. Une phrase comme « *Pierre qui a 30 ans, et dont le père dirige une usine, boit son café* » est sans intérêt si l'on veut simplement dire que Pierre boit son café. En revanche, si l'on retranche une proposition à la phrase 2, on obtient un énoncé qui n'est plus exact : très souvent l'expression scientifique nécessite la présentation d'éléments multiples que l'on ne peut séparer sans fausser l'énoncé.

Remarquons d'ailleurs que le caractère complexe de l'expression scientifique peut dépasser le cadre de la phrase et introduire un lien entre des phrases au sein d'un paragraphe [1].

PRONOMS ET PRO-VERBE

La construction de phrases complexes pose le problème des répétitions de mots : on cherche à les éviter en remplaçant des noms ou des propositions qui précèdent par un pronom.

EX. : *La comparaison de deux mots binaires est une opération intéressante ; l'organe de calcul d'un ordinateur permet de* ***la*** *réaliser* (**la** = cette opération).

Le rôle de l'ordinateur dans l'économie moderne croît sans cesse, on ***le*** *constate chaque jour* (**le** = que le rôle de l'ordinateur dans l'économie moderne croît sans cesse).

A côté des pronoms, il existe aussi un pro-verbe qui peut remplacer un verbe déjà énoncé : c'est le verbe **faire** généralement construit avec **le.**

EX. : *La mémoire centrale assure le transfert des informations à d'autres organes ; elle* ***le fait*** *en un temps très court.*

1. Voyez par exemple le paragraphe « Calcul et machines » de cette leçon.

EXERCICES

---

1. MODÈLE

- On constate chaque jour que le rôle de l'ordinateur dans l'économie croît sans cesse.

↓ Le rôle de l'ordinateur dans l'économie croît sans cesse; on **le** constate chaque jour.

- On constate que la poussée est égale au poids du fluide déplacé si l'on verse dans le récipient vide placé sur le plateau de la balance l'eau recueillie.
- On constate qu'il y a diffraction de la lumière quand l'ouverture du diaphragme est de l'ordre de 0,2 mm.
- On peut penser que les voyages sur la lune pour tous ne sont pas pour demain parce que les moyens technologiques à utiliser nécessitent de grosses dépenses.
- On a constaté que les corps naturellement radioactifs sont rares quand on a cherché à bien connaître la radioactivité.
- On remarque que les groupes bulbes sont de plus en plus utilisés dans la construction des centrales hydro-électriques de plaine quand on étudie les dernières réalisations de l'EdF.

---

2. MODÈLE

- La mémoire centrale assure le transfert des informations à d'autres organes; elle assure le transfert des informations à d'autres organes en un temps infiniment court.

↓ La mémoire centrale assure le transfert des informations à d'autres organes; elle **le fait** en un temps infiniment court.

- Avec les machines à calculer, les commerçants peuvent tenir plus facilement leur comptabilité; de plus, ils tiennent leur comptabilité en évitant les erreurs.
- On veut limiter les déperditions calorifiques des lieux habités; on limite les déperditions calorifiques des lieux habités en améliorant leur isolation thermique.
- Dans les réacteurs nucléaires, on contrôle la fission; on contrôle la fission en absorbant une partie des neutrons émis à l'aide de barres de cadmium ou de bore.
- Comme le craquage thermique, le craquage catalytique modifie la structure et la masse moléculaire de certains hydrocarbures; mais il modifie leur structure et leur masse moléculaire sans provoquer de réactions secondaires.
- On cherche parfois à séparer le plutonium 239 de l'uranium; on sépare le plutonium 239 de l'uranium par voie chimique.

---

3. MODÈLE

- Dans un ordinateur, *il y a* une ou plusieurs mémoires auxiliaires.

↓ Dans un ordinateur, **il existe** une ou plusieurs mémoires auxiliaires.

- Il y a des moteurs à deux temps et des moteurs à quatre temps.
- Il y a des gisements de pétrole sous la surface des océans.
- Il y a un moyen de résoudre ce problème.
- Il y a peu de corps naturellement radioactifs.
- Il y a plusieurs centrales nucléaires en service en France.

4. MODÈLE - Les machines à calculer effectuent quatre opérations *différentes* : l'addition, la soustraction, la multiplication, la division.

↓ Les quatre opérations **qu'**effectuent les machines à calculer **sont respectivement :** l'addition, la soustraction, la multiplication, la division.

- Le Concorde présente trois particularités différentes : son nez basculant, son système de transfert de carburant, les entrées d'air à géométrie variable de ses réacteurs.
- Après la sortie du four on cherche à fabriquer trois types différents de produits : des produits plats, des produits creux ou moulés, des produits fibrés.
- L'uranium naturel contient deux sortes différentes d'uranium : l'uranium 235 et l'uranium 238.
- La mémoire centrale emmagasine trois séries différentes de données : le programme, les données en cours de traitement, les résultats intermédiaires pendant les calculs.
- Le pétrole brut est composé essentiellement de trois types différents d'hydrocarbures : les hydrocarbures paraffiniques, les hydrocarbures naphténiques, les hydrocarbures aromatiques.

5. MODÈLE - Presque toutes les machines à calculer actuelles fonctionnent *en utilisant comme principe* un système semblable.

↓ **C'est à partir d'**un système semblable **que** fonctionnent presque toutes les machines à calculer actuelles.

- On fabrique le carburant pour les turboréacteurs en utilisant comme matière première le pétrole.
- EdF 2 produit de l'électricité en utilisant comme combustible l'uranium naturel.
- On fabrique les panneaux isolants introduits dans les murs et les planchers en utilisant comme matériau la fibre de verre.
- On fabrique l'isotope 13 de l'azote en utilisant comme matière première le bore 10.
- La centrale de la Rance produit de l'électricité en utilisant comme source d'énergie la force des marées.

RÉVISION

---

1. MODÈLE - On doit *à Blaise Pascal* la première machine à calculer.
↓ **C'est** *à Blaise Pascal* **que** l'on doit la première machine à calculer.

- On doit *à l'ingénieur Bertin* la réalisation de l'aérotrain.
- On doit *au professeur Piccard* la construction du premier bathyscaphe.
- On doit *à l'EdF* la réalisation des grandes centrales nucléaires françaises.
- On doit *à l'ordinateur* les rapides progrès actuels des sciences.
- L'honneur d'avoir découvert le radium revient *à une femme.*

---

2. MODÈLE - L'homme communique avec la machine *grâce aux organes d'entrée et de sortie.*
↓ **C'est** *grâce aux organes d'entrée et de sortie* **que** l'homme communique avec la machine.

- Pascal a inventé le système de report à l'aide d'une roulette *en 1642.*
- On a cherché à organiser les calculs *pour pouvoir traiter des problèmes plus difficiles.*
- La mémoire centrale assure le transfert des informations à d'autres organes *en quelques millionièmes de seconde.*
- *Au cours de la programmation,* toutes les instructions sont traduites en langage binaire.
- Le programme est inscrit *sur des cartes perforées.*

29. PROGRESSIONS - LOGARITHMES

I. Progressions

3, 7, 11, 15, 19	La suite de ces nombres est une progression arithmétique de cinq termes : - le premier terme de la progression est 3 - la raison (r) de cette progression est 4 Cette progression est limitée. Le premier et le dernier termes sont appelés les extrêmes.
r **si $r > 0$** **si $r < 0$**	La raison de la progression arithmétique. La progression est dite croissante. La progression est dite décroissante.
3, 6, 12, 24, 48	Une progression géométrique limitée de cinq termes : - le premier terme est 3, - la raison (q) est 2.
q **si $q > 0$** **si $q > 1$** **si $q < 1$** **si $q = 1$**	La raison de la progression géométrique. La progression est dite monotone. La progression est dite croissante. La progression est dite décroissante. On dit qu'elle est stationnaire.
$\ldots \frac{1}{10^3}, \frac{1}{10^2}, \frac{1}{10}, 1, 10, 10^2, 10^3 \ldots$ **ou** $\ldots 10^{-3}, 10^{-2}, 10^{-1}, 10^0, 10^1, 10^2, 10^3 \ldots$	Progression géométrique illimitée dans les deux sens, de raison 10, et dont un des termes est 1.
$— 2, — 1, 0, 1, 2, 3, 4 \ldots$	Progression arithmétique illimitée dans les deux sens, de raison 1, et dont un des termes est 0.

II. Logarithmes

$\log. 10^n = n$	Cette fonction s'appelle fonction logarithme décimal ; n est le logarithme décimal du nombre 10^n.
Considérons le nombre 346 : $10^2 < 346 < 10^3$ donc $2 < \log. 346 < 3$ $\log. 346 \simeq 2 + 0{,}539\,08$	2 est la partie entière de log. 346 : c'est la caractéristique. 0,539 08 est la mantisse. Les tables de logarithmes ne fournissent que les mantisses.
$\log. \frac{a}{b} = \log. a — \log. b$ $\text{Colog. } b = — \log. b = \log. \frac{1}{b}$	Pour éviter d'avoir à faire des soustractions de logarithmes, on introduit la notion de cologarithme.

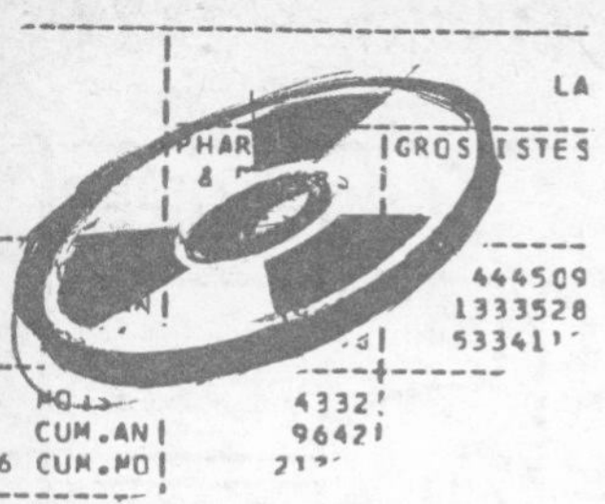

30 Évolution des techniques de l'informatique

L'industrie des ordinateurs a connu depuis sa naissance, il y a une vingtaine d'années, un taux d'expansion très important; aux États-Unis, pour une période de dix ans, ce taux est de l'ordre de 500 %. Cette expansion provient des progrès réalisés dans les techniques et les méthodes de l'électronique pendant la même période.
On distingue trois générations d'ordinateurs :

1/ La première génération (1950-1958)

Pour la construction des premiers ordinateurs on utilisait des tubes de radio, or certains ordinateurs comportaient environ 10 000 tubes et consommaient 100 000 W. Ils étaient aussi gros qu'une maison et chauffaient beaucoup.
De telles unités n'étaient employées que par les militaires et les gouvernements.

2/ La deuxième génération (1958-1964)

Grâce à l'utilisation des transistors, les dimensions de l'ordinateur ont notablement diminué. L'appareil ne chauffe plus, en outre le travail de l'unité centrale n'est plus interrompu à chaque entrée et sortie d'informations. Cependant, pour utiliser un tel ordinateur, il faut se trouver soi-même à l'endroit fixe où il est installé.

3/ La troisième génération

Aujourd'hui, on tend de plus en plus à réduire le volume de l'ordinateur en utilisant des circuits intégrés miniaturisés. Il suffit de comparer un tel ordinateur aux premières unités des années 50 pour en mesurer les avantages. On obtient des puissances toujours plus grandes sous un volume toujours plus petit. On a quadruplé la capacité de la mémoire centrale. De plus, par l'intermédiaire de périphériques, l'unité centrale a le pouvoir de traiter simultanément plusieurs programmes pour des utilisateurs situés en des points différents et parfois très éloignés (fig. 1).

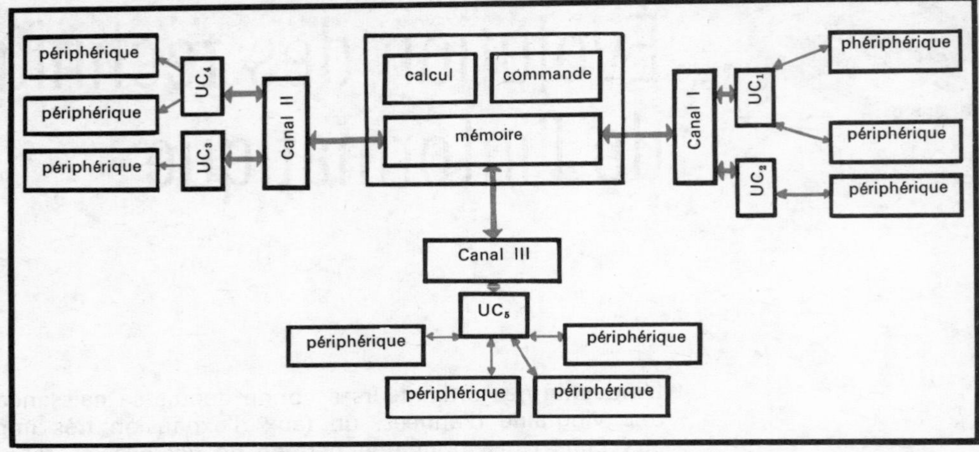

Structure d'un ordinateur actuel.

a) *Les éléments périphériques* jouent le rôle d'organes d'entrée, d'organes de sortie, de mémoires auxiliaires et sont reliés à la mémoire centrale.

b) *Les canaux* sont de petits ordinateurs spécialisés qui sur un signal de l'unité centrale mettent en marche les périphériques.

c) *Les unités de contrôle* contrôlent la qualité des informations et le bon fonctionnement des différents organes.

4/ A quoi sert un ordinateur?

Les ordinateurs actuels peuvent être utilisés pour : le calcul scientifique, la comptabilité, la gestion des entreprises, l'organisation des transports et des marchés, l'enseignement, la médecine, etc.

PHONÉTIQUE

un enseignement	œ̃nɑ̃sɛɲmɑ̃	un transistor	œ̃tʀɑ̃zistɔʀ
une entreprise	ynɑ̃tʀəpʀiz	un transport	œ̃tʀɑ̃spɔʀ
une évolution	ynevɔlysjɔ̃	un utilisateur	œ̃nytilizatœʀ
une expansion	ynɛkspɑ̃sjɔ̃	une utilisation	ynytilisɑsjɔ̃
une génération	ynʒeneʀɑsjɔ̃	distinguer	distɛ̃ge
une gestion	ynʒɛstjɔ̃	intégrer	ɛ̃tegʀe
une médecine	ynmɛdsin	interrompre	ɛ̃teʀɔ̃pʀ
une méthode	ynmetɔd	miniaturiser	minjatyʀize
un militaire	œ̃militɛʀ	provenir de	pʀɔvniʀdə
une naissance	ynnɛsɑ̃s	quadrupler	kadʀyple
une organisation	ynɔʀganizɑsjɔ̃	suffire	syfiʀ
un périphérique	œ̃peʀifeʀik	tendre à	tɑ̃dʀa
un pouvoir	œ̃puvwaʀ	notablement	nɔtɑbləmɑ̃
un signal	œ̃siɲal	or	ɔʀ

CONVERSATION

1. Comment expliquez-vous l'importante expansion actuelle de l'industrie des ordinateurs ?

2. A quelle période se situe la première génération des ordinateurs ?

3. Par qui étaient employées ces premières unités ?

4. Pourquoi ces ordinateurs n'étaient-ils pas pratiques ?

5. Quel rôle le transistor a-t-il joué dans l'évolution des techniques de l'informatique ? Pourquoi ?

6. Que savez-vous sur la troisième génération des ordinateurs ?

7. Quels avantages présentent les ordinateurs à circuits intégrés miniaturisés ?

8. Quel est le rôle des éléments périphériques ?

9. Quel est le rôle des canaux ?

10. Quel est le rôle des unités de contrôle ?

11. L'ordinateur est-il très employé actuellement ?

GRAMMAIRE

La phrase complexe : juxtaposition et liaison

EXEMPLES

(1) *La centrale EdF 2 se trouve à Chinon, elle utilise la filière uranium naturel-graphite-gaz.*

(2) ***Bien que** l'uranium naturel ne soit pas fissible, **comme** il se transforme en plutonium 239 fissible sous l'effet des neutrons lents, on peut l'utiliser dans les centrales nucléaires.*

(3) *Gino connaît très bien le français, **cependant** il le parle avec un léger accent; **en effet,** il est italien.*

DÉFINITIONS

Dans la phrase (1), deux propositions sont simplement écrites l'une après l'autre : on dit qu'elles sont *juxtaposées.*
Au contraire, dans les phrases (2) et (3), **bien que** et **cependant, comme** et **en effet** introduisent chacun une proposition et la situent dans un rapport logique précis (concession, cause), la liant ainsi étroitement au reste de la phrase.

LA JUXTAPOSITION

Bien que juxtaposées, des propositions peuvent exprimer un rapport; il s'agit le plus souvent d'une succession dans le temps.

EX. : *Dans une première zone, le mélange est réduit à l'état pâteux, puis à l'état liquide; dans une seconde zone, le verre perd les gaz qu'il contenait; dans une troisième zone...*

Cependant, des propositions juxtaposées peuvent exprimer d'autres rapports, par exemple l'opposition ou la cause.

EX. : *Le mouvement de la bielle est un mouvement de translation rectiligne alternatif; le mouvement de la manivelle est un mouvement de rotation continu.*
Je n'achèterai pas cette voiture : elle consomme trop d'essence.

LES PHRASES A PROPOSITIONS LIÉES

Les propositions liées qui entrent dans la construction des phrases complexes peuvent être introduites par :

a) un pronom relatif : elles donnent alors une précision sur l'antécédent du pronom.

EX. : *L'ordinateur est une machine* ***à laquelle*** *on présente des données* ***sur lesquelles*** *elle doit effectuer certains calculs suivant un programme déterminé.*

b) la conjonction **que** : elles sont alors le plus souvent objet du verbe qui précède.

EX. : *On dit* ***que*** *le pétrole se présente sous forme de gisements.*

c) d'autres conjonctions [1] : on retrouve alors toutes les relations logiques et temporelles déjà étudiées dans des associations binaires : un fait et sa cause, un fait et sa conséquence, etc. En réalité, il est fréquent dans l'expression scientifique d'associer plusieurs faits liés par des rapports multiples, par exemple un fait, sa cause et sa conséquence, ou un fait, une concession et une addition, etc.

EX. : ***Comme*** *les ordinateurs actuels comportent plusieurs périphériques, les utilisateurs ne sont pas obligés d'être près de l'unité centrale;* ***par conséquent,*** *des utilisateurs de province peuvent se servir d'un ordinateur installé à Paris.*
Le verre employé seul est un mauvais isolant thermique, ***néanmoins*** *on l'emploie associé à l'air immobile pour l'isolation thermique des lieux habités;* ***en outre,*** *il joue un rôle dans leur isolation acoustique.*

1. Cf. Grammaire des leçons 18 à 28 de ce volume.

EXERCICES

1. *Reprenez le texte sur le fonctionnement du bathyscaphe (volume I, leçon 12) depuis* « En remplissant d'eau, à l'aide d'une pompe... » *jusque* « l'eau du sas est chassée par de l'air comprimé ». *Cherchez et nommez les rapports établis dans ce texte entre les faits énoncés, soit à l'intérieur d'une phrase, soit en passant d'une phrase à une autre. Dites par quels moyens grammaticaux ces rapports sont exprimés.*

2. *Trouvez les rapports logiques qui peuvent réunir ces propositions et exprimez-les dans cinq phrases différentes :*

On voulait assurer la flottabilité du bathyscaphe/l'air est trop compressible/ on a choisi l'essence.

3. *Même exercice.*

Les ordinateurs de la seconde génération sont moins puissants que ceux de la troisième génération, ils marquent un gros progrès par rapport à ceux de la première génération, ils ont permis l'entrée de l'ordinateur dans l'économie.

---

4. MODÈLE - Pour la construction des premiers ordinateurs, on utilisait des tubes de radio. *Cela étant, on observait que* certains ordinateurs comportaient environ 10 000 tubes. Ils étaient *donc* très gros.

↓ Dans la construction des premiers ordinateurs, on utilisait des tubes de radio. **Or** certains ordinateurs comportaient environ 10 000 tubes. Ils étaient *donc* très gros.

- Il fallait assurer la flottabilité du bathyscaphe. Cela étant, on a observé que l'air est trop compressible pour être utilisé. On a donc rempli le flotteur d'essence.
- La rotation de la manivelle doit être continue et régulière. Cela étant, on a observé que la rotation tend à s'arrêter aux points morts. On a donc calé sur l'arbre une lourde roue.
- Le Concorde est destiné à être utilisé en vol supersonique. Cela étant, on a observé que le vol supersonique provoque un déplacement du centre de poussée. On a donc cherché à compenser ce déplacement par un système de transfert du carburant.
- L'uranium 235 se désintègre mieux quand il est frappé par des neutrons lents. Cela étant, on observe que sa fission produit des neutrons rapides. On a donc introduit dans les réacteurs des modérateurs comme le graphite ou l'eau lourde.
- On avait besoin de corps radioactifs. Cela étant, on a observé que les corps naturellement radioactifs sont rares. On a donc été conduit à provoquer artificiellement la radioactivité de certains corps.

---

5. MODÈLE - *Si l'on compare* un tel ordinateur aux premières unités des années 50, *cela suffit pour* en mesurer les avantages.

↓ **Il suffit de comparer** un tel ordinateur aux premières unités des années 50 **pour** en mesurer les avantages.

- Si l'on se trouve près de l'un des périphériques d'un ordinateur de la troisième génération, cela suffit pour pouvoir utiliser l'unité centrale.
- Si l'on presse la pédale de l'accélérateur, cela suffit pour manœuvrer le volet des gaz.
- Si l'on largue du lest, cela suffit pour ralentir la chute du bathyscaphe.
- Si l'on améliore l'isolation thermique d'une maison, cela suffit pour limiter la quantité d'énergie nécessaire à son chauffage.
- Si l'on plonge les barres de contrôle tout entières entre les barres d'uranium, cela suffit pour éteindre le réacteur.

---

6. MODÈLE - On *a* de plus en plus *tendance à* réduire le volume des éléments de l'ordinateur.

↓ On **tend** de plus en plus **à** réduire le volume des éléments de l'ordinateur.

- On a de plus en plus tendance à utiliser des groupes de type bulbe dans les centrales de plaine.
- On a de plus en plus tendance à augmenter l'indice d'octane du carburant utilisé par les voitures de tourisme.
- On a de plus en plus tendance à remplacer les centrales thermiques classiques par des centrales nucléaires.
- Les avions de transport modernes ont tendance à être de plus en plus gros.
- Avec les ordinateurs de la troisième génération on a tendance à obtenir des puissances toujours plus grandes sous un volume toujours plus petit.

30. QUELQUES UNITÉS DE MESURE ANGLO-SAXONNES

1/ Unités

Mesures		Noms des unités	en français	Équivalence dans le système métrique
LONGUEUR		inch	pouce	25,4 mm
		foot	pied	30,48 cm (12 pouces)
		yard		0,914 4 m (3 pieds)
		statute mile	mille	1 609,344 m (1 760 yards)
		nautical mile (G.-B.)	mille marin	1 853,184 m
SUPERFICIE		square inch	pouce carré	6,451 6 cm²
		square foot	pied carré	929,030 4 cm²
		square yard	yard carré	0,836 127 36 m²
		acre		4 046,856 4 m²
		square mile	mille carré	2,589 988 km² (640 acres)
VOLUME		cubic inch		16,387 cm³
		cubic foot		28,317 dm³
CAPACITÉ				
	G.-B.	pint	pinte	0,528 26
	G.-B.	gallon		4,546 1 l
	U.S.A.	liquid pint		0,473 176 l
	U.S.A.	U.S. gallon		3,785 4 l
	U.S.A.	barrel	baril	117,35 à 158,99 l [1]
MASSE		grain		0,064 8 g
		ounce	once	28,349 5 g
		pound	livre	0,453 6 kg
		stone		6,350 3 kg
		short ton (U.S. ton)	tonne courte	907,184 7 kg
		long ton	tonne longue	1 016,046 9 kg (2 240 pounds)

1. Le baril américain vaut 31 à 42 gallons suivant les États. Le baril mesurant les produits pétroliers vaut 42 gallons américains, soit 35 gallons anglais.

2/ Conversion rapide

Pour convertir des	en	multiplier par	Pour convertir des	en	multiplier par
centimètres	inches	0,393 7	cm^3	cubic inches	0,061
centimètres	feet	0,032 8	m^3	cubic yards	1,308
mètres	feet	3,281	centilitres	gills brit.	0,070
mètres	yards	1,094	litres	pints brit.	1,760
kilomètres [1]	miles	0,621 3	litres	gallons brit.	0,22
cm^2	sq. inches	0,155 4	litres	cubic feet	0,035 3
m^2	sq. feet	10,76	grammes	grains	15,432 2
m^2	sq. yards	1,196	grammes	ounces	0,035
km^2	acres	247,105	kilogrammes	pounds	2,204 5
km^2	sq. miles	0,387	tonnes	long tons	0,984
hectares	acres	2,471	tonnes	short tons	1,102

1. On peut obtenir une valeur approchée en multipliant par 5 et en divisant par 8.

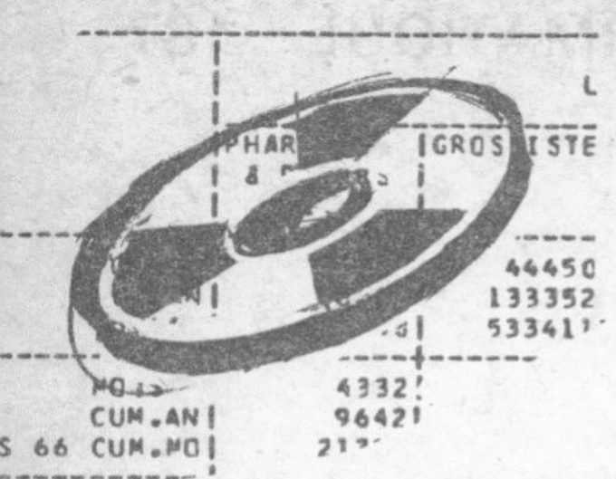

31 L'ordinateur et le poisson

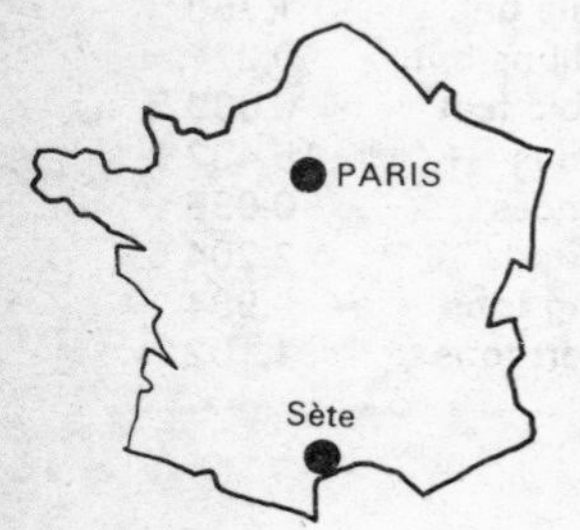

1/ Présentation

L'ordinateur permet une meilleure gestion des entreprises et des marchés. En effet, il rend compte à chaque instant de la situation grâce à sa vitesse de travail. En outre, il permet de tenir automatiquement les statistiques relatives à un marché. C'est le rôle que joue l'ordinateur du marché aux poissons de Sète.

1. Schéma de l'installation.

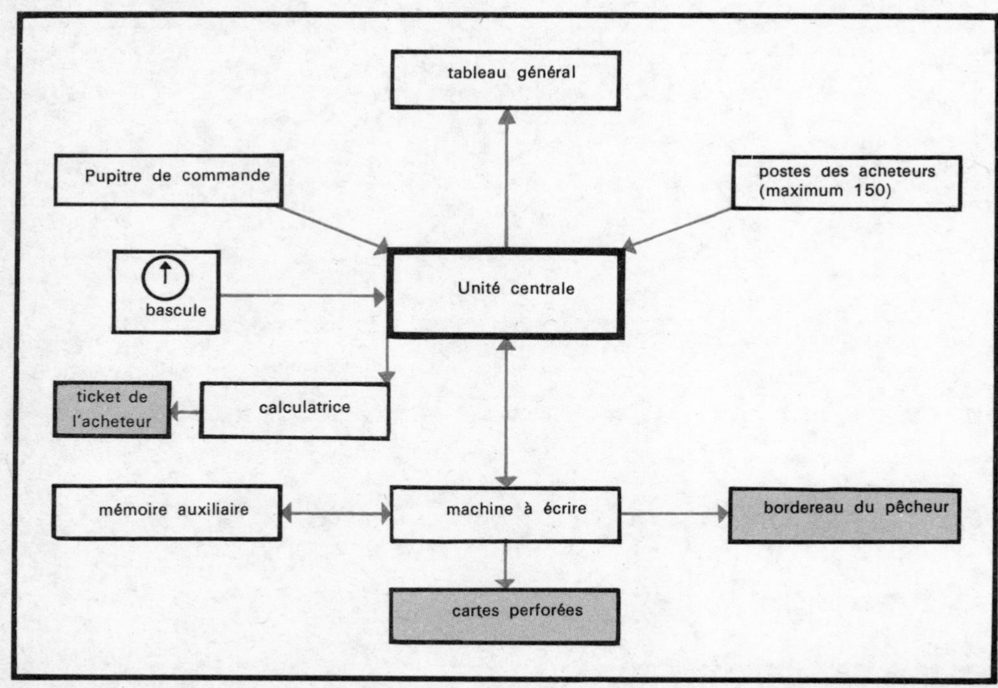

2/ Description de l'installation

a) *Le pupitre de commande* est tenu par le responsable de la vente. Celui-ci ordonne l'arrivée de chaque lot de poissons et en fixe le prix initial. Le nom du poisson et celui du bateau sont inscrits en code dans la mémoire de l'unité centrale.

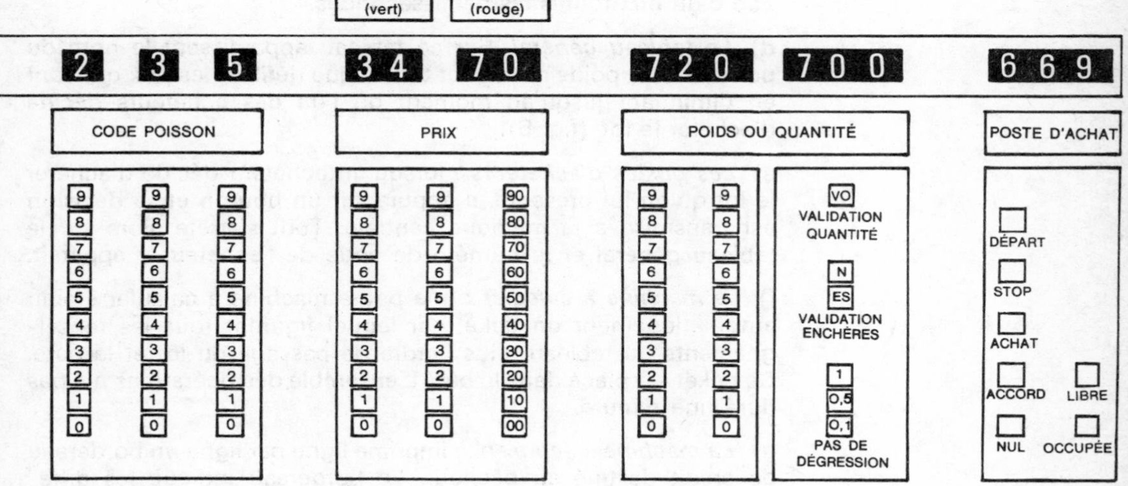

2. Le pupitre de commande : croquis.

3. Le responsable de la vente devant le pupitre.

b) *La bascule :* les bacs en plastique contenant le poisson sont pesés sur une bascule automatique. Le poids des bacs est retranché du poids total indiqué sur la bascule (fig. 4).

c) *L'unité centrale* a des fonctions très diverses. Elle fait apparaître le poids net du poisson et calcule son prix. D'autre part, elle propose suivant un rythme réglable des prix au kilogramme décroissant de dix centimes en dix centimes. Ce rythme peut être d'un prix toutes les demi-secondes.

d) *Le tableau général.* Sur ce tableau apparaissent le nom du poisson et le poids net du lot tandis que défilent les prix qui vont en diminuant jusqu'au moment où l'un des acheteurs décide d'acheter le lot (fig. 5).

e) *Les postes d'acheteurs :* lorsqu'un acheteur décide d'acheter le lot qu'on lui présente, il appuie sur un bouton et sa décision est transmise à la mémoire centrale. Tout s'arrête alors sur le tableau général et le numéro de code de l'acheteur y apparaît.

f) *La machine à calculer :* une petite machine à calculer établit automatiquement un ticket sur lequel figurent tous les renseignements du tableau, plus l'ordre de passage du lot et la date. Ce ticket est placé dans le bac. L'ensemble des opérations n'a pas duré une minute.

g) *La machine à écrire :* elle imprime ligne par ligne un bordereau de crédit destiné au pêcheur. Le bordereau indique les différentes données correspondant aux ventes effectuées (fig. 6). Simultanément la machine produit pour chaque lot de poissons une carte perforée destinée à la mise à jour quotidienne des comptes et à la constitution d'archives. Grâce à la mémoire auxiliaire, une autre carte, contenant les mêmes indications que le bordereau de crédit du pêcheur, est perforée. Elle sera utilisée par le service des statistiques.

3/ Avantages du système

La vente ne dure plus que quatre heures au lieu de huit. Le marché se fait en bon ordre.
On espère installer plusieurs de ces systèmes dans différents ports de pêche et les relier entre eux, ainsi qu'aux centres de distribution, par l'intermédiaire d'un gros ordinateur qui assurerait la gestion des marchés aux poissons dans toute la France.

4. La bascule.

5. Le tableau général.

6. Un bordereau.

BORDEREAU DE CRÉDIT

N° de BORDEREAU	BATEAU	
0001	N° 02 001	EMERAUDE.DES.FLOTS,,,,,,,, JOVER....................

CRIÉE AUX POISSONS
CHAMBRE DE COMMERCE ET D'INDUSTRIE
SÈTE

N° DE BON	DATE JOUR	Q	MOIS	AN	CODE		POIDS	PRIX	MONTANTS BRUTS	IDENTIFICATION	TAXES-RETENUES	MONTANTS NETS
0001	MA	23	12	9	091	010 3 10000	46	0170	782			
0002	MA	23	12	9	126	008 2 9700	6	1950	11700			
0003	MA	23	12	9	125	010 2 10000	6	2120	12720			
0004	MA	23	12	9	125	008 1 9700	7	2100	14700			
0005	MA	23	12	9	018	009 1 9800	72	1060	7632			
0006	MA	23	12	9	019	008 2 9700	64	0550	3520			
0007	MA	23	12	9	054	010 3 10000	5	0900	4500			
0008	MA	23	12	9	048	009 3 9800	5	0440	2200			
0009	MA	23	12	9	021	008 2 9700	64	0290	1856			
0010	MA	23	12	9	098	009 3 9800	5	0240	1200			
0011	MA	23	12	9	097	008 3 9700	5	0120	600			
0012	MA	23	12	9	032	009 2 9800	64	2500	16000			
0013	MA	23	12	9	111	008 2 9700	64	1020	6528			
0014	MA	23	12	9	107	010 3 10000	5	2370	11850			
0015	MA	23	12	9	022	008 3 9700	5	0110	550			
0016	MA	23	12	9	022	009 2 9800	64	0100	640			
0017	MA	23	12	9	048	010 2 10000	64	0260	1664			
									98642	P	986	
										P N	4438	
										G N	5425	
										A P	100	
											10949	87693

I. M. C. - MONTPELLIER - 11.119

NOMBRE DE LOTS 17 **NET A PAYER** 87693

PHONÉTIQUE

un acheteur	œ̃naʃtœʀ	une situation	ynsitɥɑsjɔ̃
des archives [1]	dezaʀʃiv	une statistique	ynstatistik
un bac	œ̃bak	un ticket	œ̃tike
une bascule	ynbaskyl	une vente	ynvɑ̃t
un bordereau	œ̃bɔʀdəʀo	apparaître	apaʀɛtʀ
un centime	œ̃sɑ̃tim	appuyer	apɥije
une constitution	ynkɔ̃stitysjɔ̃	défiler	defile
une décision	yndesizjɔ̃	figurer	figyʀe
une distribution	yndistʀibysjɔ̃	imprimer	ɛ̃pʀime
un lot	œ̃lo	rendre compte de	ʀɑ̃dʀəkɔ̃tdə
une mise à jour	ynmizaʒuʀ	retrancher	ʀətʀɑ̃ʃe
un plastique	œ̃plastik	automatique	ɔtɔmatik
un pupitre	œ̃pypitʀ	réglable	ʀeglabl
un renseignement	œ̃ʀɑ̃sɛɲmɑ̃	automatiquement	ɔtɔmatikmɑ̃
un rythme	œ̃ʀitm		

1. Le nom « archives » est féminin mais se trouve toujours au pluriel.

CONVERSATION

1. *Pouvez-vous rappeler les avantages de l'ordinateur pour la gestion des marchés ?*
2. *Dans la leçon étudiée, quel est le rôle du pupitre de commande ?*
3. *Pourquoi le pupitre de commande est-il tenu par un homme ?*
4. *Quel est le rôle de la machine à calculer ?*
5. *Quels sont les différents rôles de la machine à écrire ?*
6. *Quels sont les avantages de l'ordinateur dans le cas d'une vente de poissons ?*
7. *Quels sont les projets des pêcheurs français pour l'organisation de leurs marchés ?*

GRAMMAIRE

La phrase complexe : la concordance des temps

NATURE DU PROBLÈME

En règle générale, un fait scientifique vrai en tous temps et en tous lieux s'exprime au présent de l'indicatif. Cependant, si l'on veut situer dans le temps, les unes par rapport aux autres, plusieurs actions qui constituent un processus, on est amené à employer des temps différents pour les verbes qui expriment ces différentes actions. Cela peut se faire dans une phrase à propositions juxtaposées.

EX. : *A la sortie du four, les produits verriers* ***subissent*** *des opérations mécaniques de mise en forme; ils* ***seront*** *ensuite soit recuits, soit trempés.*

Mais cela peut aussi se faire dans une phrase à propositions liées où les temps des verbes secondaires dépendent assez étroitement du temps du verbe principal.

EX. : *Les ordinateurs de la troisième génération* ***sont*** *beaucoup moins gros que ceux de la première génération parce qu'on* ***a miniaturisé*** *leurs éléments.*
Blaise Pascal ***a inventé*** *la machine à calculer parce qu'il* ***avait remarqué*** *les difficultés rencontrées par son père dans sa comptabilité.*

LES TEMPS DES VERBES SECONDAIRES

A. Verbes à l'indicatif

1. Le verbe principal est au *présent*, le verbe secondaire se met

au présent	pour marquer une action *présente*	par rapport
au futur	pour marquer une action *future*	à l'action
au passé composé	pour marquer une action *passée*	principale

EX. : *La mémoire centrale* ***est*** *l'organe fondamental puisqu'elle* ***emmagasine*** *le programme, les données en cours de traitement, les résultats intermédiaires pendant les calculs.*
On ***peut*** *penser que l'ordinateur* ***aura*** *un rôle de plus en plus grand dans la vie des pays modernes.*
Si l'on ***compare*** *un ordinateur de la troisième génération à un ordinateur de la génération précédente, on* ***constate*** *que les progrès réalisés* ***ont quadruplé*** *la capacité de la mémoire centrale.*

2. Le verbe principal est au *passé composé* ou à l'*imparfait*, le verbe secondaire se met

à l'imparfait	pour marquer une action *présente*	par rapport
au conditionnel présent	pour marquer une action *future*	à l'action
au plus-que-parfait	pour marquer une action *passée*	principale

EX. : *On* ***savait*** *déjà dans l'Antiquité que le pétrole brut* ***était*** *combustible.*
Archimède ne ***pouvait*** *pas deviner que des hommes* ***construiraient*** *un jour le bathyscaphe.*
En entrant dans son bain, il ***réfléchissait*** *à un problème que le roi Hiéron lui* ***avait posé.***

B. Verbes au subjonctif

Le verbe se met

au subjonctif présent	pour marquer une action *présente*	par rapport
au subjonctif présent	pour marquer une action *future*	à l'action
au subjonctif passé	pour marquer une action *passée*	principale

EX. : *Pour utiliser un ordinateur de la seconde génération, il* ***faut*** *que l'on* ***se trouve*** *à l'endroit où il* ***est installé.***
On ***peut*** *douter que les voyageurs ordinaires* ***aillent*** *sur la lune avant la fin de notre siècle.*
On ***peut*** *douter que les gens du XVIIe siècle* ***aient compris*** *l'intérêt de la machine à calculer de Pascal.*

EXERCICES

1. *Dans ce texte, mettez aux temps convenables les verbes entre parenthèses :*

« De nos jours, les Français *(utiliser)* encore peu l'ordinateur. C'est que les premiers ordinateurs *(inventer*, passif*)* aux États-Unis et *(utiliser*, passif*)* d'abord par les grandes entreprises de ce riche pays. Cependant, depuis quelques années, les ordinateurs *(jouer)* un rôle de plus en plus important dans l'économie française. On *(pouvoir)* penser que ce rôle *(croître)* encore dans les années à venir, grâce aux ordinateurs de la troisième génération que des entreprises petites et moyennes, éloignées les unes des autres, *(pouvoir)* utiliser en même temps. »

2. *Mettez le texte précédent au passé en commençant ainsi :*

« En ce temps-là, les Français utilisaient encore peu l'ordinateur... »

3. *Mettez aux temps convenables les verbes entre parenthèses :*

- Archimède a découvert le principe de la poussée des fluides pendant qu'il *(prendre)* son bain.
- Il pensait à un problème que le roi Hiéron lui *(poser)* deux jours plus tôt.
- Quand la portance équilibrera son poids, l'avion ne *(monter)* plus.
- Lorsque l'acheteur décidera d'acheter le lot, il *(appuyer)* sur le bouton.
- Lorsque l'acheteur décidait d'acheter le lot, il *(appuyer)* sur le bouton.
- Au moment où l'acheteur appuie sur le bouton, tout *(s'arrêter)* sur le tableau central.
- Au moment où l'acheteur appuiera sur le bouton, tout *(s'arrêter)* sur le tableau central.
- Au moment où l'acheteur a appuyé sur le bouton, tout *(s'arrêter)* sur le tableau central.

4. *Même exercice :*

- L'acheteur pense aux prix qu'il *(voir)* défiler hier.
- Il espère que les prix de la prochaine vente *(être)* meilleurs.
- Le pêcheur regarde le bordereau de crédit que la machine *(imprimer)* pour lui voilà quelques minutes.
- Le poids du sac en plastique qui *(se trouver)* sur la bascule est retranché du poids total.
- Les informations que l'on *(recueillir)* pendant les ventes du mois dernier figurent dans les archives.
- Il est neuf heures. Le pêcheur espère que la vente qui *(commencer)* à sept heures *(se terminer)* vers onze heures.
- Il pense que lorsque l'ordinateur du marché aux poissons de Sète *(n'être pas encore installé)*, il *(perdre)* beaucoup plus de temps à chaque vente.
- On peut penser que dans quelques années les marchés aux poissons des grands ports français *(relier* passif*)* entre eux par l'intermédiaire d'un seul gros ordinateur.

5. *Même exercice :*

- Si le scaphandre n'avait pas de semelles de plomb, le scaphandrier ne *(rester)* pas en position verticale dans l'eau.
- Si l'acheteur veut acheter un lot de poissons, il *(appuyer)* sur un bouton.
- Il y a peu de lots à vendre ce matin parce que peu de pêcheurs *(rentrer)*.
- Il y avait peu de lots à vendre ce matin-là parce que peu de pêcheurs *(rentrer)*.
- Le bathyscaphe remonte vers la surface parce que le pilote *(chasser)* l'eau du sas et *(larguer)* son lest.
- Le bathyscaphe est remonté vers la surface parce que le pilote *(chasser)* l'eau du sas et *(larguer)* son lest.
- On préfère le craquage catalytique au craquage thermique parce que celui-ci *(présenter)* de gros inconvénients.
- Pour l'isolation des lieux habités on a associé au verre l'air immobile parce que celui-ci *(être)* un bon isolant thermique.

6. *Même exercice :*

- Les prix défileront jusqu'au moment où un acheteur *(appuyer)* sur son bouton.
- Les prix défileront jusqu'à ce qu'un acheteur *(appuyer)* sur son bouton.
- Les prix ont défilé jusqu'au moment où un acheteur *(appuyer)* sur son bouton.
- Les prix ont défilé jusqu'à ce qu'un acheteur *(appuyer)* sur son bouton.
- La vente continue jusqu'au moment où tous les lots *(proposer* passif*)*.
- La vente continue jusqu'à ce que tous les lots *(proposer* passif*)*.
- Le pêcheur reçoit son bordereau après que tous ses lots *(vendre* passif*)*.
- Il ne le recevra pas avant que tous ses lots *(vendre* passif*)*.

31. ÉQUIVALENCE DES DEGRÉS FAHRENHEIT ET CENTÉSIMAUX

Degrés F	Degrés C	Degrés F	Degrés C	Degrés F	Degrés C
— *30*	— 34,4	+ *15*	— 9,4	+ *60*	+ 15,6
— *29*	— 33,9	+ *16*	— 8,9	+ *61*	+ 16,1
— *28*	— 33,3	+ *17*	— 8,3	+ *62*	+ 16,7
— *27*	— 32,8	+ *18*	— 7,8	+ *63*	+ 17,2
— *26*	— 32,2	+ *19*	— 7,2	+ *64*	+ 17,8
— *25*	— 31,7	+ *20*	— 6,7	+ *65*	+ 18,3
— *24*	— 31,1	+ *21*	— 6,1	+ *66*	+ 18,9
— *23*	— 30,6	+ *22*	— 5,5	+ *67*	+ 19,4
— *22*	— 30,0	+ *23*	— 5,0	+ *68*	+ 20,0
— *21*	— 29,4	+ *24*	— 4,4	+ *69*	+ 20,6
— *20*	— 28,9	+ *25*	— 3,9	+ *70*	+ 21,1
— *19*	— 28,3	+ *26*	— 3,3	+ *71*	+ 21,7
— *18*	— 27,8	+ *27*	— 2,8	+ *72*	+ 22,2
— *17*	— 27,2	+ *28*	— 2,2	+ *73*	+ 22,8
— *16*	— 26,7	+ *29*	— 1,7	+ *74*	+ 23,3
— *15*	— 26,1	+ *30*	— 1,1	+ *75*	+ 23,9
— *14*	— 25,6	+ *31*	— 0,6	+ *76*	+ 24,4
— *13*	— 25,0	+ *32*	0	+ *77*	+ 25,0
— *12*	— 24,4	+ *33*	+ 0,6	+ *78*	+ 25,6
— *11*	— 23,9	+ *34*	+ 1,1	+ *79*	+ 26,1
— *10*	— 23,3	+ *35*	+ 1,7	+ *80*	+ 26,7
— *9*	— 22,8	+ *36*	+ 2,2	+ *81*	+ 27,2
— *8*	— 22,2	+ *37*	+ 2,8	+ *82*	+ 27,8
— *7*	— 21,7	+ *38*	+ 3,3	+ *83*	+ 28,3
— *6*	— 21,1	+ *39*	+ 3,9	+ *84*	+ 28,9
— *5*	— 20,6	+ *40*	+ 4,4	+ *85*	+ 29,4
— *4*	— 20,0	+ *41*	+ 5,0	+ *86*	+ 30,0
— *3*	— 19,4	+ *42*	+ 5,5	+ *87*	+ 30,6
— *2*	— 18,9	+ *43*	+ 6,1	+ *88*	+ 31,1
— *1*	— 18,3	+ *44*	+ 6,7	+ *89*	+ 31,7
0	— 17,8	+ *45*	+ 7,2	+ *90*	+ 32,2
+ *1*	— 17,2	+ *46*	+ 7,8	+ *91*	+ 32,8
+ *2*	— 16,7	+ *47*	+ 8,3	+ *92*	+ 33,3
+ *3*	— 16,1	+ *48*	+ 8,9	+ *93*	+ 33,9
+ *4*	— 15,6	+ *49*	+ 9,4	+ *94*	+ 34,4
+ *5*	— 15,0	+ *50*	+ 10,0	+ *95*	+ 35,0
+ *6*	— 14,4	+ *51*	+ 10,6	+ *96*	+ 35,6
+ *7*	— 13,9	+ *52*	+ 11,1	+ *97*	+ 36,1
+ *8*	— 13,3	+ *53*	+ 11,7	+ *98*	+ 36,7
+ *9*	— 12,8	+ *54*	+ 12,2	+ *99*	+ 37,2
+ *10*	— 12,2	+ *55*	+ 12,8	+ *100*	+ 37,8
+ *11*	— 11,7	+ *56*	+ 13,3	+ *101*	+ 38,3
+ *12*	— 11,1	+ *57*	+ 13,9	+ *102*	+ 38,9
+ *13*	— 10,6	+ *58*	+ 14,4	+ *103*	+ 39,4
+ *14*	— 10,0	+ *59*	+ 15,0	+ *104*	+ 40,0

Nota. — Pour convertir les degrés Fahrenheit en degrés Celsius retrancher 32 et multiplier par 5/9. Pour convertir les degrés Celsius en degrés Fahrenheit, multiplier par 9/5 et ajouter 32.

1 L'informatique et l'automobile

Sans l'aide des ordinateurs, l'industrie automobile n'aurait pu réussir aussi bien ces dernières années. En effet, elle travaille dans des conditions difficiles : son marché est un marché très morcelé, et l'industriel doit présenter un « produit vainqueur » dans chaque catégorie à des clients qui, pour la plupart, ont perdu le goût de la mécanique ; les considérations de prix lui interdisent de multiplier les modèles, mais les données de l'étude du marché lui imposent une grande diversité de présentation ; les exigences de confort, de performance, d'économie venant du public sont aggravées par les exigences des administrations qui accordent une grande attention à la « gestion de l'environnement » (pollution de l'air, niveau du bruit, etc.). Si bien qu'au total le coût et la longueur du développement d'un modèle nouveau devraient être au moins doublés, alors que le goût du public, connu par l'étude du marché, doit être saisi immédiatement et au prix le plus bas.

Les ordinateurs interviennent à tous les moments de la création, de la production, de la vente, et même de l'exploitation d'une automobile. L'étude d'une suspension nouvelle, le calcul d'un profil,... tous ces paramètres peuvent être traités par l'ordinateur et permettent de fabriquer des modèles de base mécaniquement parfaits, en réduisant, grâce à la simulation, la période des essais initiaux sur route.

Autour de ce modèle de base uniforme, on offrira ensuite au client une grande variété d'options sur des détails. Compte tenu de cette variété de demandes, l'ordinateur devra organiser la production au mieux. Et comme les combinaisons des différentes options ont dû être multipliées pour faire accepter l'uniformité du modèle de base, l'ordinateur devra parfois recalculer des éléments mécaniques, la suspension par exemple, en fonction du poids des « options » et de leur centrage.

(D'après M. PONTE et P. BRAILLARD, *L'Informatique*, éd. du SEUIL.)

Les dessins d'une voiture enregistrés en mémoire d'ordinateur permettent d'obtenir sur écran cathodique des vues dont on peut agrandir les détails, changer l'angle, etc.

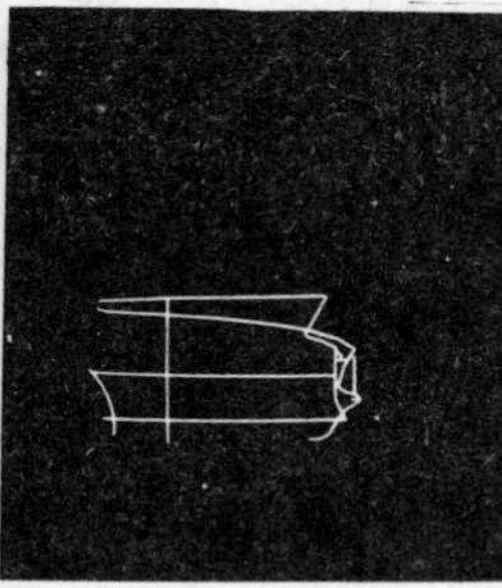

Une poinçonneuse du métro.

Un portillon du R.E.R.

2 L'ordinateur est présent sur le R.E.R.

L'exploitation du réseau express régional du métropolitain de Paris est très automatisée. De nombreux appareillages électroniques y sont utilisés. L'ordinateur remplace le poinçonneur de billets. Sur la partie ouest du réseau (Défense - Étoile), ce sont 23 calculateurs électroniques P 9 201, produits par Philips, qui contrôlent automatiquement les billets imprimés avec une encre magnétique. Les contrôleurs magnétiques de billets déchiffrent les inscriptions portées sur ceux-ci et les envoient vers un calculateur qui les interprète et commande ou non l'ouverture du passage, l'oblitération ou le rejet du billet. Chaque calculateur peut commander une trentaine de portillons. Dans le même temps, les calculateurs totalisent et classent les chiffres d'entrée. Les statistiques de fréquentation sont ainsi tenues à jour en permanence. Un central doté d'ordinateurs C.I.I. [1] doit assurer une interconnexion complète entre les différents calculateurs installés dans les stations. On attend de ce central une surveillance de tout le réseau, d'abord pour les passagers, et ensuite pour la circulation des trains.

(D'après *L'Informatique*, nº 1, p. 101, Les Éditions d'Informatique, DUNOD, Paris.)

1. La C.I.I. [sedozi] ou Compagnie Internationale pour l'Informatique est une entreprise française spécialisée dans l'informatique.

documents

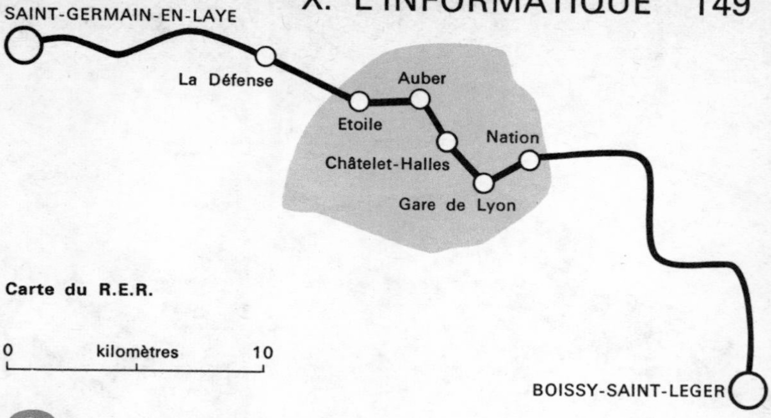

Carte du R.E.R.

3 L'ordinateur et l'enseignement

L'un des grands problèmes de l'enseignement moderne est son adaptation au niveau et au rythme de chaque élève. Un professeur ne peut s'occuper individuellement de ses 35 ou 40 élèves. Faute de temps, il lui est impossible d'analyser chaque cas, d'apercevoir les déficiences pour y remédier. Le professeur fait son cours pour toute la classe. Les uns suivent facilement, pourraient même aller plus vite. D'autres peinent, parfois se noient, alors qu'ils seraient sauvés par un autre système leur permettant de revenir en arrière et de revoir un point mal compris. De cette constatation est née, voici quelques années, l'idée d'utiliser l'ordinateur dans l'enseignement. Plusieurs expériences sont actuellement en cours, notamment dans les facultés des sciences de Paris et de Toulouse (fig. 1).

L'enseignement programmé

En fait, tout a commencé avec la méthode de l'enseignement programmé. Là, l'élève dispose d'un livre dans lequel on lui pose, selon une progression étudiée, des questions auxquelles il doit répondre. Si sa réponse est bonne (il vérifie avec la réponse cachée dans le livre), il passe à la question suivante. Mais tout cela ne vaut que si l'élève fait preuve de bonne volonté.

Différents essais ont été faits pour remplacer le livre par une machine et pour morceler à l'extrême — en propositions extrêmement simples ou items — les connaissances à enseigner.

L'aide de l'ordinateur

Il faut ensuite mettre dans la mémoire de l'ordinateur les questions correspondant aux items et leurs réponses ; les réactions doivent être automatiquement manifestées par l'ordinateur à certaines réponses ou certains comportements de l'élève, grâce à des mécanismes de contrôle, d'analyse, etc. Bien sûr, cela ne suffit pas. Encore faut-il relier l'ordinateur à chaque élève, en fournissant à ce dernier des moyens lui permettant de communiquer avec la machine (fig. 2).

1. L'ordinateur IBM 360
de la Faculté des Sciences de Paris.

2. Une cabine individuelle pour étudiant.

La liaison ordinateur-élève est assurée par des éléments périphériques, ce que l'on appelle des terminaux, appareils individuels dont dispose chaque élève et qui sont reliés à l'ordinateur par ligne téléphonique.

L'appareil terminal est constitué par un clavier de machine à écrire permettant à l'élève de composer sa réponse à l'ordinateur ; un écran sur lequel apparaissent les questions posées par la machine, les réponses de l'élève, des schémas ; un crayon lumineux, minuscule caméra de télévision avec laquelle l'élève peut situer un point particulier de l'écran, et répondre ainsi à une question concernant un schéma ; un projecteur de diapositives, commandé par l'ordinateur pour projeter des dessins, diagrammes, etc. ; un écouteur permettant l'écoute d'une bande magnétique également commandée par l'ordinateur.

Dans cet ensemble évidemment fort coûteux, l'ordinateur devient une machine à enseigner aux grandes possibilités, capable de donner simultanément des leçons individuelles à des milliers d'élèves dispersés. Il peut en outre enseigner plusieurs matières différentes en même temps grâce à sa fantastique vitesse de fonctionnement (système du temps partagé).

Les avantages sont considérables. L'ordinateur suit l'élève pas à pas, l'analyse en permanence, le corrige, décide de le faire revenir en arrière ou avancer plus vite.

Mais l'ordinateur a des limites. Il ne peut pas enseigner ou juger n'importe quoi. Il n'est pas capable d'analyse combinatoire tant soit peu complexe. Il ne saurait juger une rédaction. Il ne peut que comparer une réponse qui lui est fournie, lettre par lettre, avec celle qui est inscrite dans sa mémoire. Ce qui ne va pas d'ailleurs sans problème lorsque l'élève fait des fautes d'orthographe !

(D'après *L'Univers des Sciences et des Techniques*, n° 20. O.D.E.G.E.)

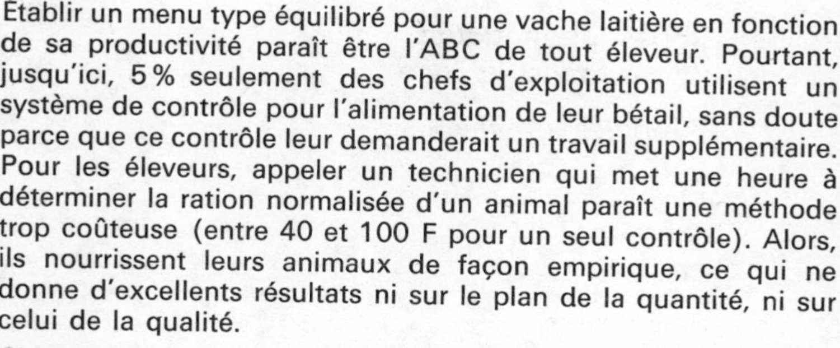

4 Menu programmé pour vache laitière

Établir un menu type équilibré pour une vache laitière en fonction de sa productivité paraît être l'ABC de tout éleveur. Pourtant, jusqu'ici, 5 % seulement des chefs d'exploitation utilisent un système de contrôle pour l'alimentation de leur bétail, sans doute parce que ce contrôle leur demanderait un travail supplémentaire. Pour les éleveurs, appeler un technicien qui met une heure à déterminer la ration normalisée d'un animal paraît une méthode trop coûteuse (entre 40 et 100 F pour un seul contrôle). Alors, ils nourrissent leurs animaux de façon empirique, ce qui ne donne d'excellents résultats ni sur le plan de la quantité, ni sur celui de la qualité.

C'est pourquoi M. Jacques Mercky, chef du service des études à la Chambre d'agriculture de Colmar, a cherché le moyen de supprimer cet excès de travail, ou ces grosses dépenses qui empêchaient les éleveurs d'utiliser le contrôle alimentaire. Il l'a trouvé : c'est l'informatique.

Pour un ordinateur, il est en effet extrêmement simple de se charger d'un contrôle d'alimentation. Il lui suffit de quelques secondes pour :

- calculer la valeur alimentaire des fourrages consommés chaque jour par les animaux ;
- déterminer le déséquilibre existant entre la production de lait permise par l'apport d'énergie (unités fourragères) d'un côté, par l'apport de protéines (matières azotées digestibles) de l'autre, puisque l'on sait que la fabrication d'un litre de lait demande 0,4 unité fourragère et 60 g de matières azotées digestibles ;
- déterminer, enfin, la production permise par la ration ainsi rééquilibrée.

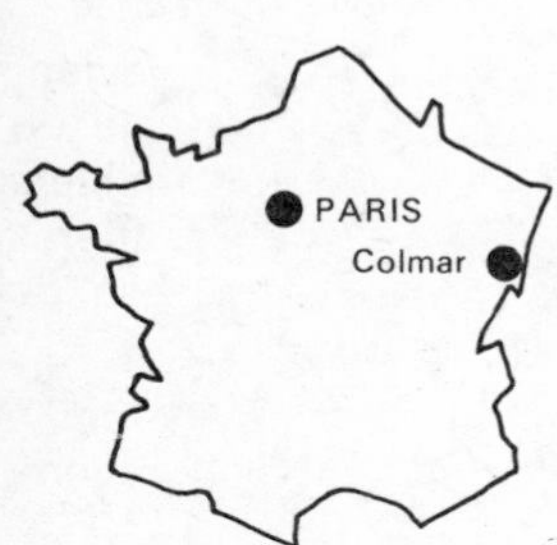

Pour l'éleveur, le travail est simplifié au maximum. Il n'a qu'à remplir un questionnaire sur lequel il inscrit les quantités d'aliments consommées toutes les 24 heures par chaque vache en production. En fait, il pèse les différents aliments consommés par l'ensemble des animaux et détermine par division la ration quotidienne moyenne d'une vache.

Quand la fiche portant ces renseignements arrive au service d'études de la Chambre d'agriculture, il ne reste plus qu'à les inscrire par perforation sur une carte que l'on glisse dans l'ordinateur. Moins d'une minute plus tard, la machine dicte ses conseils. Aussitôt mis sous enveloppe, ils sont envoyés à l'éleveur. L'ensemble de l'opération ne prend pas plus de 48 heures.

Il reste aujourd'hui à informer les éleveurs de ces possibilités nouvelles. C'est le but de « l'opération Valat ». Valat pour : vaches laitières. C'est le nom donné à ce programme par la Chambre d'agriculture de Colmar qui a organisé une campagne de publicité dans la presse agricole locale.

(D'après *L'Informatique*, n° 1, p. 97, Les Éditions d'Informatique, DUNOD, Paris.)

Signes phonétiques utilisés dans le livre

Symboles et valeurs

Voyelles

[i] fil, stylo
[e] métal, coller
[ɛ] faible, mètre
[a] radio
[ɑ] bâton, tas
[ɔ] port
[o] tôt, oh, marteau
[u] double
[y] dur
[ø] bleu
[œ] chauffeur
[ə] porte, demain
[ɛ̃] dessin, main, peindre
[ɑ̃] autant, ensuite
[ɔ̃] ombre, plafond
[œ̃] un

Semi-consonnes

[j] réveil, travail
[w] mois
[ɥ] huit

Consonnes

[p] port
[t] jeter
[k] kilo, côté
[b] bord
[d] début
[g] gare, fatigue
[f] faux, photo
[s] sol, dessus, ciel, opération
[ʃ] chauffage
[v] vapeur
[z] zéro
[ʒ] courage
[l] lampe
[ʀ] roue, tenir
[m] mille
[n] nord
[ɲ] ligne

Sens des abréviations du lexique

A 25	Appendice 25
G 16, E 8	Grammaire 16, exercice 8
L 22	Leçon 22
TG 21	Tableau de grammaire de la leçon 21
IX, 4	Dossier IX, document 4

les mots ou abréviations entre parenthèses indiquent le sens dans lequel le mot est compris.

(Gr)	Grammaire
(biol)	biologie
(chim)	chimie
(élec)	électricité
(géog)	géographie
(ind)	industrie
(inform)	informatique
(math)	mathématiques
(phys)	physique
(techn)	technique
≠	différent de

Lexique

A

Aboutir à, IX, 3.
Abri, un, L 19.
Abscisse, une, A 21.
Absorber, L 27; VII, 2.
Accepter, X, 1.
Accès, un, L 25.
Accoler, VIII, 1.
Accorder : accorder de l'attention à, X, 1.
Accumulateur, un, A 25.
Accumuler : s'accumuler, L 19.
Acheteur, un, L 31.
Acide, un, L 17.
Actionner, L 27.
Actuel, L 29.
Adaptation, une, X, 3.
Admettant : en admettant que, TG 25.
Administration, une, X, 1.
Adopter, VIII, 1.
Aéronautique, une, VI, 3.
Afin de, afin que, L 22; TG 22.
Agé : être âgé de, IX, 1.
Agence, une, IX, 4.
Agencement, un, L 26.
Agent chimique, un, L 17.
Aggloméré, un, L 18.
Agglomérer : s'agglomérer, VII, 2.
Aggraver, X, 1.
Agir : s'agir de, L 18.
Agitation, une, L 26.
Aide, une, X, 1.
Ailette, une, VII, 1.
Ailleurs : d'ailleurs, TG 28.
Aimant, un, L 24.
Aimanter, un, L 24.
Ainsi que, TG 27.
Aisément, VII, 2.
Aliment, un, X, 4.
Alimenter, VI, 2; L 25.
Alluvion, une, VIII, 3.
Alors que, TG 26.
Alternance, une, TG 16.
Alternateur, un, L 24.
Alternativement, VIII, 2.
Alterner, A 29.
Alumine, une, L 17.
Amas, un, A 28.
Amélioration, une, VII, 3.
Améliorer, L 17.
Aménager, L 21.
Amont, un : en amont, L 25.
Amorphe, L 16.
Ampère, un, A 24.
Ampèremètre, un, A 25.
Analyse, une, X, 3.
Analyser, L 20.
Analyseur, VIII, 4.
Ancienneté, une, IX, 1.
Anglo-saxon, A 30.
Animer, VI, 2; L 23.
Anneau, un, L 21.
Annuel, A 22.
Antériorité, une, TG 18.
Anticlinal, un, L 19.
Apparaître, L 31; IX, 3.
Appareillage, un, X, 2.
Apparent, VI, 2.
Appellation, une, VIII, 1.
Apport, un, X, 4.
Appréciable, L 27.
Apprécier (= mesurer) A 16.
Approcher : s'approcher de, L 24.
Approximatif, A 27.
Appuyer, L 31.
Après-demain, TG 17.
Après que, TG 18.
Aptitude, une, VII, 3.
Archives, des (féminin pluriel), L 31.
Argile, une, VIII, 3.
Arithmétique : une progression arithmérique, A 29.
Armer : du béton armé, L 28.
Aromatique, L 21.
Arracher, L 23.
Arrangement, un, L 16.
Artificiel, L 25.
Ascension, une, L 21.
Assez : assez pour, TG 21.
Assemblage, un, L 28.
Associer, L 18.
Astre, un, A 28.
Astronomie, une, A 27.
Asymptote, une, A 21.
Atome, un, L 16.
Atomique, L 26.
Attendant : en attendant que, TG 18.
Attendre : sans attendre que, TG 18.
Attirer, L 23.
Attribuer, VII, 3.
Aubage, un, VII, 1.
Auparavant, TG 17.
Aussi longtemps que, TG 18.
Aussitôt, TG 17; aussitôt que, TG 18.
Austral, A 27.
Autant : d'autant plus / moins de, TG 23; d'autant plus / moins que, TG 19; TG 27.
Auto-allumage, un, VII, 3.
Automatique, L 31.
Automatiquement, L 31.
Automatiser, L 29.
Automobiliste, un, VII, 2.
Automoteur, VII, 2.
Auxiliaire : une mémoire auxiliaire, L 29.
Aval, un; en aval, L 25.
Avance : en avance d'une heure sur..., A 23.
Avant-directrice, une, L 25.
Avant-hier, TG 17.
Avant que, TG 18.
Avant-veille, une : l'avant-veille, TG 17.
Axe, un : axe de coordonnées, A 21.
Axial, VIII, 1.
Azote, un, L 21.
Azoté, L 21.

B

Bac, un, L 31.
Bactérie, une, L 19.
Baril, un (= mesure anglo-saxonne), A 30.
Barrage, un, L 25.
Barre, une, L 27.
Barreau, un, L 24.
Barrer, VIII, 2.
Baryum : du baryum, L 27.
Bascule, une, L 31.
Base : à base de, L 27.
Bassin, un : un four à bassin, L 17; un bassin de rivière, VIII, 3.
Battement, un, A 23.
Batterie, une (élec) L 24.
Benzène, un, L 21.
Bétail, un, X, 4.
Bien que, TG 26.
Bilan, un, VI, 2.
Bille, une : un roulement à billes, VII, 2.
Binôme, un, A 20.
Biochimique, IX, 2.
Biologique, L 28.
Biseau, un, L 19.
Bitume, un, L 22.
Bobine, une (élec), L 24.
Bombarder, L 26.
Bombe, une : une bombe au cobalt, L 26.
Bordereau, un, L 31.
Bore, du, L 26.
Boréal, A 27.
Borne, une (élec), L 24.
Boue, une L 20.
Bouleversement, un L 19.
Bousculer, IX 2.
Branche, une : branche de courbe, A 21.
Briser, L 22.

C

D

E

F

G

H

I

J

K

L

M

N

R

S

EXERCICES DE COMPRÉHENSION ET DE CONTROLE

16. LES ÉTATS DE LA MATIÈRE. L'ÉTAT VITREUX.

Voir leçon p. 6.

1

Les différents changements d'état

A. *Mettez en face de chaque changement d'état de la liste 1 le chiffre correspondant au nom convenable pris dans la liste 2 :*

Liste 1			*Liste 2*	
État solide → état liquide	A	...	1	La sublimation
État solide → état gazeux	B	...	2	La vaporisation
État liquide → état solide	C	...	3	La liquéfaction
État liquide → état gazeux	D	...	4	La fusion
État gazeux → état liquide	E	...	5	La solidification
État gazeux → état solide	F	...	6	La condensation à l'état solide.

B. *Trouvez pour chaque nom de la liste 1 l'adjectif correspondant de la liste 2 :*

Liste 1			*Liste 2*	
Les caractéristiques	A	...	1	physique
Un état	B	...	2	amorphe
Une propriété	C	...	3	complète
Une structure	D	...	4	relatif
Une cristallisation	E	...	5	infinie
Un désordre	F	...	6	essentielles
Une valeur	G	...	7	vitreux

2

Indiquez pour chaque expression la phrase dont le sens se rapproche le plus de l'expression donnée :

1. La matière se présente à nos yeux sous des formes différentes.
- Sous nos yeux la matière se déforme souvent. A ☐
- C'est sous des formes différentes que la matière se présente. B ☐

2. On oppose souvent les solides aux fluides, c'est-à-dire aux liquides et aux gaz.
- On oppose souvent les fluides aux solides et aux gaz. A ☐
- On oppose souvent les solides aux fluides. B ☐

3. Généralement, les solides se présentent sous la forme de cristaux plus ou moins gros.
- En général les solides plus ou moins gros se présentent sous la forme de cristaux. A ☐
- Les solides se présentent presque toujours sous la forme de cristaux plus ou moins gros. B ☐

4. Tout corps pur peut prendre l'état fluide ou l'état solide.
- Un corps pur peut être soit à l'état solide, soit à l'état liquide, soit à l'état gazeux. A ☐
- Tout corps pur peut prendre l'état solide ou l'état vitreux. B ☐

5. Tout changement d'état s'effectue dans des conditions bien déterminées et caractéristiques du corps étudié.

- Les conditions dans lesquelles s'effectue tout changement d'état d'un corps sont bien déterminées et caractéristiques de ce corps. A ☐
- Les changements d'état s'effectuent dans des conditions identiques pour tous les corps. B ☐

6. Dans la plupart des corps à l'état liquide, les molécules peuvent se déplacer facilement.

- Dans certains corps à l'état liquide, les molécules peuvent se déplacer facilement. A ☐
- Dans presque tous les corps à l'état liquide, les molécules peuvent se déplacer facilement. B ☐

7. Quand un corps se solidifie, sa viscosité passe brusquement à une valeur infinie,

- Quand un corps se solidifie, sa viscosité devient très faible. A ☐
- La viscosité d'un corps qui se solidifie devient très forte. B ☐

8. Les verres à l'état liquide ont une viscosité déjà forte qui croît régulièrement quand on les refroidit.

- La forte viscosité des verres à l'état liquide augmente régulièrement quand la température diminue. A ☐
- Les verres à l'état liquide ont une viscosité déjà forte qui croît régulièrement quand la température augmente. B ☐

9. On dit qu'un corps est isotrope s'il présente les mêmes propriétés physiques dans toutes les directions.

- On dit qu'un corps est isotrope quand il présente dans toutes les directions des propriétés mécaniques identiques. A ☐
- L'isotropie est le caractère d'un corps qui présente des propriétés physiques identiques dans toutes les directions. B ☐

10. La grande viscosité du verre fondu gêne l'orientation des atomes qui n'ont pas le temps de s'ordonner.

- Le verre fondu a une grande viscosité qui empêche l'orientation des atomes, lesquels n'ont pas le temps de s'ordonner. A ☐
- La grande viscosité du verre fondu gêne l'accélération des atomes qui n'ont pas le temps de s'aligner. B ☐

17. LA FABRICATION INDUSTRIELLE DU VERRE.

Voir leçon p. 13.

1

1. *Mettez après chaque lettre le chiffre correspondant à la formule convenable :*

La silice	A ...	1	$Na_2\ Co_3$
L'alumine	B ...	2	$Ca\ O$
La chaux	C ...	3	$Al_2\ O_3$
Le carbonate de soude	D ...	4	$Mg\ O$
La magnésie	E ...	5	$Si\ O_2$

2. *Mettez après chaque lettre correspondant à une matière première le chiffre correspondant à sa proportion dans le mélange :*

La silice A ...
La chaux B ...
Le carbonate de soude C ...
Les débris de verre D ...

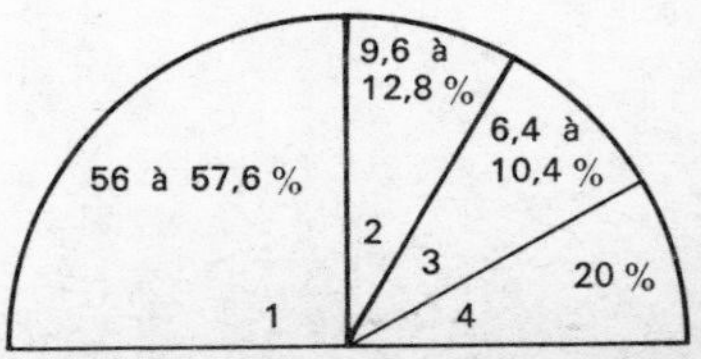

3. *Même exercice :*

1 200 °C	A ...
L'alimentation en matières premières	B ...
L'orifice intérieur d'un brûleur	C ...
Le mélange en cours de fusion	D ...
Le travail du verre	E ...
La zone de température maximale en surface	F ...

4. *Trouvez pour chaque type de produit de la liste 1 le produit correspondant de la liste 2 :*

Liste 1	Les produits creux et moulés	A ...	*Liste 2*	1	Une vitre
	Les produits plats	B ...		2	Un vase
	Les produits fibrés	C ...		3	Une bouteille
	Les produits creux et moulés	D ...		4	La laine de verre.

2

Marquez d'une croix l'information convenable :

1. Le sable est composé de carbonate de soude. A ☐

Le sable est composé de silice. B ☐

2. La chaux augmente la température de fusion de la silice. A ☐

La chaux diminue la résistance du verre aux agents chimiques. B ☐

La chaux augmente la résistance du verre aux agents chimiques. C ☐

3. Le carbonate de soude entre dans la composition des verres industriels. A ☐

Le carbonate de soude représente environ 10 à 12 % des matières premières nécessaires à la fabrication du verre. B ☐

Le rôle du carbonate de chaux est d'abaisser la température de fusion de la silice. C ☐

4. Le mélange des matières premières est introduit sans arrêt dans un four à bassin. A ☐

Le mélange des matières premières est introduit de façon continue dans un four à bassin. B ☐

Le mélange des matières premières est introduit en une seule fois dans un four à bassin. C ☐

5. Dans la première zone du four le mélange passe de l'état solide à l'état gazeux. A ☐

Dans la première zone du four la température est de l'ordre de 400 °C. B ☐

Dans la première zone du four le mélange est d'abord réduit à l'état pâteux. C ☐

6. Le verre perd les gaz qu'il contenait dans la zone la plus chaude du four. A ☐

A 1 550 °C le verre perd les gaz qu'il contenait. B ☐

A 1 550 °C le verre devient solide sous l'action des gaz. C ☐

7. La laine de verre fait partie des produits plats. A ☐

La laine de verre fait partie des produits fibrés. B ☐

8. Un verre trempé se refroidit de façon lente et uniforme. A ☐

Un verre trempé se refroidit de façon discontinue. B ☐

9. La résistance du verre normal aux agents chimiques est très grande. A ☐

La résistance du verre normal aux agents mécaniques est très grande. B ☐

18. LE VERRE ET LE CONFORT. L'ISOLATION THERMIQUE.

Voir leçon p. 20.

1

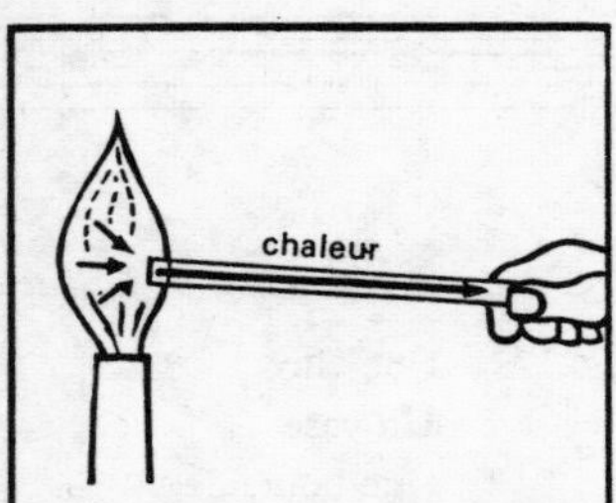

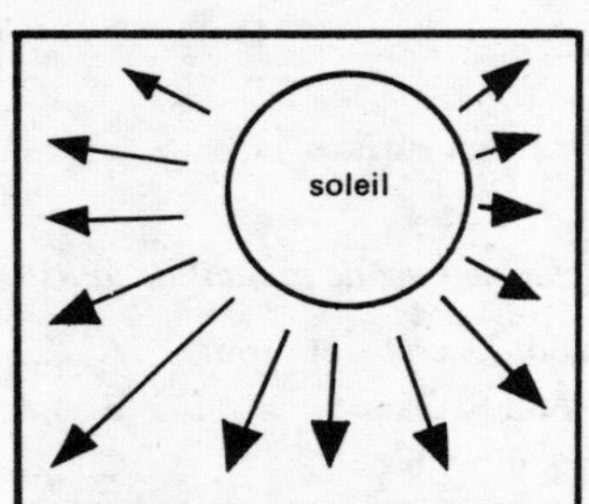

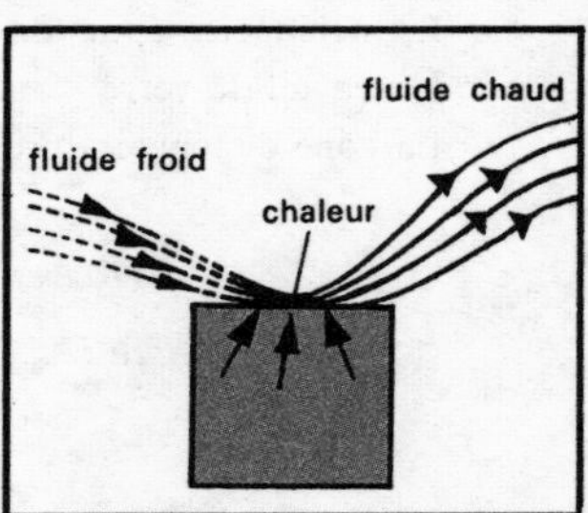

a. *Mettez après chaque lettre le chiffre correspondant au mode de propagation de la chaleur :*

La convexion A ...
La conduction B ...
Le rayonnement C ...

1 2 3 4 5

te = — 5 °C

ti = + 20 °C

t3 t2 t1 t5 t4

b. *Mettez après chaque lettre le chiffre ou le symbole correspondant à la réponse demandée :*

Agglomérés : 10 cm	A ...
Fibre de verre	B ...
Ciment : 2 cm	C ...
Plâtre : 5 cm	D ...
Plâtre : 1,5 cm	E ...
Température : — 3,7 °C	F ...
Température : + 15,8 °C	G ...
Température : — 2,6 °C	H ...
Température : + 18,1 °C	I ...
Température : + 17,5 °C	J ...

2

Marquez d'une croix l'information convenable :

1. En France, la température nécessaire pour rendre confortable un lieu habité est de l'ordre de
- 13 °C A ☐
- 20 °C B ☐
- 30 °C. C ☐

2. Lorsque l'on augmente l'isolation thermique d'un lieu habité, on veut
- augmenter les déperditions calorifiques A ☐
- limiter les déperditions calorifiques. B ☐

3. Le transport de la chaleur par un solide s'appelle la convexion. A ☐

Le transport de la chaleur par un fluide s'appelle la convexion. B ☐

Le transport de la chaleur sans l'aide d'un support matériel s'appelle la convexion. C ☐

4. La calorie est la quantité de chaleur nécessaire pour élever le poids d'un litre d'eau de 14,5 °C à 15,5 °C. A ☐

La calorie est la quantité de chaleur nécessaire pour élever la température d'un gramme d'eau de 14,5 °C à 15,5 °C. B ☐

5. Les déperditions de chaleur se mesurent par degré de différence de température entre les deux milieux considérés, et en kilocalories par mètre carré, par heure. A ☐

Les déperditions de chaleur se mesurent en kilocalories par mètre cube par seconde et par degré de différence de température du milieu considéré. B ☐

6. Le verre est un bon conducteur thermique. A ☐

Le verre est un mauvais isolant thermique. B ☐

L'air immobile s'oppose le mieux à la propagation de la chaleur. C ☐

7. Les vitrages isolants sont composés de plusieurs feuilles de verre. A ☐

Les vitrages isolants sont composés d'une feuille de verre très épaisse. B ☐

Les vitrages isolants sont composés de deux feuilles de verre limitant un espace d'air déshydraté relativement immobile. C ☐

8. Les échanges thermiques entre un lieu habité et le milieu extérieur sont peu importants si les parties opaques sont isolées à l'aide de panneaux de plâtre. A ☐

Dans une maison moderne et confortable, des feutres et des panneaux en fibre de verre assurent l'isolation thermique des murs. B ☐

CONTROLE VI

A

Vous voulez assurer l'isolation thermique d'un lieu habité, quelle solution proposez-vous ? Illustrez votre explication à l'aide d'un schéma.

B

1. Le laminage du verre.

Lisez ce texte :

Le verre plat

Dans l'industrie du verre, on appelle généralement « verre plat » les produits vendus sous forme de feuilles dont l'épaisseur est le plus souvent comprise entre 1,5 et 7 mm. Cependant, cette épaisseur peut atteindre 20 mm, et même plus pour les feuilles très épaisses appelées « dalles de verre ». Ces produits ont tous à peu près la même composition. Ce qui les rend différents, c'est surtout la qualité de leurs surfaces et la façon dont cette qualité est obtenue. Le verre coulé et la glace sont fabriqués par laminage : à la sortie du four, le verre à la température d'environ 1 200° passe entre deux rouleaux en acier (fig. 1) refroidis par circulation d'eau intérieure. Pendant cette opération, sa température diminue d'environ 400 °C. La feuille est débitée à des vitesses variant entre 2 et 5 m à la minute. Elle passe ensuite sur des rouleaux porteurs où elle devient suffisamment rigide pour pouvoir être recuite.

Le verre, produit de cette façon, présente des inégalités de surface : c'est lui qu'on appelle verre coulé, et on ne l'emploie pour l'éclairage des lieux habités que lorsqu'on ne cherche pas à voir par transparence. La glace, au contraire, est un verre laminé dont les inégalités de surface sont supprimées par une série d'opérations mécaniques.

Le verre à vitres est fabriqué par un procédé différent, l'étirage.

Marquez d'une croix l'information convenable :

1. L'épaisseur d'un verre plat est généralement comprise entre
- 0,5 mm et 5 mm A ☐
- 2 mm et 8 mm B ☐
- 1,5 mm et 7 mm. C ☐

2. On appelle dalle de verre une feuille de verre
- très mince A ☐
- très épaisse. B ☐

3. Les différentes espèces de verres plats ont
- à peu près la même composition A ☐
- des compositions très différentes. B ☐

4. Le verre qui va passer au laminage est à une température de
- 1 500 °C A ☐
- 800 °C B ☐
- 1 200 °C. C ☐

5. Les rouleaux entre lesquels passe le verre sont refroidis
- par circulation d'eau A ☐
- par circulation d'air. B ☐

6. Pendant le laminage, la température du verre
- augmente de 200 °C A ☐
- diminue de 200 °C B ☐
- diminue de 400 °C. C ☐

7. La feuille de verre qui sort des rouleaux avance à une vitesse de
- 8 à 10 m/mn A ☐
- 10 à 20 m/mn B ☐
- 2 à 5 m/mn. C ☐

8. La feuille de verre est recuite
- quand elle est encore très pâteuse A ☐
- quand elle est déjà rigide. B ☐

9. Le verre produit par laminage a des surfaces
- bien plates et parallèles A ☐
- qui présentent des inégalités. B ☐

10. Le verre coulé est un verre
- produit directement par laminage A ☐
- qui est soumis à des opérations mécaniques après le laminage. B ☐

11. On emploie le verre coulé
- pour l'éclairage des lieux habités A ☐
- comme verre à vitres B ☐
- pour augmenter l'isolation des murs. C ☐

19. L'ORIGINE DU PÉTROLE.

Voir leçon p. 32.

1

1. *Reportez dans les carrés le chiffre correspondant à la partie désignée :*

Le plancton marin A ...
L'eau salée, la mer B ...
La couche de sédiments C ...

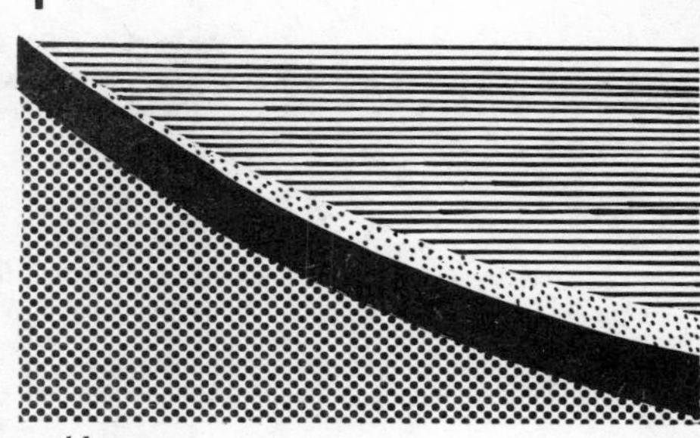

2. *Marquez d'une croix l'information convenable :*

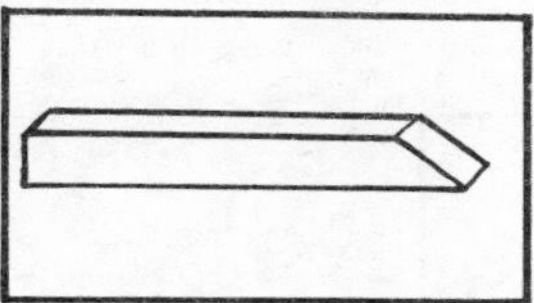

a. L'extrémité de cette lame est en forme de biseau. A ☐

L'extrémité de cette lame est sphérique. B ☐

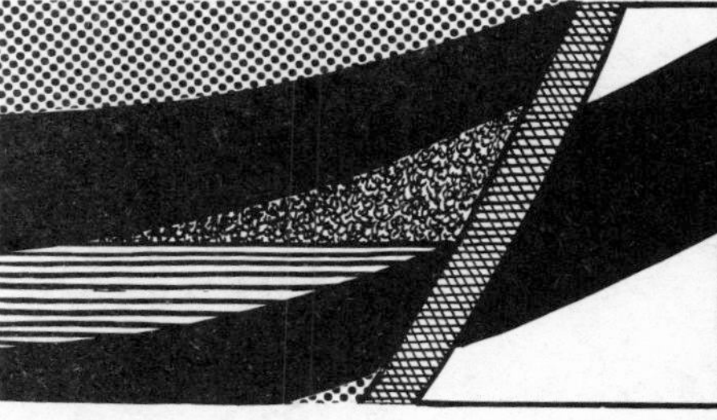

b. Le pétrole est pris au piège dans un anticlinal. A ☐

Le pétrole est pris au piège dans une faille. B ☐

c. Cette matière est perméable. A ☐

Cette matière est imperméable. B ☐

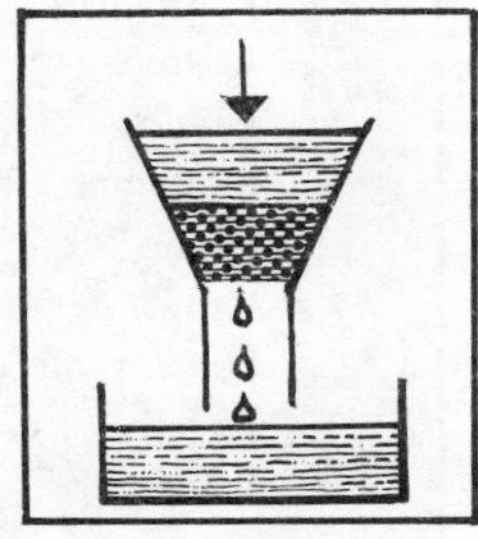

2

Marquez d'une croix l'information convenable :

1. Le plancton marin formé de matières organiques s'est accumulé au fond de la mer. A ☐

Le plancton marin composé d'éléments microscopiques est toujours resté à la surface de la mer. B ☐

2. Le pétrole s'est formé lentement dans la roche magasin. A ☐

Le pétrole s'est formé peu à peu dans la roche mère. B ☐

3. Les matières organiques se sont transformées en pétrole sous l'action de certaines bactéries, à l'abri de l'air. A ☐

Les matières organiques se sont transformées en pétrole sous l'action convergente de l'oxygène et de certaines bactéries. B ☐

4. Le pétrole est pris au piège s'il rencontre une couche de terrain perméable. A ☐

Le pétrole est pris au piège s'il rencontre une couche de terrain imperméable. B ☐

5. Le pétrole se trouve à l'état liquide sous forme de grands lacs souterrains. A ☐

Le pétrole, à l'abri de l'air dans les roches magasins, se présente sous forme de gisements. B ☐

6. Dans un piège à pétrole du type anticlinal, l'eau salée se trouve au-dessous du pétrole car sa densité est égale à celle du gaz. A ☐

Dans un piège à pétrole du type anticlinal, le pétrole est au-dessus de l'eau salée car il est moins lourd que l'eau. B ☐

7. La faille résulte d'un bouleversement brutal des couches de terrain provoqué par un glissement vertical. A ☐

Un glissement brutal des couches de terrain dans le sens vertical produit un piège à pétrole du type anticlinal. B ☐

20. LE FORAGE.

Voir leçon p. 40.

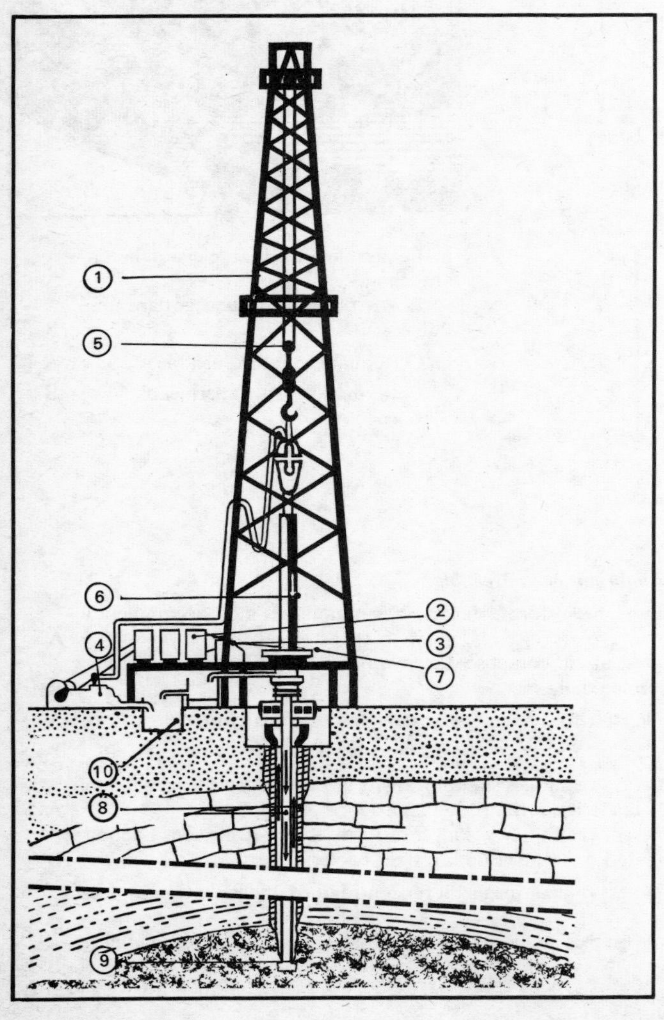

1

Mettez à côté de chaque mot ou expression le chiffre correspondant :

La tige carrée	A	...
Le treuil	B	...
Le trépan	C	...
Un derrick	D	...
La pompe à boue	E	...
Le moteur	F	...
La tige de forage	G	...
Le réservoir à boue	H	...
Le palan	I	...
La table de rotation	J	...

2 *Marquez d'une croix l'information convenable :*

1. Le forage permet l'étude théorique des structures souterraines. A ☐
Le forage permet d'atteindre un « piège à pétrole ». B ☐

2. Les palans sont fixés au sommet du derrick puis reliés à des treuils mécaniques par des câbles. A ☐
Les câbles relient les palans aux treuils mécaniques qui sont fixés au sommet du derrick. B ☐

3. Les palans permettent d'assurer un mouvement de rotation à la première tige carrée. A ☐
Les palans permettent d'assurer un déplacement vertical à la première tige carrée. B ☐
Les lourdes tiges creuses sont manœuvrées à l'aide des palans. C ☐

4. La vitesse de rotation du trépan varie de 50 à 400 tours par minute en fonction de la dureté de la roche. A ☐
En fonction de la densité de la roche, la vitesse de rotation du trépan est plus ou moins grande. B ☐

5. Lorsque la roche est très dure on utilise un trépan à diamants. A ☐
Lorsque la roche est très dure on utilise un trépan à tricône. B ☐

6. Dans des conditions normales de fonctionnement un trépan est usé
- au bout de 20 m de forage A ☐
- au bout de 100 m de forage B ☐
- au bout de 210 m de forage. C ☐

7. Un courant de boue sous pression est injecté à l'intérieur du derrick. A ☐
Une puissante pompe injecte sous pression un courant de boue à l'intérieur du train de tiges. B ☐

8. La boue s'oppose par son poids à l'éruption brutale du trépan. A ☐
Par son poids, la boue s'oppose à l'éruption brutale du gaz et du pétrole. B ☐

9. A la sortie du puits la boue est récupérée, passée au tamis vibrant puis renvoyée dans le circuit. A ☐
A la sortie du puits, la boue est remise directement dans le circuit. B ☐

21. LE RAFFINAGE : LA DISTILLATION FRACTIONNÉE.

Voir leçon p. 46.

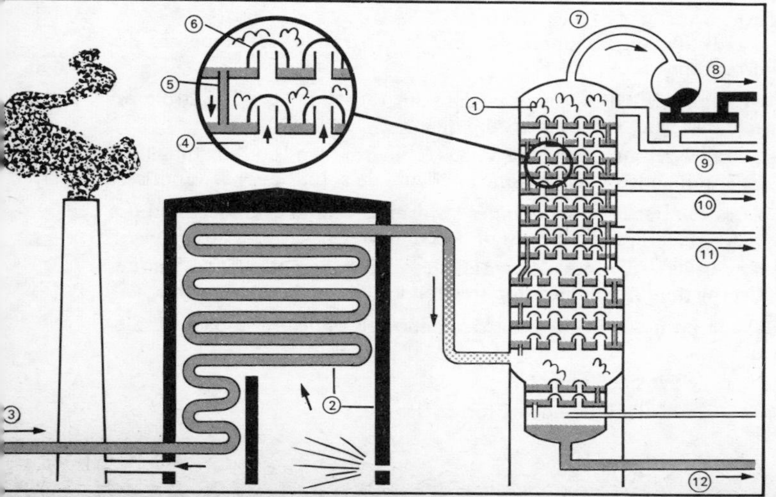

1 *Mettez à côté de chaque mot ou expression le chiffre correspondant :*

Le four tubulaire A ...
Le pétrole brut B ...
La calotte C ...
Le tube de trop-plein D ...
Le distillat E ...
Les vapeurs de pétrole F ...
Les vapeurs d'essence G ...
Les gaz H ...
L'essence I ...
Le carburant lourd J ...
Le pétrole lampant K ...

2

Marquez d'une croix l'information convenable :

1. Le pétrole est un produit utilisable à l'état naturel. A ☐

Le pétrole est utilisable seulement après les opérations de raffinage. B ☐

2. Le pétrole brut est traité dans un centre de raffinage. A ☐

Le pétrole brut est traité pendant les opérations de forage. B ☐

3. Le raffinage du pétrole brut a pour but

- d'obtenir en petite quantité des produits d'une grande qualité comme l'essence et les composés azotés A ☐
- d'obtenir en grande quantité des produits d'une qualité bien déterminée. B ☐

4. Le pétrole brut est composé essentiellement d'hydrocarbures,

- dont les seuls éléments sont le carbone et l'azote A ☐
- dont les seuls éléments sont l'hydrogène et le carbone. B ☐

5. Les hydrocarbures paraffiniques sont des hydrocarbures saturés,

- c'est-à-dire que les atomes de carbone ont fixé le minimum possible d'atomes d'hydrogène A ☐
- c'est-à-dire que les atomes de carbone ont fixé le maximum possible d'atomes d'hydrogène. B ☐

6. La plupart des produits pétroliers liquides, comme le cyclo-hexane, ont leurs atomes disposés en anneau. A ☐

Le cyclo-hexane est un hydrocarbure naphténique où chaque atome de carbone fixe 4 atomes d'hydrogène. B ☐

7. Le propane est un hydrocarbure paraffinique. A ☐

Le propane est un hydrocarbure naphténique. B ☐

8. Le pétrole brut contient des impuretés comme le soufre, l'azote et l'oxygène. Les opérations de raffinage ont pour but d'éviter leur présence. A ☐

Les hydrocarbures contiennent parfois du soufre. Aussi trouve-t-on cet élément en grande quantité dans l'essence. B ☐

9. La distillation est une opération qui consiste

- à chauffer un liquide jusqu'à son point d'ébullition, puis à le condenser A ☐
- à refroidir un liquide sans le condenser. B ☐

10. La distillation fractionnée permet le mélange des composés du pétrole brut. A ☐

La distillation fractionnée permet la séparation des composés des hydrocarbures. B ☐

11. Chauffé à 430 °C environ dans un four tubulaire le pétrole est injecté à la base du four où il se liquéfie. A ☐

Le pétrole brut est chauffé à 430 °C environ dans un four tubulaire. Il est ensuite injecté vers la zone inférieure de la tour où il se vaporise. B ☐

12. Les calottes dont sont coiffés les orifices des tubes d'ascension des vapeurs aident à la condensation fractionnée des vapeurs de pétrole. A ☐

Les orifices des tubes d'ascension des vapeurs comportent des calottes qui permettent la solidification fractionnée des vapeurs de pétrole. B ☐

13. A la fin d'une distillation fractionnée on obtient à la base du plateau

- le pétrole lampant A ☐
- le distillat, liquide de forte viscosité. B ☐

22. LE RAFFINAGE : LE CRAQUAGE.

Voir leçon p. 53.

1

Reportez après chaque lettre le chiffre correspondant au nom ou à l'expression demandés :

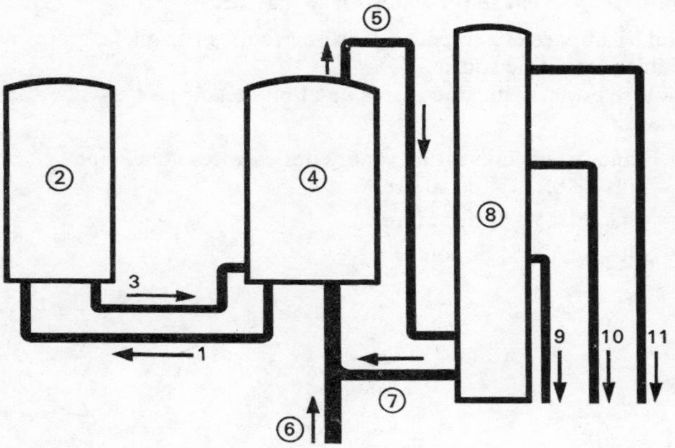

Produits à craquer	A	...
Réacteur	B	...
Catalyseur usé	C	...
Régénérateur du catalyseur	D	...
Sortie des produits craqués	E	...
Catalyseur régénéré	F	...
Recyclage de certains produits lourds	G	...
Gaz	H	...
Essences	I	...
Essences	J	...
Tour de fractionnement	K	...

2

Marquez d'une croix l'information convenable :

1. Le craquage a pour but de solidifier la structure et la masse moléculaire de certains hydrocarbures. A ☐

Le craquage est l'opération qui consiste à modifier la structure et la masse moléculaire de certains hydrocarbures. B ☐

2. Après la première distillation, les produits pétroliers obtenus sont tout de suite utilisables. A ☐

Les produits pétroliers obtenus après la première distillation ne correspondent pas nécessairement aux besoins d'un marché déterminé. B ☐

3. Dans le craquage thermique, sous l'action d'un composé synthétique porté à plus de 400 °C, les molécules de masse élevée sont brisées. A ☐

Dans le craquage thermique, les molécules de masse élevée sont soumises à une température de l'ordre de 400 °C. Elles sont brisées sous l'action de la chaleur. B ☐

4. La température d'ébullition de l'essence est de 194 °C. A ☐

La température d'ébullition de l'essence est de 149 °C. B ☐

5. Le craquage thermique remplace de plus en plus le craquage catalytique. A ☐

Le craquage thermique est remplacé de plus en plus par le craquage catalytique. B ☐

6. Le craquage catalytique est caractérisé par la présence d'un catalyseur du type composé synthétique de silice et d'alumine qui modifie le mécanisme de rupture des liaisons entre atomes de carbone et facilite la réaction sans subir lui-même de transformation moléculaire. A ☐

On utilise un catalyseur du type composé synthétique de silice et d'alumine dans le craquage catalytique. Le mécanisme de rupture des liaisons entre atomes de carbone est modifié. On accélère ainsi la réaction qui permet la transformation moléculaire de la silice d'alumine. B ☐

7. Si l'on veut augmenter le taux de compression des moteurs à explosion on doit utiliser une essence ayant un indice d'octane élevé. A ☐

Pour augmenter l'indice d'octane de l'essence de craquage, on élève le taux de compression des moteurs à explosion. B ☐

8. Les produits obtenus par distillation fractionnée et craquage contiennent encore des impuretés. A ☐

Les produits obtenus par distillation fractionnée et craquage sont utilisables. Ils peuvent se présenter sur le marché. B ☐

9. Parmi les impuretés contenues dans les produits pétroliers, on trouve un produit corrosif, le soufre. A ☐

Le soufre est un élément corrosif que l'on mélange à l'essence après le raffinage. B ☐

10. En France, il est interdit de vendre des essences contenant

- plus de 0,15 % de soufre A ☐
- plus de 0,51 % de soufre B ☐
- plus de 5,1 % de soufre. C ☐

CONTROLE VII

A

Quel rôle joue la boue dans les opérations de forage des puits de pétrole?

B

Indiquez à l'aide d'une croix si les informations suivantes sont vraies ou fausses :

	A Vrai	B Faux
1. Le pétrole s'est formé il y a des millions d'années dans la roche mère à l'abri de l'air, sous l'action convergente de la pression, de la température et de certaines bactéries.	☐	☐
2. Les hydrocarbures, à la suite de fortes poussées exercées à l'intérieur de la terre, ont traversé les roches imperméables pour remonter lentement jusqu'à la surface.	☐	☐
3. Le pétrole se trouve dans des roches magasins sous forme de lacs souterrains.	☐	☐
4. Dans un « piège à pétrole » du type anticlinal où le terrain est perméable, le pétrole se trouve au-dessus de l'eau salée.	☐	☐
5. La faille résulte d'un bouleversement brutal des couches de terrain provoqué par un glissement vertical.	☐	☐

	A Vrai	B Faux
6. L'étude théorique de la surface du sol et des structures souterraines peut permettre de situer correctement un « piège à pétrole ».	☐	☐
7. Le trépan est suspendu au sommet du derrick.	☐	☐
8. Les tiges de forage sont manœuvrées à l'aide d'un palan.	☐	☐
9. La table de rotation assure un mouvement de rotation à la charpente du derrick.	☐	☐
10. Les trépans les plus durs sont munis de diamants industriels.	☐	☐
11. Une puissante pompe injecte sous pression un courant de boue à l'intérieur du train de tiges, de sorte que le trépan est refroidi au point d'attaque de la tige.	☐	☐
12. A la sortie du puits, la boue n'est pas récupérée.	☐	☐
13. Le pétrole est composé essentiellement d'hydrocarbures dont les seuls éléments sont le carbone C et l'hydrogène H.	☐	☐
14. Le méthane CH_4 est un hydrocarbure paraffinique. Cet hydrocarbure est saturé car ses atomes de carbone ont fixé le maximum possible d'atomes d'hydrogène.	☐	☐
15. Le soufre S, l'azote N et l'oxygène O sont bien sûr les éléments les plus importants des hydrocarbures, mais il existe des impuretés sous forme de composés variés comme le carbone.	☐	☐
16. La distillation est une opération qui consiste à chauffer un liquide jusqu'à son point d'ébullition puis à le condenser. La distillation fractionnée permet la séparation des composés du pétrole brut.	☐	☐
17. Les calottes dont sont coiffés les orifices des tubes d'ascension des vapeurs évitent la condensation fractionnée à l'intérieur de la tour de fractionnement.	☐	☐
18. L'essence de craquage a un indice d'octane plus élevé que les essences de première distillation, ce qui permet d'abaisser le taux de compression des moteurs à explosion.	☐	☐
19. C'est à cause de la présence d'impuretés comme le soufre S, qui est très corrosif, que les produits obtenus par distillation fractionnée et craquage doivent retourner dans la tour de fractionnement afin d'y subir un dernier traitement.	☐	☐
20. Le craquage thermique est remplacé de plus en plus par le craquage catalytique. Dans ce dernier, un catalyseur du type composé synthétique de silice et d'alumine modifie le mécanisme de rupture des liaisons entre atomes d'hydrogène et de carbone. Le catalyseur facilite la réaction mais se transforme en composé sulfuré.	☐	☐

23. NATURE DU COURANT ÉLECTRIQUE.

Voir leçon p. 64.

1

Mettez à côté de chaque mot ou expression le chiffre correspondant :

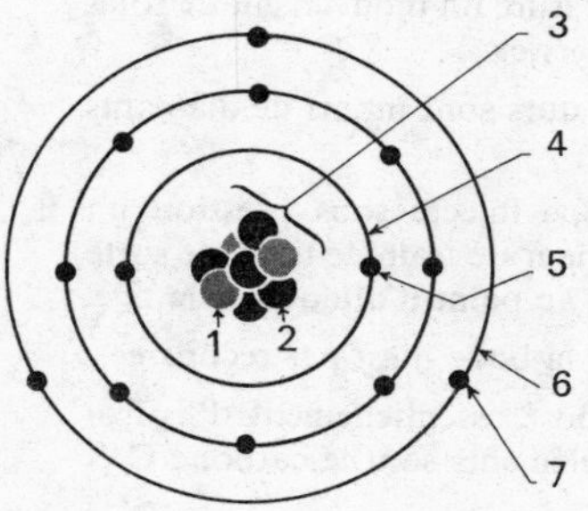

Le noyau d'un atome	A	...
Un neutron	B	...
Un proton	C	...
Un électron libre	D	...
Un électron lié	E	...
Une couche intérieure	F	...
Une couche extérieure	G	...

2

Marquez d'une croix l'information convenable :

1. Tous les corps sont constitués de molécules dont les caractéristiques varient en fonction de la nature et du nombre des atomes qui les composent. A □

Les atomes sont constitués par différentes combinaisons d'une centaine de sortes de molécules qui composent tous les corps. B □

2. Un atome est caractérisé par la présence d'un noyau qui représente l'élément considéré, et d'électrons situés au centre du noyau. A □

Un atome se compose d'un noyau et d'électrons plus ou moins liés à ce noyau. Le noyau caractérise l'élément considéré. B □

3. Dans un atome, le nombre total des électrons à charge négative qui se trouvent autour du noyau est, en principe, égal au nombre des charges positives dans le noyau. A □

En principe, dans un atome, le nombre total des charges positives à l'intérieur du noyau est exactement égal au nombre total des atomes à charge négative qui se trouvent autour du noyau. B □

4. Un ion positif est un atome auquel un électron a été arraché. A □

Si on ajoute un électron à un atome, il devient un ion positif. B □

5. Le métal cuivre est formé d'atomes et d'électrons. A □

Le métal cuivre est formé d'ions négatifs et d'électrons. B □

Le métal cuivre est formé d'ions Cu^{+} et d'électrons. C □

6. Lorsqu'un conducteur en métal relie le pôle négatif et le pôle positif d'un générateur, les électrons libres du métal sont attirés par le pôle négatif. A □

Lorsque le pôle négatif et le pôle positif d'un générateur sont reliés par un conducteur métallique, les électrons libres du conducteur sont attirés par le pôle positif. B □

7. Le courant électrique dans un métal est un courant d'électrons qui circulent dans le sens inverse du sens conventionnel du courant. A □

Le courant électrique dans un conducteur est un courant d'électrons qui circulent du pôle négatif vers le pôle positif. B □

Le courant électrique dans un métal est un courant d'électrons qui circulent dans le sens conventionnel du courant. C □

24. LES GÉNÉRATEURS.

Voir leçon p. 71.

1

Mettez à côté de chaque mot ou expression le chiffre correspondant :

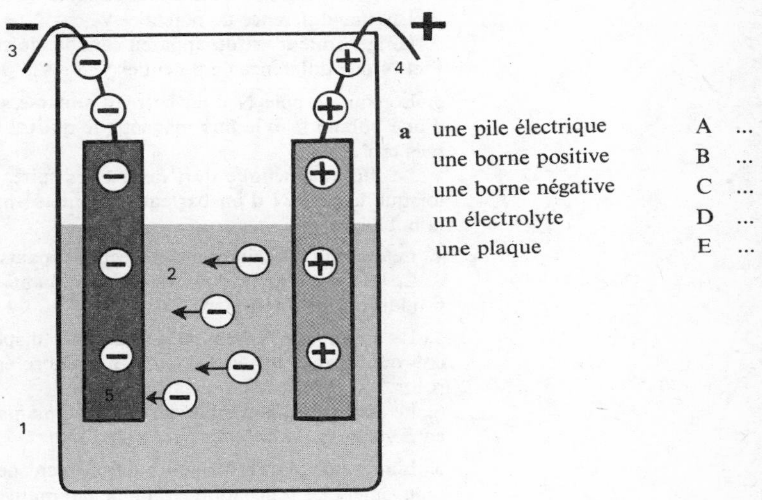

a une pile électrique A ...
une borne positive B ...
une borne négative C ...
un électrolyte D ...
une plaque E ...

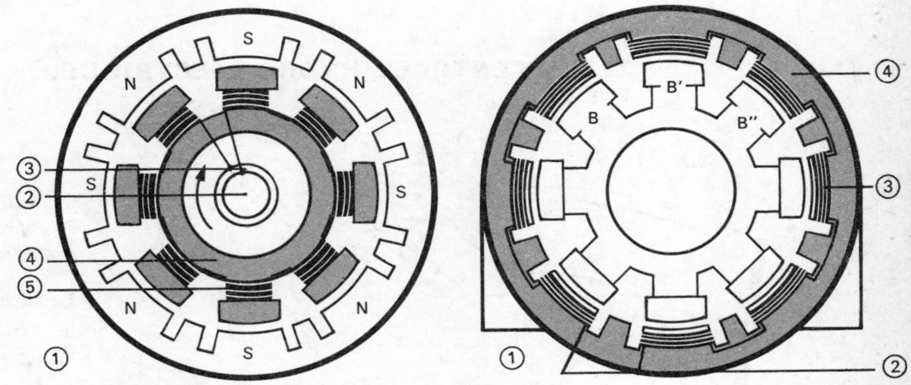

b l'axe de rotation A ...
les colliers B ...
le volant C ...
un électro-aimant D ...
le rotor ou inducteur E ...

c un stator ou induit A ...
la couronne fixe B ...
une bobine C ...
les bornes du circuit induit D ...

2

Marquez d'une croix l'information convenable :

1. Le courant continu peut être engendré par des batteries ou par des piles électriques. A ☐

Les batteries, les piles électriques sont des générateurs de courant continu. B ☐

Les piles électriques engendrent un courant alternatif. C ☐

2. Un générateur est un appareil capable de créer entre ses deux pôles P et N une différence de potentiel $V_P - V_N = 0$. A ☐

Un générateur est un appareil capable de créer entre ses deux pôles P et N une différence de potentiel $V_P - V_N > 0$. B ☐

3. Lorsque le pôle N d'un barreau aimanté s'approche puis s'éloigne d'une bobine fixe, le flux magnétique qui traverse les spires augmente puis croît. A ☐

Le flux magnétique qui traverse les spires augmente puis diminue lorsque le pôle N d'un barreau aimanté s'approche puis s'éloigne de la bobine. B ☐

4. Le courant d'excitation des électro-aimants est un courant continu. A ☐

Le courant d'excitation des électro-aimants est un courant alternatif produit par un alternateur. B ☐

5. Le stator est l'ensemble des bobines disposées à l'intérieur de la couronne fixe d'un alternateur, en nombre égal à celui des pôles du rotor. A ☐

Le stator est l'ensemble des électro-aimants placés autour du rotor, en nombre égal à celui des pôles de l'induit. B ☐

6. L'alternateur transforme un mouvement de rotation continu en un mouvement de translation rectiligne alternatif. A ☐

L'alternateur transforme de l'énergie électrique en énergie mécanique. B ☐

L'alternateur transforme de l'énergie mécanique en énergie électrique. C ☐

L'alternateur transforme un courant alternatif en courant continu. D ☐

25. LA CENTRALE HYDRO-ÉLECTRIQUE.

Voir leçon p. 79.

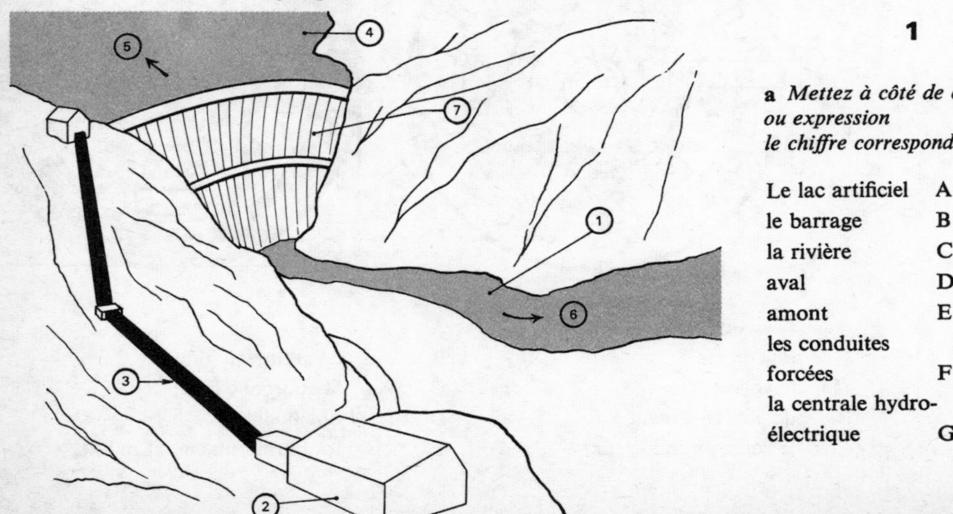

1

a *Mettez à côté de chaque mot ou expression le chiffre correspondant :*

Le lac artificiel A ...
le barrage B ...
la rivière C ...
aval D ...
amont E ...
les conduites forcées F ...
la centrale hydro-électrique G ...

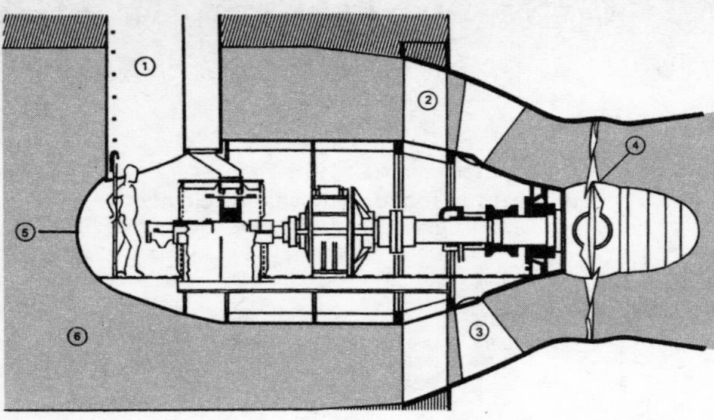

b *Même exercice :*

le puits vertical	A	...
la coque	B	...
le conduit hydraulique	C	...
les avant-directrices	D	...
la roue motrice de la turbine	E	...
les directrices mobiles	F	...

2

Marquez d'une croix l'information convenable :

1. L'énergie mécanique nécessaire au fonctionnement de l'alternateur peut être fournie

- soit par le craquage d'un hydrocarbure dans une tour de fractionnement A ☐
- soit par la désintégration de l'atome dans une centrale thermique B ☐
- soit par le charbon dans les centrales nucléaires C ☐
- soit par l'eau dans les centrales hydro-électriques. D ☐

2. Un barrage permet à l'eau de la rivière de s'écouler normalement. A ☐

Un barrage permet d'accumuler l'eau dans un lac artificiel. B ☐

3. Une centrale hydro-électrique ne fonctionne normalement que si elle est alimentée en eau de façon continue. A ☐

Même si la centrale hydro-électrique n'est pas alimentée en eau, elle fonctionne en permanence. B ☐

4. Le lac artificiel est toujours en aval du barrage. A ☐

Le lac artificiel est toujours en amont du barrage. B ☐

5. L'eau du lac est conduite à la centrale au moyen de grands réservoirs. A ☐

L'eau du lac est conduite à la centrale au moyen d'une canalisation constituée de tuyaux en acier. B ☐

6. Certaines centrales modernes sont équipées d'un groupe horizontal de type bulbe. Dans un tel groupe, la disposition des machines permet d'obtenir un maximum de puissance sous un moindre volume. A ☐

Certaines usines sont équipées de groupes verticaux de type bulbe. Dans un tel groupe, la disposition des machines permet d'obtenir, sous un maximum de volume, un minimum de puissance. B ☐

7. Les directrices mobiles placées en aval de la turbine assurent l'équilibre de la coque. A ☐

Les directrices mobiles placées en amont de la turbine assurent un meilleur rendement à la roue motrice. B ☐

8. L'énergie cinétique de l'eau est transformée en énergie mécanique. La turbine fait tourner le rotor de l'alternateur qui transforme cette énergie mécanique en énergie électrique. A ☐

Le rotor de l'alternateur transforme l'énergie électrique de l'eau en énergie mécanique. B ☐

CONTROLE VIII

A

Le turbo-alternateur.

- De quel type de turbo-alternateur s'agit-il ?
- Décrivez-le en expliquant la fonction de chaque élément.

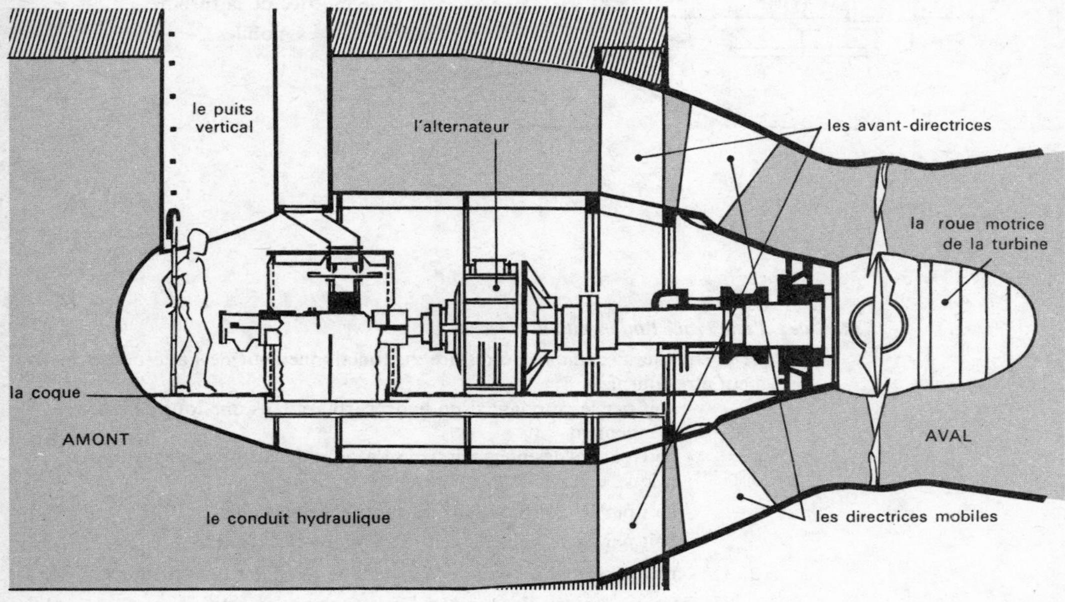

B

Indiquez pour chaque expression la ou les phrases ayant le même sens que l'expression donnée :

1. Chaque atome se compose d'un noyau qui caractérise l'élément considéré et d'électrons plus ou moins liés à ce noyau.

Chaque atome est constitué d'un noyau caractérisant l'élément considéré et d'électrons plus ou moins liés entre eux. A ☐

Chaque atome est constitué d'un noyau qui caractérise l'élément considéré et auquel des électrons sont plus ou moins liés. B ☐

2. En principe, dans tout atome, le nombre total des électrons à charge négative est exactement égal au nombre de charges positives dans le noyau.

Dans tout atome le nombre de charges positives se trouvant à l'intérieur du noyau est, en principe, exactement égal au nombre total des électrons à charge négative. A ☐

En principe, dans tout atome, le nombre des électrons à charge positive est exactement égal au nombre de charges négatives dans le noyau. B ☐

3. En plus des protons, le noyau comprend des particules électriquement neutres que l'on appelle neutrons.

Le noyau est constitué de protons et de particules électriquement neutres appelées neutrons. A ☐

En plus de protons, on trouve à l'intérieur du noyau des charges positives que l'on appelle neutrons. B ☐

4. Si un électron est arraché à un atome, celui-ci devient un ion positif.

Lorsqu'un atome perd un électron, il devient un ion positif. A ☐

Un ion positif est un atome auquel on a ajouté un électron. B ☐

5. Le courant continu peut être engendré par des batteries ou par des piles électriques.

Le courant continu peut être fourni par des alternateurs ou par des batteries. A ☐

Les batteries et les piles électriques fournissent du courant continu. B ☐

6. La pile électrique est constituée d'un récipient rempli d'un électrolyte dans lequel sont suspendues deux plaques de métaux différents.

Un récipient rempli d'un électrolyte, à l'intérieur duquel on a placé deux plaques de métaux différents, constitue une pile électrique. A ☐

La pile électrique est constituée d'un récipient rempli d'un électrolyte au fond duquel sont placées deux plaques d'un même métal. B ☐

7. Si l'on dispose, à l'intérieur d'une couronne fixe, une succession de bobines en nombre égal à celui des pôles de l'inducteur, on obtient l'induit de l'alternateur.

Une succession de bobines, en nombre égal à celui des pôles du rotor, placées à l'intérieur d'une couronne fixe, constitue le stator de l'alternateur. A ☐

On obtient le stator de l'alternateur en disposant, à l'intérieur d'une couronne fixe, une succession de bobines en nombre égal à celui des pôles du rotor. B ☐

8. Le courant d'excitation des électro-aimants est un courant continu qui arrive par deux colliers liés à l'axe de rotation.

Le courant continu arrivant par deux colliers liés à l'axe de rotation permet l'excitation des électro-aimants. A ☐

Le courant d'excitation des électro-aimants est un courant qui arrive par deux colliers fixés sur le stator. B ☐

9. En admettant que le rotor tourne autour de son axe de rotation on dispose en P_1 et P_2 d'une force électromotrice alternative.

Lorsque l'inducteur tourne autour de son axe de rotation, une force électromotrice alternative est créée en P_1 et P_2. A ☐

Si l'induit tourne autour de son axe de rotation, on dispose en P_1 et P_2 d'une force électromotrice alternative. B ☐

10. Pour que la centrale puisse fonctionner en permanence, il est indispensable qu'elle soit toujours alimentée en eau.

Si la centrale est alimentée en eau en permanence, elle est en mesure de fournir sans arrêt de l'énergie électrique. A ☐

Il est indispensable que la centrale soit toujours alimentée en eau pour pouvoir fonctionner en permanence. B ☐

11. L'eau du lac est conduite à la centrale au moyen d'une canalisation constituée de tuyaux en acier.

L'eau du lac est conduite au barrage au moyen d'une canalisation constituée de tuyaux en acier. A ☐

Une canalisation constituée de tuyaux en acier permet de conduire l'eau du lac à la centrale. B ☐

12. Un puits vertical par lequel passent les câbles électriques permet l'accès dans l'ogive amont du groupe.

On accède dans l'ogive amont du groupe par l'intermédiaire d'un puits vertical dans lequel passent les câbles électriques. A ☐

Un puits vertical par lequel passent les câbles électriques permet l'accès dans la partie amont du groupe. B ☐

26. RADIOACTIVITÉ NATURELLE ET RADIOACTIVITÉ ARTIFICIELLE.

Voir leçon p. 92.

1

Voici des définitions tirées d'un dictionnaire (le petit ROBERT). Trouvez le mot ou l'expression correspondant à chaque définition.

Définitions

Particule élémentaire chargée d'électricité négative. A ☐

Numéro qui correspond au nombre d'électrons ou au nombre de protons. B ☐

Se dit de corps simples de même numéro atomique mais de nombres de masse différents. C ☐

Particule constitutive du noyau atomique, de charge électrique positive, égale numériquement à celle de l'électron, mais de masse 1 840 fois plus grande (voisine de celle du neutron). D ☐

Particule élémentaire, électriquement neutre, qui fait partie de tous les noyaux atomiques, sauf du noyau d'hydrogène normal. E ☐

Atome ou groupement d'atomes portant une charge électrique. F ☐

Propriété que possèdent certains éléments de se transformer par désintégration en un autre élément par suite d'une modification du noyau de l'atome, en émettant des rayonnements corpusculaires ou électromagnétiques. G ☐

Ensemble de radiations de nature voisine ou similaire, mais dont les longueurs d'ondes et les énergies peuvent être différentes. H ☐

Partie centrale de l'atome, ensemble de charge positive formé de protons et de neutrons. I ☐

Corps simple gazeux très léger, mono-atomique et ininflammable, découvert dans la chronosphère et très rare dans l'air. J ☐

Mots et expressions

1 - ion
2 - hélium
3 - neutron
4 - électron
5 - noyau
6 - radioactivité
7 - numéro atomique
8 - isotope
9 - rayonnement
10 - proton

2

Indiquez à l'aide d'une croix si les informations suivantes sont vraies ou fausses :

	A VRAI	B FAUX
1. Tous les corps sont constitués d'atomes formés de trois sortes de particules : protons, neutrons et électrons.	☐	☐
2. Quand l'atome est ionisé, le nombre d'électrons est égal à celui des protons.	☐	☐
3. Le nombre des protons est caractéristique de l'atome et constitue son numéro atomique.	☐	☐

	A Vrai	B Faux
4. La nature chimique d'un corps est directement liée à ses protons.	☐	☐
5. Un noyau radioactif se modifie spontanément : sa composition en protons et neutrons change, et il émet des radiations.	☐	☐
6. La désintégration de l'atome se produit quand le noyau est instable, c'est-à-dire lorsque protons et neutrons, du fait de leur nombre et de leur agencement, ne constituent pas un édifice équilibré.	☐	☐
7. La désintégration du noyau se fait avec émission de rayonnements de deux types distincts.	☐	☐
8. L'émission d'électrons créée par la transformation de neutrons en protons à l'intérieur du noyau constitue le rayonnement α.	☐	☐
9. On provoque artificiellement la radioactivité de certains corps comme le cobalt, ou plus exactement on fabrique des isotopes radioactifs de ces corps.	☐	☐
10. On obtient l'isotope 13 de l'azote qui est radioactif en bombardant du bore 10 avec des rayons X.	☐	☐
11. Dans le traitement du cancer, on utilise les rayons α à cause de leur pouvoir de pénétration élevé.	☐	☐

27. FISSION ET RÉACTION EN CHAINE.

Voir leçon p. 100.

1

a *Trouvez pour chaque nom de la liste 1 l'adjectif correspondant de la liste 2 (chaque adjectif de la liste 2 ne doit servir qu'une fois) :*

Liste 1		*Liste 2*
Une explosion	A ...	1 critique
Un réacteur	B ...	2 nucléaire
Du gaz	C ...	3 simplifié
Des rayons	D ...	4 lourde
De l'eau	E ...	5 dangereux
Un schéma	F ...	6 non fissible
Des produits	G ...	7 atomique
De l'uranium 238	H ...	8 fissibles
Une masse	I ...	9 carbonique.

b *Complétez les phrases suivantes en choisissant le mot convenable* (se produire, se désintégrer, se dégager, se développer, se diviser, s'étendre) :

Le noyau... en deux noyaux plus légers.
La chaîne de fissions... très vite.
L'uranium 235... plus facilement avec des neutrons lents.
Dans les réacteurs nucléaires, la chaleur qui... est employée pour produire de la vapeur.
Dans la nature, ce phénomène... rarement.
La réaction en chaîne peut... à toute la masse.

2

Complétez les phrases suivantes en choisissant le mot convenable (au mode convenable s'il s'agit d'un verbe) :

1. L'ingénieur Bertin a... le principe du coussin d'air pour résoudre les problèmes de sustentation et de guidage de son aérotrain. — expliquer / appliquer / exprimer

2. Le noyau se divise en deux noyaux plus légers... deux ou trois neutrons en même temps qu'une grande quantité d'énergie. — liquéfier / libérer / lubrifier

3. Dans la nature, ce phénomène ne se produit pas parce que l'U 235 y est très... — diviser / dissoudre / disperser / disposer

4. L'uranium 238 n'est fissible que par des neutrons... d'une très grande énergie. — constituer / doter / composer / munir

5. On atteint en un temps très court une fission complète correspondant à une... atomique. — exploration / explosion / excitation

6. Dans les réacteurs nucléaires, la chaleur dégagée est employée pour produire de la vapeur qui peut... les turbines. — attirer / actionner / accumuler

7. On utilise des barres d'uranium fabriquées le plus souvent avec des alliages capables de... aux très hautes températures. — restituer / rester / résister

8. En présence de modérateurs, l'U 235... une fission qui fournit de l'énergie et transforme l'U 238 en Pu 239. — subir / soutenir / supporter

9. Si l'on veut... le réacteur, on plonge ces barres tout entières entre les barres d'uranium. — atteindre / éteindre / étendre / attendre

10. Des écrans de béton... le réacteur et arrêtent les rayons γ dangereux pour l'homme. — isoler / injecter / intercaler / ioniser

28. EdF 2 A CHINON.

Voir leçon p. 108.

1

Mettez à côté de chaque mot ou expression le chiffre correspondant :

Le circuit du gaz carbonique A ...
Une barre de contrôle B ...
Les échangeurs de chaleur C ...
Une machine de chargement D ...
Le circuit de l'eau E ...
Un canal de chargement F ...
Le réacteur G ...

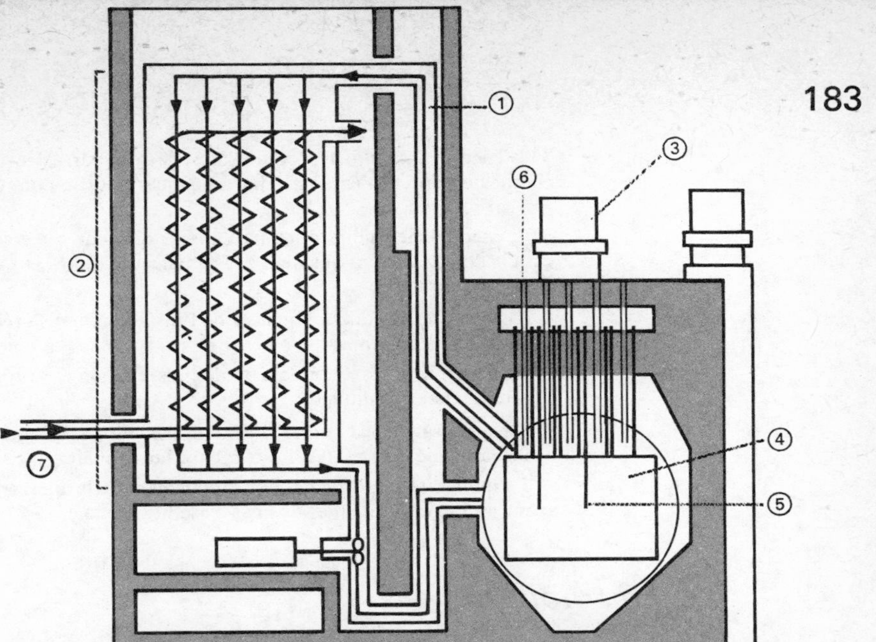

2

Marquez d'une croix l'information convenable :

1. L'Électricité de France a établi un programme de construction de centrales thermiques depuis 1955. A ☐

Depuis 1955, l'EdF a mis au point un programme de construction de centrales nucléaires. B ☐

2. Un courant de boue à haute pression assure le refroidissement des centrales nucléaires. A ☐

Le gaz carbonique sous pression a été choisi comme fluide de refroidissement des centrales nucléaires. B ☐

3. Le réacteur d'EdF 2 est enfermé dans un caisson en acier de forme sphérique dont le diamètre interne est de 18 m. A ☐

Un caisson en acier de forme cylindrique dont la hauteur interne est de 18 m entoure le réacteur d'EdF 2. B ☐

4. Le caisson est entouré d'un circuit de protection par circulation d'air biologique et d'un écran en béton armé. A ☐

Le caisson est entouré d'une protection biologique en béton armé et d'un circuit de refroidissement en laine de verre. B ☐

Le caisson est entouré d'un circuit de refroidissement par circulation d'air, de plus un écran en béton armé assure la protection biologique. C ☐

5. Le combustible est constitué par des cartouches creuses d'uranium naturel de 60 cm de long entourées d'une gaine en magnésium et supportées par des chemises sphériques en graphite. A ☐

Des cartouches creuses d'uranium naturel de 60 cm de long entourées d'une gaine en magnésium et supportées par des chemises cylindriques en graphite constituent le combustible du réacteur. B ☐

6. Le chargement du réacteur se fait en marche et sous pression de gaz carbonique, par la partie supérieure. A ☐

Le réacteur est chargé par la partie supérieure, à l'arrêt, et sous pression de vapeur d'eau. B ☐

7. L'énergie thermique produite dans le réacteur est évacuée par un circuit de vapeur d'eau vers des échangeurs qui la communiquent au gaz carbonique. A ☐

L'énergie thermique obtenue dans le réacteur est envoyée par un circuit de gaz carbonique vers des échangeurs qui la communiquent à de la vapeur d'eau. B ☐

8. Le contrôle du fonctionnement de l'installation et sa régulation sont entièrement mécaniques. A ☐

Le contrôle du fonctionnement de l'installation et sa régulation sont entièrement électroniques. B ☐

9. Le modérateur est formé d'un empilement de briques de graphite ayant la forme de prismes droits à base hexagonale. A ☐

Le modérateur est formé d'un empilement de briques en béton armé ayant la forme de prismes droits à base hexagonale. B ☐

CONTROLE IX

A

Que savez-vous sur les rayonnements nucléaires?

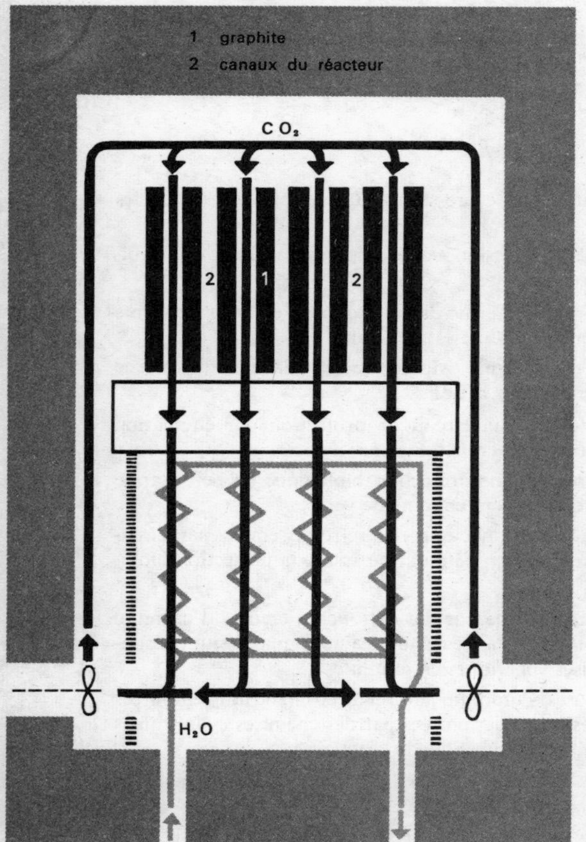

B

Lisez ce texte :

Saint-Laurent-des-Eaux 1

Comme les centrales de Chinon, Saint-Laurent-des-Eaux 1 appartient à la filière uranium naturel - graphite - gaz carbonique. Dans les réacteurs de ce type, les neutrons émis par la fission de l'uranium sont ralentis par le graphite et l'énergie libérée sous forme thermique est évacuée par le gaz carbonique sous pression.

Le caisson en béton précontraint, à section intérieure cylindrique et base hexagonale, contient la totalité du circuit de gaz ou circuit primaire. On dit que ce circuit est « intégré ». Le réacteur est supporté par un cylindre métallique ou jupe qui entoure l'échangeur et canalise le gaz chaud (400 °C). Les soufflantes aspirent le gaz froid à la base de l'échangeur et le refoulent vers le sommet du réacteur dans l'espace compris entre jupe et caisson.

L'intégration de l'échangeur dans le caisson du réacteur présente des avantages certains : comme le débit du CO_2 qui traverse le réacteur est important (350 m^3/s), les circuits primaires ont de grandes dimensions ; en plaçant l'échangeur à l'extérieur, il aurait fallu multiplier les ouvertures dans le caisson et les protections secondaires, avoir des tuyauteries plus longues et plus coûteuses. Or la technique du béton précontraint permet la construction de caissons plus grands et plus résistants que les caissons métalliques.

Cependant, le béton nécessite une isolation thermique interne complétée par un système de refroidissement. C'est ce qui a conduit à placer l'échangeur sous le réacteur. D'une part, cette solution facilite le chargement du réacteur, qui se fait par le haut ; d'autre part, elle permet de ne mettre en contact avec la paroi interne du caisson que du gaz à 225 °C.

Marquez d'une croix les informations exactes :

1. Saint-Laurent-des-Eaux 1
- utilise la même filière que les autres centrales EdF A ☐
- est une centrale tout à fait originale. B ☐

2. Saint-Laurent-des-Eaux 1 utilise comme modérateur
- l'eau lourde A ☐
- le graphite. B ☐

3. L'intérieur du caisson qui entoure le réacteur a une forme
- cylindrique A ☐
- hexagonale. B ☐

4. On appelle circuit primaire de la centrale
- son circuit de CO_2 A ☐
- son circuit de vapeur d'eau. B ☐

5. Le réacteur est installé sur
- une dalle de béton A ☐
- un cylindre de béton B ☐
- un cylindre de métal. C ☐

6. Dans le circuit primaire
- le gaz froid descend et le gaz chaud remonte A ☐
- le gaz chaud descend et le gaz froid remonte. B ☐

7. Le débit du CO_2 qui traverse le réacteur est de
- 250 m^3/s A ☐
- 350 m^3/s B ☐
- 450 m^3/s. C ☐

8. L'intégration de l'échangeur dans le caisson du réacteur permet
- de diminuer la vitesse des neutrons produits par la fission de l'uranium A ☐
- de diminuer la longueur des tuyauteries du circuit primaire B ☐
- de limiter le nombre des ouvertures du caisson. C ☐

9. Le béton précontraint permet de construire des caissons
- mieux isolés thermiquement que les caissons métalliques A ☐
- plus grands que les caissons métalliques. B ☐

10. A Saint-Laurent-des-Eaux 1, le chargement se fait
- par le bas A ☐
- par le côté B ☐
- par le haut. C ☐

11. La paroi interne du caisson
- constitue un isolant thermique suffisant A ☐
- doit être recouverte d'un isolant thermique. B ☐

12. Le CO_2 qui circule le long de la paroi interne du caisson est à la température de
- 225 °C A ☐
- 400 °C. B ☐

29. DE LA MACHINE A CALCULER A L'ORDINATEUR.

Voir leçon p. 122.

1

Mettez après chaque lettre le chiffre correspondant à la réponse demandée :

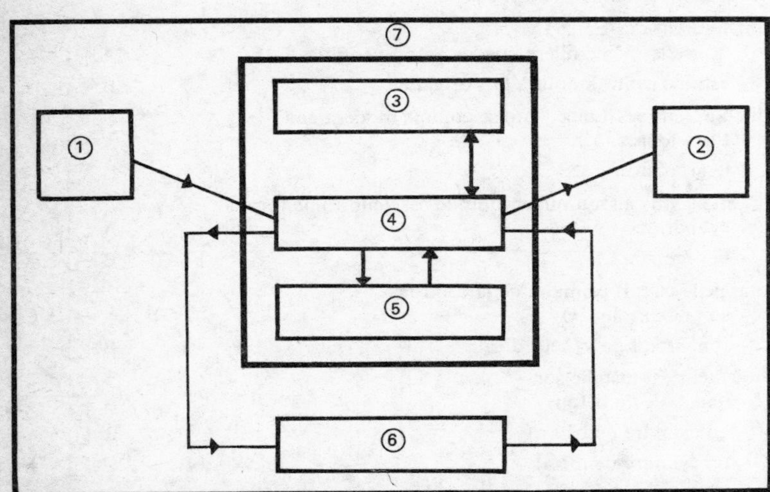

Schéma d'un système de traitement de l'information.

Unité de traitement	A	...
Organe de calcul	B	...
Organe de commande	C	...
Mémoires auxiliaires	D	...
Mémoire centrale	E	...
Entrée	F	...
Sortie	G	...

2

Marquez d'une croix l'information convenable :

1. La première machine à calculer a été réalisée par Blaise Pascal. A ☐

C'est le Français Blaise Pascal qui inventa l'ordinateur. B ☐

2. La plupart des machines à calculer actuelles utilisent le système de report à l'aide d'une roulette. A ☐

Le système bielle-roulette est utilisé dans toutes les machines à calculer. B ☐

3. Les machines à calculer permettent d'effectuer une série de longues opérations avec un maximum d'erreurs. A ☐

La machine à calculer facilite les calculs et évite les erreurs. B ☐

4. Dans un ordinateur les calculs sont automatisés et organisés. A ☐

L'ordinateur ne permet d'effectuer que des opérations simples. B ☐

5. L'ordinateur est une machine à laquelle on présente des données sur lesquelles elle doit effectuer certains calculs suivant un programme déterminé. Ce programme reste toujours le même. A ☐

L'ordinateur est une machine à laquelle on présente des données sur lesquelles elle doit effectuer certains calculs suivant un programme déterminé. Suivant les besoins, on choisit un programme précis parmi tous les programmes possibles de l'ordinateur. B ☐

6. La mémoire centrale est l'organe fondamental puisqu'elle emmagasine le programme, les données en cours de traitement, et assure le transfert des informations à d'autres organes en quelques secondes. A ☐

La mémoire centrale est à court temps d'accès, elle assure le transfert des informations à d'autres organes à la vitesse de la lumière. Elle emmagasine le programme, les données en cours de traitement et les résultats intermédiaires pendant les calculs. C'est donc l'organe fondamental de l'ordinateur. B ☐

7. Le rôle de l'organe de commande est d'extraire une à une les instructions de la mémoire centrale, de les analyser et de les faire exécuter par les organes spécialisés. A ☐

L'organe de commande analyse une à une les instructions de la mémoire centrale et les exécute lui-même. B ☐

8. L'organe de calcul peut effectuer toutes les opérations et transmettre leur résultat à un autre organe déterminé. A ☐

L'organe de calcul ne peut effectuer que des additions mais il peut transmettre leur résultat à tous les organes de l'ordinateur. B ☐

9. Les mémoires auxiliaires emmagasinent une faible quantité d'informations en un temps très court. A ☐

Les mémoires auxiliaires emmagasinent une grande quantité d'informations, mais leur temps d'accès est beaucoup moins court que le temps d'accès d'une mémoire centrale. B ☐

10. Au cours de la programmation, toutes les instructions sont traduites en langage binaire; le programme est inscrit sur des cartes perforées. A ☐

Toutes les instructions sont inscrites sur cartes perforées au cours de la programmation. Même sans machine, le décodage est facile. B ☐

30. ÉVOLUTION DES TECHNIQUES DE L'INFORMATIQUE.

Voir leçon p. 131.

1

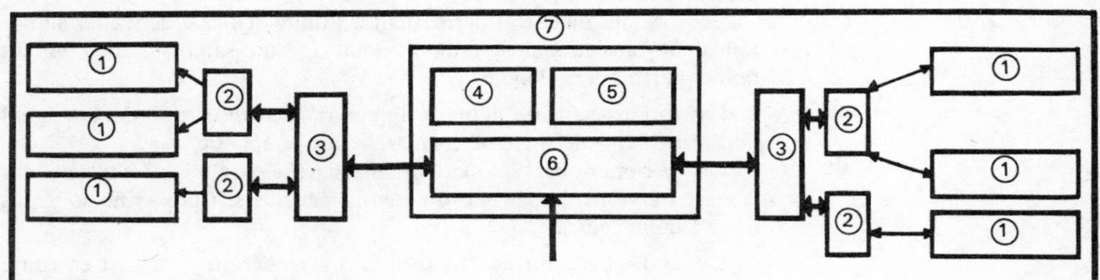

Structure d'un ordinateur moderne.

Mettez après chaque lettre le chiffre correspondant à la réponse demandée :

		Unité de traitement	D ...
Périphérique	A ...	Mémoire	E ...
Canal	B ...	Calcul	F ...
Unité de contrôle	C ...	Commande	G ...

2

Marquez d'une croix l'information convenable :

1. L'industrie des ordinateurs connaît un taux d'expansion très important depuis vingt ans. A ☐

L'expansion de l'industrie des ordinateurs a tendance à ralentir depuis une vingtaine d'années. B ☐

2. L'expansion de l'industrie des ordinateurs provient d'un emploi industriel des tubes de radio. A ☐

Les progrès réalisés dans les techniques et les méthodes de l'électronique expliquent l'expansion de l'industrie des ordinateurs. B ☐

3. La première génération des ordinateurs se situe entre 1950 et 1958. Ils occupaient un volume très important et posaient des problèmes de refroidissement car certaines unités comportaient des milliers de tubes de radio. A ☐

La première génération des ordinateurs se situe entre 1950 et 1958. Ils étaient très gros malgré l'utilisation des transistors. B ☐

4. L'utilisation des transistors permet d'obtenir des ordinateurs de faible volume qui ne chauffent pas. A ☐

Grâce à l'utilisation des transistors l'ordinateur a des dimensions nettement supérieures à celles des ordinateurs de la première génération. B ☐

5. Aujourd'hui on a tendance à augmenter le volume de l'ordinateur en utilisant des circuits intégrés miniaturisés. A ☐

Aujourd'hui on tend de plus en plus à réduire le volume de l'ordinateur en utilisant des circuits intégrés miniaturisés. B ☐

6. L'unité centrale des ordinateurs actuels a le pouvoir de traiter simultanément plusieurs programmes pour des utilisateurs situés en des points différents parfois très éloignés. A ☐

Un ordinateur moderne possède une unité centrale qui permet le traitement simultané de plusieurs programmes pour des utilisateurs situés à des kilomètres. B ☐

L'unité centrale des ordinateurs actuels est capable de traiter un seul programme à la fois à condition que l'utilisateur soit situé à l'endroit où se trouve l'unité centrale. C ☐

7. Grâce aux éléments périphériques, l'unité centrale peut traiter simultanément différents programmes pour des utilisateurs situés à plusieurs kilomètres. A ☐

Les organes de calcul permettent à l'unité centrale de traiter simultanément plusieurs programmes pour des utilisateurs situés en des points parfois très éloignés. B ☐

8. Les canaux sont de petits ordinateurs spécialisés qui sur un signal de l'unité centrale mettent en marche les périphériques. A ☐

Les périphériques se mettent en marche par l'intermédiaire des canaux qui sont de petits ordinateurs spécialisés. Ceux-ci ne sont pas liés à l'unité centrale. B ☐

9. Les unités de contrôle, sur ordre du périphérique, mettent en route les canaux, contrôlent la quantité des informations et le bon fonctionnement des mémoires. A ☐

Les unités de contrôle contrôlent la qualité des informations et le bon fonctionnement des organes. B ☐

10. Les ordinateurs actuels ne sont pas très utiles pour les calculs scientifiques et la gestion des entreprises. A ☐

Les ordinateurs actuels sont de plus en plus utilisés pour les calculs scientifiques et la gestion des entreprises. B ☐

31. L'ORDINATEUR ET LE POISSON.

Voir leçon p. 138

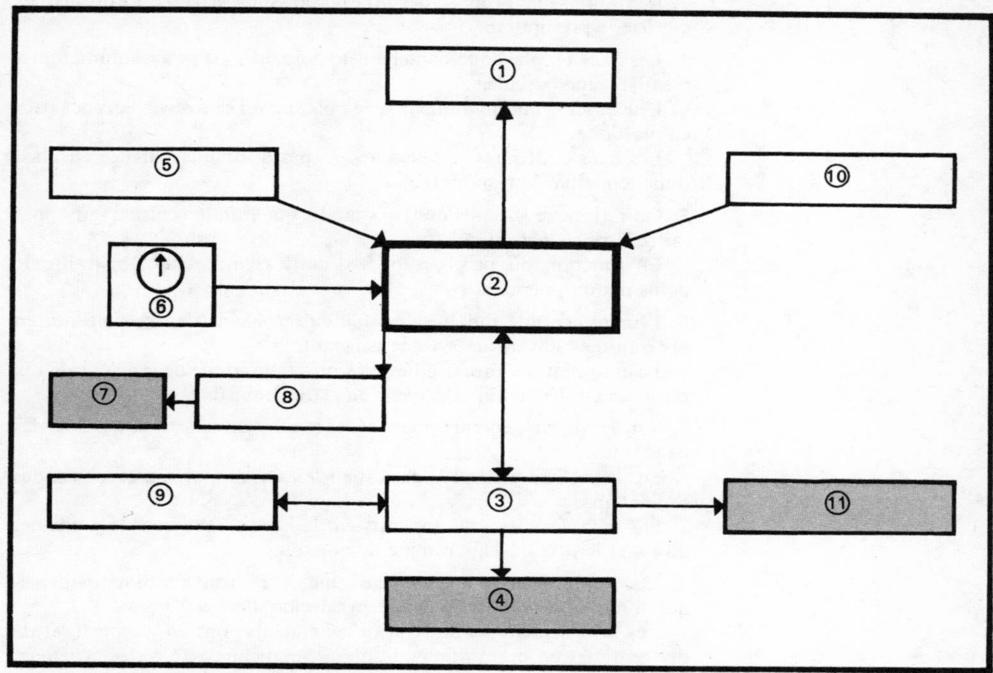

Le système de vente automatique du marché aux poissons de Sète.

1

Mettez dans chaque carré le chiffre correspondant à la réponse demandée :

le tableau général	A ...	le ticket de l'acheteur	G ...
le pupitre de commande	B ...	la mémoire auxiliaire	H ...
l'unité centrale	C ...	le bordereau du pêcheur	I ...
la bascule	D ...	la carte perforée	J ...
la machine à calculer	E ...	la machine à écrire	K ...
les postes des acheteurs	F ...		

2

Marquez d'une croix l'information convenable :

1. L'ordinateur permet une meilleure gestion des entreprises grâce à sa vitesse de travail. A ☐

La vitesse de travail de l'ordinateur est trop faible pour permettre la bonne gestion d'une entreprise. B ☐

2. Le responsable de la vente ordonne l'arrivée de chaque lot de poissons. Le nom du poisson et celui du bateau sont transmis directement à la bascule et à la mémoire auxiliaire. A ☐

Le responsable de la vente ordonne l'arrivée de chaque lot de poissons. Le nom du poisson et celui du bateau sont inscrits en code dans la mémoire de l'unité centrale. B ☐

3. L'unité centrale propose des prix de poissons mais c'est le responsable qui fixe le prix initial. A ☐

Le responsable propose des prix de poissons mais c'est l'ordinateur qui fixe le prix initial. B ☐

4. Les bacs en plastique contenant le poisson sont pesés automatiquement sur une bascule. A ☐

Une bascule automatique pèse le poisson qui se trouve dans des bacs en plastique. B ☐

Les bacs contenant le poisson sont pesés sur une balance en plastique tenue par le responsable. C ☐

5. On retranche le poids des bacs tandis que l'unité centrale fait apparaître le poids net du poisson. A ☐

En fonction du prix des bacs, l'unité centrale fait apparaître le poids net du poisson. B ☐

6. L'unité centrale indique des poids décroissant de dix centimes en dix centimes suivant un rythme constant. A ☐

L'unité centrale propose des prix au kilogramme décroissant de dix centimes en dix centimes suivant un rythme réglable. B ☐

7. Sur le tableau général apparaissent le nom du bateau et le poids des bacs vides. A ☐

Sur le tableau général apparaissent le nom du poisson et le prix des ordinateurs. B ☐

Sur le tableau général apparaissent le nom du poisson, le poids net du lot et le prix du kilogramme de poisson. C ☐

8. Les prix défilent sur le tableau général, ils vont en diminuant jusqu'au moment où l'un des acheteurs décide d'acheter le lot. A ☐

Les prix défilent sur le tableau général, ils vont en augmentant de dix centimes en dix centimes jusqu'au moment où l'un des acheteurs décide de ne pas acheter le lot. B ☐

9. La machine à écrire imprime ligne par ligne un bordereau de crédit pour le pêcheur qui peut ainsi acheter le lot de bacs. A ☐

La machine à écrire imprime ligne par ligne une fiche perforée qui indique le nom du pêcheur. B ☐

La machine à écrire imprime ligne par ligne un bordereau de crédit destiné au pêcheur. C ☐

10. Le bordereau de crédit indique les différentes données correspondant aux ventes effectuées, c'est-à-dire poids et prix du poisson, nom de l'acheteur, ordre de passage du lot et date. A ☐

Le bordereau de crédit est un ticket où figurent tous les renseignements du tableau général, il est destiné à la machine à calculer. B ☐

11. Une carte perforée contient les mêmes informations que le bordereau de crédit, elle permet la mise à jour des comptes et la constitution d'archives. A ☐

La carte perforée contient les renseignements du tableau général, elle est destinée au pêcheur qui la prendra à la sortie. B ☐

12. Les avantages d'une vente de poissons par ordinateur sont très importants, aussi espère-t-on installer plusieurs de ces systèmes dans différents ports de pêche et les relier entre eux et aux centres de distribution par l'intermédiaire d'une mémoire auxiliaire qui ferait la gestion des marchés. A ☐

Les avantages de la vente automatique du poisson à Sète laissent espérer l'installation de plusieurs de ces systèmes dans différents ports de pêche. Ils seraient reliés entre eux et aux centres de distribution par l'intermédiaire d'un gros ordinateur qui assurerait la gestion du commerce des poissons pour toute la France. B ☐

CONTROLE X

A

A l'aide d'un schéma, expliquez comment se font les ventes au marché aux poissons de Sète.

B

Lisez ce texte :

L'accroissement actuel du nombre des ordinateurs s'accompagne d'une large diversification. Mais il s'agit d'une diversification fonctionnelle qui permet d'adapter les systèmes à leurs fonctions particulières. En effet, en même temps que se multiplient les possibilités de combiner ces systèmes en « configurations » diverses, la technologie a introduit un degré élevé d'uniformisation qui rend les divers éléments composant les systèmes bien plus homogènes qu'auparavant. D'un point de vue technique, les ordinateurs se ressemblent de plus en plus. Cette uniformisation a de multiples conséquences. Alors que dans un passé récent toutes les nouvelles machines amenaient une augmentation de la vitesse de calcul et une extension de mémoire qui se traduisaient par un abaissement du coût de chaque opération arithmétique, on assiste à présent au renversement de cette tendance, car l'unité centrale et sa mémoire principale sont devenues, par unité d'opération, aussi rapides et bon marché dans les petites machines qu'elles le sont dans les grandes. Cette uniformisation est telle que, en dernière analyse, les gros ordinateurs diffèrent des petits surtout par la présence de mémoires plus étendues, de périphériques plus fournis en bandes ou en machines à imprimer rapides.

Sans prétendre que le rapport performance-prix soit devenu une constante de la fabrication informatique, il faut bien admettre que le facteur déterminant la décision d'achat du client ne sera plus seulement un facteur technique si la confiance dans la compétence industrielle des constructeurs est également uniformisée. Au contraire, l'art de vendre de ces constructeurs deviendra prédominant. Les techniciens peuvent accepter cette évolution en pensant que l'innovation technique a depuis longtemps cessé d'assurer seule des positions dominantes à leurs collègues de la construction automobile.

(D'après M. PONTE et P. BRAILLARD, *L'Informatique*, éd. du SEUIL.)

Marquez d'une croix les informations exactes :

1. Actuellement, le nombre des ordinateurs en service
- croît A ☐
- décroît B ☐
- reste constant. C ☐

2. Ces ordinateurs sont
- tous de même type A ☐
- de types très différents. B ☐

3. Les différences entre les ordinateurs que l'on produit actuellement viennent
- de la nature de leurs éléments A ☐
- de leur adaptation à des fonctions différentes. B ☐

4. Ces nouveaux ordinateurs ont
- une vitesse de calcul beaucoup plus grande que celle des ordinateurs existants A ☐
- une vitesse de calcul du même ordre que celle des ordinateurs existants. B ☐

5. Avec les ordinateurs actuels, une opération arithmétique élémentaire coûte
- moins cher sur un gros ordinateur que sur un petit A ☐
- moins cher sur un petit ordinateur que sur un gros B ☐
- aussi cher sur un gros ordinateur que sur un petit. C ☐

6. Parmi les ordinateurs actuels, ce qui différencie les gros ordinateurs des petits, c'est
- leur plus grande vitesse de calcul A ☐
- la capacité de leurs mémoires B ☐
- leur meilleure adaptation à leurs fonctions C ☐
- les qualités de leurs périphériques. D ☐

7. Si l'on compare les rapports performance-prix des ordinateurs que l'on fabrique actuellement, on constate que d'un ordinateur à l'autre ce rapport est
- constant A ☐
- très différent B ☐
- différent. C ☐

8. A l'avenir, d'un ordinateur à l'autre, ce rapport tendra à être
- très différent A ☐
- constant. B ☐

9. Dans un avenir proche, ce qui décidera un client à choisir un ordinateur plutôt qu'un autre, ce sera
- sa vitesse de calcul A ☐
- les qualités commerciales du constructeur B ☐
- l'adaptation de l'ordinateur aux besoins de l'entreprise C ☐
- son rapport performance-prix. D ☐

10. L'évolution actuelle de l'industrie des ordinateurs
- est tout à fait normale A ☐
- annonce la fin de l'expansion de cette industrie. B ☐

Imp. TARDY QUERCY S.A. - Bourges
D. L. N° 10944 - Janvier 1989 - N° 14795